Das Buch

Lassen wir uns nicht die Butter vom Brot nehmen! Denn nicht das verzehrte Cholesterin ist gesundheitsschädlich, sondern die zucker- und fettreiche, vitaminarme und von Ballaststoffen befreite Industrie-Mastkost. Und der angeblich so gesunde Fruchtjoghurt? Alles Kunst, von Natur kaum eine Spur. Viele unserer Nahrungsmittel werden heute aus künstlichen und naturidentischen Aromastoffen ingenieursmäßig konstruiert: Die Küche ist zum Labor geworden, und der Designer hat den Koch ersetzt. Der Baukasten des sogenannten Food-Designers enthält künstliche Säuerungsmittel, Farb- und Aromastoffe, Geschmacksverstärker, Verdickungs- und Konservierungsmittel, Fettersatzstoffe und vieles mehr. Und damit im Gaumen des Verbrauchers keine Langeweile aufkommt, werden diese Bestandteile laufend neu kombiniert, werden einige weggelassen und andere hinzugefügt: Kreativität ist angesagt, damit der Kunde zu jeder Saison passend zur Designer-Jeans die neue Designer-Speise im Lebensmittelregal seines Supermarktes findet. Warum das so ist, wie sich der gestylte Genuß auf unsere Gesundheit auswirkt und was wir dagegen tun können, erklärt Annelies Furtmayr-Schuh in diesem provokanten Buch. Bon appétit!

Die Autorin

Dr. rer. nat. Annelies Furtmayr-Schuh lebt und arbeitet als freiberufliche Wissenschafts- und Medizinjournalistin und Buchautorin in Gräfelfing bei München. Sie schreibt u.a. für ›Die Zeit‹ und die ›Frankfurter Allgemeine Zeitung‹ sowie für die Zeitschriften ›Geo‹ und ›Natur‹

Food-Design statt Eßkultur

Was heute auf den Tisch kommt

Von Annelies Furtmayr-Schuh

Deutscher
Taschenbuch
Verlag

dtv

Ungekürzte und überarbeitete Ausgabe
Februar 1996
Deutscher Taschenbuch Verlag GmbH & Co. KG,
München

unter dem Titel: Postmoderne Ernährung.
Food-Design statt Eßkultur
ISBN 3-89373-224-1
Umschlaggestaltung: Klaus Meyer, Costanza Puglisi
Umschlagfoto: James Mayer/Image Bank
Satz: Design-Typo-Print, Ismaning
Druck und Bindung: C. H. Beck'sche Buchdruckerei,
Nördlingen
Printed in Germany · ISBN 3-423-30517-7

Inhalt

Zu diesem Buch

Wir wissen heute nicht mehr, was wir essen. Zwischen dem, was wir über unser Essen wissen, und dem, was wir tatsächlich verzehren, klafft eine tiefe Lücke. Nicht nur das allgemeine Ernährungswissen der Bevölkerung ist mangelhaft, auch Ernährungsberater und Ärzte, die ja als erste von Ratsuchenden gefragt werden, haben über unser heutiges Essen nur geringe Kenntnisse. Das vorherrschende Ernährungswissen der Bevölkerung stammt aus dem letzten Jahrhundert – über Mutter und Großmutter weitergegeben. Das Wissen der Ärzte und Ernährungsberater hinkt der Entwicklung ebenfalls hinterher.

Die Entwicklungen in der Nahrungsmittelherstellung, die seit Kriegsende stattfinden, sind noch nicht in den Köpfen derer angekommen, die Ernährungsempfehlungen geben. Selbst Ernährungsexperten wissen meist nicht, wenn es nicht gerade ihr ureigenstes Fachgebiet ist, was mit unseren Lebensmitteln geschieht, bevor sie in unserem Einkaufskorb landen. Das ist auch ein Grund, weshalb Ernährungsempfehlungen nicht greifen und ernährungsbedingte Krankheiten zählebig sind.

»Cholesterin« und »light« sind lediglich Schlagworte. Sie werden in den Werbefeldzügen der Nahrungsmittelhersteller, unterstützt von Experten, eher zur Verwirrung als zur Aufklärung der Verbraucher eingesetzt. Der Laie kann nicht verstehen, weshalb Nahrungsmittel wie Eier und Butter von den einen verteufelt und von den anderen als gesund und lebensnotwendig bezeichnet werden.

Der Verbraucher, der sich in der Bundesrepublik in einem Land mit den sichersten Lebensmittelgesetzen wähnt, kennt sich nicht mehr aus. Darüber hinaus helfen ihm seine Instinkte bei der Nahrungsauswahl nicht weiter. Ob ein Nahrungsmittel auch ein Lebensmittel ist, das ihm lebenswichtige Nährstoffe zuführt, kann er nicht erkennen.

Verbraucher beginnen sich zu fragen: »Was kaufe ich da eigentlich ein, und was nützt es mir?«

Diese Fragen will ich versuchen zu beantworten. Der Leser soll die Möglichkeit erhalten, sich die Nahrungsmittel auszusuchen, die er für geeignet hält. Er wird in die Lage versetzt, selbst über Ernährung zu urteilen, so daß ihn weder Ideologen und Körnerfreaks noch Cholesterinjäger und Werbung verwirren können.

Angesprochen ist jeder, der gezwungen ist zu essen, jeder, der sich sein Essen auf dem weiten Nahrungsmittel-Markt erwerben muß. Angesprochen sind aber auch jene, die sich über Nahrungsmittel Gedanken machen müssen. Allen voran die Ärzte und die Lehrer, die Empfehlungen geben müssen. Sie sollten dabei nicht ausschließlich auf die Informationen der Pharma- und Nahrungsmittelindustrie angewiesen sein.

Ganz besonders angesprochen sind Mütter und Väter, damit sie nicht den Verführungen durch die Werbung erliegen und dadurch bei ihren Kindern mangels besseren Wissens bereits den Grundstein für spätere Krankheiten legen. Angesprochen sind aber auch die Nahrungsmittel-Hersteller und die Landwirte. Ihnen soll das Buch klarmachen, daß sie Nahrungsmittel nicht alleine für den Markt produzieren, sondern daß sie vor allem die Ernährungsbedürfnisse des Menschen decken müssen. Lebensmittel sind eine ethische Ware. Sie können nicht mit anderen Konsumgütern gleichgesetzt werden.

Daß neuere Nahrungsmittel-Zutaten von der Gesundheitsbehörde zugelassen werden müssen wie Medikamente und Pestizide, läßt Schlimmes ahnen. Deutschland hat das Zulassungsverfahren für Zucker- und Fettersatzstoffe anerkannt, das in den Vereinigten Staaten über 10 Jahre gelaufen ist. Diese Produkte werden auch bei uns bald verwendet werden. Damit aber rücken Nahrungsmittel in den Gefahrenbereich von Umweltschadstoffen und Medikamenten. Das heißt, sie unterliegen der Notwendigkeit einer Risikoabschätzung.

Die Entwicklung auf dem Nahrungsmittelsektor verlief in den letzten 20 Jahren stürmisch. Während der Verbraucher noch glaubt, er ißt das, was der Bauer produziert, nur eben von der Industrie zubereitet, ahnt er nicht, daß Nahrungsmittel längst auf dem Reißbrett für die Marktakzeptanz »designed« werden. Darüber dringt wenig nach außen. Ich habe in dem Buch zusammengetragen, was in den Nahrungsmittellabors und Marketingetagen gedacht und getan wird. Es ist dringend geboten, daß wir über unsere Ernährung nachdenken, denn die Gesundheitsstatistik enthält alarmierende Zahlen. Rund 65 Prozent der Menschen in Deutschland leiden an Krankheiten, die durch Ernährungsfehler bedingt sind. Dazu gehören hoher Blutdruck, Zuckerkrankheit, chronische Verstopfung, Leberzirrhose, Gallensteine, Gicht, sowie die beiden größten »Killer« Herzinfarkt und Krebs. Die Dunkelziffer der Rheumatiker und Alkoholiker ist dabei noch gar nicht mitgerechnet.

Mitreden über Ernährung kann man heute nur mit Wissen. Daß ich dieses Wissen zusammentragen konnte, danke ich vor allem der Hilfsbereitschaft und Aufgeschlossenheit verschiedener Wissenschaftler, die sich Zeit genommen haben, mir ihr Fachwissen mitzuteilen.

Allen voran danke ich Herrn Professor Hans-Jürgen Teuteberg vom Historischen Seminar der Universität Münster, der mich in das neue Gebiet der Kulturwissenschaft Essen einführte und mir die Zusammenhänge aufzeigte, die etwa zwischen dem Essen und Verwahrlosung und Gewalt bei Kindern bestehen, und mir klarmachte, was Essen mit Drogensucht und Kriminalität zu tun hat.

Nicht minder herzlich danke ich Herrn Professor Hans Ditschuneit von der Medizinischen Fakultät der Universität Ulm, der mich durch das Labyrinth des Stoffwechsels führte. Ebenso danke ich dem Ernährungswissenschaftler Professor Claus Leitzmann von der Universität Gießen für die freundliche Bereitschaft, Fragen unserer Ernährung mit mir zu diskutieren und Ungereimtheiten aufzuklären. Nicht zu vergessen den Hohenheimer Ernährungsmediziner Professor Hans K. Biesalski, der mein »Cholesterin-Weltbild« zurechtrückte. Ihnen allen und den vielen anderen Forschern, die mir am Telefon Auskunft gaben oder mir wissenschaftliche Literatur zusandten, danke ich hiermit ganz herzlich.

In gleicher Weise danke ich dem Verlag TRIAS für seine Aufgeschlossenheit. Trotz der Fülle an Ernährungsbüchern, die es auf dem Markt gibt, zeigte er Interesse für meine Pläne, die naturwissenschaftlichen und die kulturwissenschaftlichen Erkenntnisse über unsere Ernährung in einem Buch zu vereinen.

Last, but not least danke ich meinem Mann, dem Erstleser meines Manuskriptes, für kritische Gespräche und die Bereitschaft, die nach-postmodernen Speisen aus meiner Küche zu verkosten.

Ihnen, lieber Leser, liebe Leserin, wünsche ich jetzt viel Lesevergnügen auf den folgenden Seiten.

Annelies Furtmayr-Schuh

Englisches Essen, ein französisches Kochbuch und die Liebe

Am besten werden Sie verstehen, wie ich dazu kam, dieses Buch zu schreiben, wenn ich Ihnen alles von Anfang an erzähle.

Es begann auf einer Insel im Atlantik an einem schönen Septembertag. Die Spätsommersonne verkupferte die alten Backsteinmauern der Hull University an der Ostküste Englands, etwa vier Zugstunden nördlich von London. Weiße Wolkenschiffe trieben vom Meer landeinwärts. Es war einer der Tage, an denen, wie ich später feststellte, jede englische Studentin eilends den Picknickkorb packt, Studium Studium sein läßt und in ihrem luftigsten Kleid ins Freie eilt.

Aber so weit war es noch nicht. An diesem Tag begann das neue Studienjahr, die Universität öffnete wieder ihre Tore. Und wir, mein Studienfreund Ludwig und ich, waren aus Deutschland gekommen, um an der Hull University Biochemie zu studieren. Daß ich damit gleichzeitig eine Karriere als Self-made-Köchin und Ernährungsforscherin beginnen würde, war mir damals allerdings nicht bewußt.

Zusammen mit den englischen Kommilitonen zwängten wir uns in die steifen Holzbänke der altehrwürdigen Hohen Schule zu Hull. Und unser an deutsche Laute gewohntes Gehirn versuchte aus dem schottischen Dialekt des Professors die Wissenschaft von den Enzymen zu begreifen.

Danach waren wir hungrig. Wir gingen ins *Refectory*, so heißt an den englischen Universitäten die Mensa. In einem sehr gepflegten Speiseraum saßen wir uns an einem langen Mahagonitisch gegenüber und stocherten mehr, als daß wir aßen, in unserem Essen herum – in den dottergelben *»dumplings«*, dem grasgrünen Rosenkohl und dem mit Hackfleisch gefüllten *»pie«*. Es lag alles sehr appetitlich angerichtet, umgeben von schimmernder goldbrauner *»gravy«* auf schönem Porzellan. Doch es schmeckte nicht so, wie es aussah. Es schmeckte alles nach Pappe. Am nächsten Tag saßen wir wieder in dem schönen holzgetäfelten Speiseraum. Wieder waren die Speisen farbenfroh und appetitlich angerichtet. Aber das Essen war für unsere Begriffe ungenießbar. »We just have good table manners, but no good food.« Diesen Satz eines Engländers, den ich einmal gelesen hatte, begriff ich nun in seiner ganzen Tiefe.

Lag es daran, daß Ludwigs Mutter eine Wienerin ist und meine Mutter aus Böhmen stammt, mit allen Talenten einer böhmischen Köchin ausgestattet? Uns schmeckte es nicht. Ludwig stellte nun die entscheidende Frage, die – gemäß der Chaostheorie – dem Entscheidungsbaum meiner geistigen Entwicklung eine neue Richtung gab. Er fragte: »Kannst du kochen?« – Natürlich hatte ich nie kochen gelernt. Ich wollte studieren und Wissenschaftlerin werden. Aber ich hatte schon Kuchen gebacken und hatte, wenn die Eltern im Urlaub waren, an meinen drei Brüdern Rezepte ausprobiert, die ich in Zeitschriften gelesen hatte. Und überhaupt, was soll das? Wenn ich im Labor chemische Analysen »kochen« kann, werde ich wohl auch anhand eines Kochbuchs etwas Eßbares zustande bringen. Schließlich sollen Köche und Chemiker vieles gemeinsam haben. Mehr noch, in einem rechten Koch stecke etwas von einem Chemiker und einem Physiker. So jedenfalls sah es der französische Feinschmecker Brillat-Savarin.

Der umfassend gebildete und vielseitig interessierte Jurist und selbstkochende Junggeselle Jean-Anthelme Brillat-Savarin ist ein Zeitgenosse Goethes. Er wurde 1755 geboren und stammt aus der Gegend zwischen Genf und Lyon. Sein Leben aber verbrachte er vor allem in der Hauptstadt des barocken Lebensgenusses, in Paris. Kurz vor seinem Tode, im Jahre

1825 erschien sein Buch ›Die Physiologie des Geschmacks‹. In diesem analytischen Werk untersucht er alle Aspekte des Geschmacks, des Essens und dessen Ingredienzien auf wissenschaftliche Weise, natürlich entsprechend der damaligen Zeit. Das Buch machte den Autor so berühmt, daß viele Gerichte und auch ein Käse nach ihm benannt wurden. Das entzückend geschriebene Bändchen wird bis heute immer wieder neu aufgelegt. Für die Ausgabe von 1839 hat sogar Balzac, der Brillat-Savarin sehr verehrte, das Vorwort geschrieben.

In dem noch heute lesenswerten Büchlein fand ich folgende Erkenntnis Brillat-Savarins: »Ein geschickter Koch kann theoretisch ein Gelehrter werden, praktisch ist er es immer. Sein Amt stellt ihn zwischen Chemiker und Physiker.«[1]

»Voilà«, dachte ich mir, »dann sollte es doch auch umgekehrt möglich sein, daß aus einer Biochemikerin eine Köchin wird.« Ein Kochbuch mußte her. Da sich unser Zutrauen zur englischen Küche verflüchtigt hatte, mußte es eines vom Kontinent sein. Ich unterrichtete einen Studienfreund in München von unserem Notstand, einen kochbegeisterten Chemiker (na also, der Umkehrschluß scheint zu stimmen), und bat ihn um ein Kochbuch. Unsere Mütter baten wir um Gewürze, denn auf dieser Insel schienen die Köche, wenn überhaupt, nur mit Curry und Chilipfeffer zu würzen.

Als dann die Döschen mit getrocknetem Rosmarin, Salbei, Thymian, Majoran und Kümmel vom Kontinent eingetroffen waren, und allabendlich neue Düfte durch das Landhaus strichen, das ich mit noch zehn anderen Studentinnen bewohnte, hörte ich nicht ohne Vergnügen jenes unnachahmliche: »Oh, the Germans have dinner«, womit nur Britinnen Erstaunen und Bewunderung gleichzeitig ausdrücken können.

Das kleine Kochbuch, das mir mein Chemiker-Freund über den Ärmelkanal schickte, trägt den provokanten Titel ›Kochen in 10 Minuten oder die Anpassung an den Rhythmus unserer

Zeit‹.[2] Der Autor des Buches, der Franzose Edouard de Pomiane, schreibt im Vorwort: »Mein Buch wendet sich an den Studenten, an das Ladenmädchen, an den Angestellten, an den Künstler, an den Faulen, an den Dichter, an den Mann der Tat, an den Träumer, an den Gelehrten, an alle, welche nur über eine Stunde für ihre Mittags- oder Abendmahlzeit verfügen, und die dennoch eine halbe Stunde Muße haben möchten, um dem Rauch ihrer Zigarette nachzuschauen, während sie Schluck für Schluck ihre Tasse Kaffee trinken, die nicht einmal die Zeit zum Erkalten hat.«

Und er fügt hinzu: »Das moderne Leben verbrennt manches Gute in unserem Dasein. Sorgen wir dafür, daß es nicht unser Beefsteak oder unser Omelett verbrenne. Beeilen wir uns. Zehn Minuten genügen. Eine Minute mehr, und alles wäre verdorben.« Das war das Richtige für mich. Denn ich wollte und konnte nicht allzu viel Zeit auf die Essenszubereitung verwenden. Darüber hinaus war mir »kochen« mit exakter Zeitplanung von der Laborarbeit her vertraut. Lief ich doch stets mit einem kleinen Wecker in der Tasche herum und stürzte urplötzlich von einem Gespräch weg, wenn er schrillte und mich an ein Experiment erinnerte.

Gern wollte ich später dieses kleine Büchlein, das mit dem guten Geschmack und der Freude am Essen geschrieben wurde, wie sie wohl nur Franzosen und Italienern eigen ist, an Freunde verschenken, doch leider ist der kleine Küchenführer seit vielen Jahren schon vergriffen. Ob sich wohl ein Verleger findet, der dieses Kleinod der Küchenliteratur wieder auflegt? »Übergewicht wäre in unserem Lande lange kein solches Problem, wenn jeder Mensch wenigstens zehn Kochrezepte kennen würde«, sagte mir einmal ein Ernährungsforscher. Nun, dieses Büchlein enthält mehr als zehn kurze, köstliche Kochrezepte.

So lernte die deutsche Studentin in England kochen, »à la française« – ein wahrhaft europäischer Ansatz!

Während ich Biochemie studierte und im Labor Experimente planen lernte, lernte ich gleichzeitig, Einkäufe und Mahlzeiten mit in diese Planung zu integrieren. Darüber hinaus erfuhr ich in den Vorlesungen, was Nährstoffe sind, daß die einen als Bausteine für unsere Körperzellen dienen und andere wiederum Funktionen ausüben, ohne die wir gar nicht leben könnten. Keiner der Nährstoffe darf fehlen, auch wenn sein Beitrag zur Orchestermusik unseres Lebens nur klein ist. Winzige Metallspuren, etwa von Nickel oder Selen, sind so wichtig wie Eiweiß, Fett und Kohlenhydrate.

Biochemie war für mich gleichzeitig Ernährung, und Nahrung war immer gleich auch Biochemie. Beides verwob sich in meinem Kopf zu einer Einheit. Ich studierte biochemische Vorgänge, die in unserem Körper ablaufen, und entdeckte Regelkreise, die unser Leben erhalten. Ich lernte, daß der menschliche Organismus ein Teil der Natur ist und daß unser Stoffwechsel und unsere Lebensbedürfnisse dieser Natur genau entsprechen. Unberührt von jeglicher Biochemie schrieb Brillat-Savarin das gleiche bereits vor fast 200 Jahren, und es klingt in der Sprache des Rokoko fast verständlicher als in der Sprache der modernen Wissenschaft: »Der Mensch – so steht es in der Bibel zu lesen –«, schreibt Brillat-Savarin, »ist der Herr der Natur; was wächst und lebt ist für ihn ausdrücklich geschaffen. Für ihn mästete sich die Wachtel, für ihn duftet die Mokkabohne so zart, und der Zucker ist süß zum Besten seiner Gesundheit. Warum also nicht der Gaben genießen – versteht sich: mit hygienischer Mäßigung – der Gaben, die die Vorsehung uns bietet ...?«

Wären wir in einer anderen Natur, auf einem anderen Stern geboren, so könnte unser Körper auch anders aufgebaut sein, vielleicht aus Siliziummolekülen statt aus kohlenstoffhaltigen Verbindungen wie das Eiweiß unserer Haut und unserer Muskeln. Und andere Mineralien und Spurenelemente würden den

Stoffwechsel regulieren. Da wir aber von dieser Erde sind, müssen wir uns alle die Stoffe einverleiben, die im Laufe einer langen Evolution unsere Nährstoffe geworden sind, an deren Zufuhr sich der menschliche Organismus angepaßt hat, die er verträgt und ohne die er nicht existieren kann.

»Eßbar liegt das Universum euch zu Füßen!« In diesem kleinen Satz des barocken Feinschmeckers Brillat-Savarin ist bereits die ganze Weisheit der modernen Ernährungswissenschaft enthalten. Wir gingen mit dieser Erkenntnis im Kopf und dem Einkaufsnetz in der Kollegemappe nach Vorlesungen und Laborarbeit zum Einkaufen.

Da Hull eine Hafenstadt ist, übrigens die drittgrößte Englands, gab es stets frischen Fisch zu kaufen. Gemüse fanden wir auf der vom Golfstrom umspülten Insel so reichlich wie in Italien. Wir freuten uns jedesmal wie Kinder, daß wir, im Gegensatz zum Labor, die Experimente in der Küche, zu denen uns unser kleiner französischer Führer anleitete, aufessen konnten – etwa Rote Rüben mit saurer Sahne, Schweinekoteletts mit Äpfeln oder Nierchen in Portwein mit Champignons. Das Selbstgekochte schmeckte vorzüglich. Die Zubereitung war durchaus nicht nur lästige Notwendigkeit, sondern freudiges Vorspiel. Denn wenn sich unsere Einkäufe vom Markt wie ein Stilleben alter niederländischer Meister auf dem Küchentisch auftürmten, etwa Lauch, Wirsing und Möhren, Äpfel und Zitronen, Eier, Fische, Petersilie und anderes mehr, so war allein schon das Anschauen und das Hantieren damit ein Genuß.

Als die Achtundsechziger-Kulturrevolution, die – um mit Edouard de Pomiane zu sprechen – in ihrem Gefolge so manches Omelett verbrennen ließ, durch die europäischen Lande rauschte, waren wir hautnah betroffen. Beim Besuch des französischen Revolutionsführers Cohn-Bendit auf der Insel mußten wir Nicht-Briten uns bei der Polizei unseres Wohnortes melden und durften diesen während der Dauer des Besuchs nicht verlassen. Die Ideen der Achtundsechziger haben so manche Frau am Herd verunsichert. Ich war damals bereits geprägt und dem guten Essen verfallen. Keine Ideologie konnte mich mehr vom Essenkochen abhalten.

Essen ist eine Kulturleistung, die mehr bedeutet als Nahrungsaufnahme. Essen ist für uns Menschen immer auch eine Form der Kommunikation. Seit Jahrtausenden halten Menschen gemeinsam Mahlzeiten. Einer, der in der Gemeinschaft lebt und es wissen muß, ist der Zellerar im oberbayerischen Kloster Andechs am Ammersee, Pater Anselm. Er hat ein ›Kochbuch für Leib und Seele‹ verfaßt und sagte einmal in einem Interview: »Miteinander Mahl halten bedeutet mehr als gemeinsam essen. Es heißt, sich die Hand reichen, an einem Tisch sitzen, gut zueinander sein.«

Und Monsieur Brillat-Savarin hatte sicher nicht unrecht, wenn er der Freude am Essen, also der Feinschmeckerei, wie der Herr des Pariser Rokoko zu sagen pflegte, großen Einfluß auf das Glück zweier Eheleute zuschreibt. »Zumindest einmal am Tage«, so schreibt der Franzose, »haben sie, sofern sie Feinschmecker sind, den angenehmsten Anlaß zur Zusammenkunft. Denn Trennung vom Bett – sehr verbreitet – ist noch lange nicht Trennung vom Tisch. Gewiß, auch die Musik übt manche Anziehung auf ihre Jünger«, räumt er ein, »aber man muß sie doch extra beginnen: es ist und bleibt eine Arbeit. Im übrigen ist man öfters erkältet, Noten sind nicht zu finden, Instrumente sind verstimmt, man hat Migräne – man streikt.«

Und er fährt fort: »Zu Tische dagegen ruft beide Gatten ein beiderseitiges Bedürfnis und hält sie dort fest; ganz von selbst kommen da die kleinen Aufmerksamkeiten, mit denen jeder gern sich schmückt, und die Art, wie das häusliche Essen abläuft, trägt viel zum Glück des Lebens bei ... Sie essen mit Wonne und sprechen dabei von ihren Geschäften, Plänen, Zärtlichkeiten. Eine halbe Flasche Madeira läßt sie Mahl und Unterhaltung verlängern. Dann nimmt dasselbe Bett sie beide auf, das gleiche Feuer zieht sie zueinander – bis sie ein holder Schlaf das Gegenwärtige vergessen, von einer reicheren Zukunft träumen läßt.«

Daran dürfte sich bis heute wenig geändert haben. In schlichte deutsche Worte übersetzt heißt das so viel wie: »Liebe geht durch den Magen.« Wir jedenfalls haben uns nach abgeschlossenem Studium geheiratet und kochen und essen noch immer gemeinsam. Denn Kochen und Essen gehören zu den ganz großen Vergnügen.

Und was die Mühe dabei betrifft, so hat das der »Zeitschmecker« Wolfram Siebeck erst kürzlich auf den Punkt gebracht: »Mühe, ja, die macht Kochen immer, wenn das Resultat mehr sein soll als ein Schluck-Quickie. Doch die Mühe in der Küche ist eine produktive Anstrengung und somit weitaus sinnvoller als die konformistischen Zerstreuungen, mit denen wir unsere Zeit totschlagen.« Dem kann ich mich nur anschließen.

Gehen heute vielleicht deshalb so viele Ehen auseinander, weil wir keine Feinschmecker sind, nicht mehr das häusliche Tafelvergnügen kultivieren, weil wir zerstreut, geschäftig und ehrgeizig immer mehrere Dinge zugleich tun wollen und zumeist nur essen, um satt zu werden? Ob diese Hypothese stimmt, das sollen die Soziologen herausfinden. Mir scheint jedoch, daß mit dem Rückgang der häuslichen Kochkunst die Wänste immer dicker und die Krankenhäuser und Arztpraxen immer voller werden mit Menschen, die an ernährungsbedingten Krankheiten leiden. Die dicksten Frauen, die ich kenne und die wiederholt Abmagerungskuren machen, sagten mir freimütig, daß sie für sich alleine nicht kochen würden und daß sie auch gar nicht kochen könnten.

Der Ernährungsbericht, den die Deutsche Gesellschaft für Ernährung (DGE) im Auftrag der Bundesregierung alle vier

Jahre erstellt, und den ich seit 1980 in der Hamburger Wochenzeitung ›Die Zeit‹ kommentiere, stellt regelmäßig zur Bauchlage der Nation fest, daß wir Deutschen zu viel, zu fett, zu süß und zu salzig essen. Aber warum wir das tun, warum wir von dieser Völlerei nicht abzubringen sind, bleibt unbeantwortet. Ich wollte es endlich wissen. Warum essen wir so wie wir essen?

Um das begreifen zu können, müssen wir in die Vergangenheit schauen und die Ursprünge aufdecken. Denn nur in die Geschichte hinein können wir einigermaßen klar sehen, und können so unser heutiges Eßverhalten begreifen. Ich wollte wissen, wie die Leute früher gegessen haben, wie die verschiedenen Nahrungsmittel und die verschiedenen Eßgewohnheiten entstanden sind.

Haben Sie sich schon einmal gefragt, weshalb wir zum Kaffee meist etwas Süßes essen? Und warum wir morgens überhaupt Kaffee trinken, warum sich unsere Kinder literweise Limonade einverleiben und Eis essen, wo und wann es sie erwischen könne? Für Brillat-Savarin waren Kaffee, Eis und Limonade noch erlesene Ingredienzien einer luxuriösen Tafel, und er schätzte sich glücklich, daß er in einer Zeit lebte, in der es diese Leckereien bereits gab. Und der Feinschmecker bedauerte die Menschen früherer Jahrhunderte, weil sie nicht davon kosten konnten: »Bankiers von Rom«, schreibt er in einer historischen Elegie, »die ihr das Universum ausgesogen! Nie haben eure berühmten Salons die tropfenden Gelees gesehen, die Schwäche aller Nichtstuer, noch Eis von verschiedenen Früchten, deren Kälte der tropischen Zone trotzt. Weh euch!«

Und er geht noch weiter, er bedauert auch seine Zeitgenossen, weil sie die köstlichen Neuheiten des kommenden 20. Jahrhunderts nicht mehr werden kosten können: »Und endlich ihr, Gastronomen von 1825, die ihr am Busen der Abundancia schon Sättigung findet und neue Kombinationen träumt!« So jammert er, »ihr werdet sie nicht genießen, die Entdeckungen der Wissenschaft um 1900, weder die mineralische Nahrung noch auch Liköre, die unter hundert Atmosphären Druck erzeugt werden! Ihr werdet sie nicht sehen, die großen Importe, die heute noch ungeborene Reisende aus jener Hälfte des Erdballs bringen werden, der noch unentdeckt ist und dunkel. Weh euch!«

Brillat-Savarin aber konnte nicht ahnen, daß sein »Weh euch!« uns, den Nachgeborenen gilt. Die Nahrung des 20. Jahrhunderts brachte für den Geschmack keine Steigerung. Denn nicht Feinschmecker bereiten heute unsere Speisen, sondern vor allem Chemiker und Physiker und Leute, von deren Profession der barocke Lebemann noch nichts wußte: Marketingstrategen und Food-Designer.

Doch darüber erzähle ich Ihnen später. Jetzt lade ich Sie ein zu einer Reise in die Vergangenheit unserer Ernährung.

Geschichte geht durch den Magen

Laßt uns den Anfang bedenken,
daß wir das Ende begreifen.
Ernst Wiechert

Es war im Juli 1991. Ein blauseidener Sommertag spannte sich über ganz Deutschland von den Alpen bis zur Nordsee. Tautropfen glitzerten im Gras, als ich um halb sieben Sommerzeit in München das Flugzeug nach Norden, in die Universitätsstadt Münster, bestieg. Damit begann meine Reise in die Vergangenheit unserer Ernährung.

Für meine Reise in die Geschichte hatte ich mir einen Lotsen gesucht, damit ich auch sicher ans Ziel gelangte und unterwegs nicht Scharlatanen aufsaß. Wenngleich ich in den Naturwissenschaften zu Hause bin, gilt das nicht für die Geschichtsforschung, die auf einem anderen Wissenschafts-Kontinent, bei den Geistes- und Sozialwissenschaften, angesiedelt ist. Und die lagen vor mir so groß und fremd wie die Weiten Rußlands vor den westlichen Industriellen, die jetzt dort Fuß fassen wollen.

Ein Wissenschaftler, der mir als Lotse dienen konnte, der die Geschichte der Ernährung erforscht, war nicht leicht zu finden, denn es gibt davon in Deutschland weniger als eine Hand Finger hat. Zu meinem Erstaunen mußte ich feststellen, daß in der Gedankenwelt der deutschen Geisteswissenschaftler das Thema Essen und Trinken noch immer zu den »niederen Kulturgütern« gehört. All die Dinge, die mit Ernährung, mit Küche und Haushalt zu tun haben, also mit dem gewöhnlichen Alltagsbereich der Menschen, haben die deutschen Forscher bislang schlicht vernachlässigt.

Ganz anders im westeuropäischen Ausland. Dort finden »Küchenfächer« breites wissenschaftliches Interesse. Die in Italien erscheinende Zeitschrift ›La Gola‹ widmet sich, anders als ihre deutschen Schwestern, die Publikumszeitschriften ›Essen und Trinken‹, ›Gourmet‹ oder ›Der Feinschmecker‹, mit wissenschaftlichem Interesse dem vielschichtigen Thema Essen. Und in Frankreich denken und schreiben angesehene Historiker und Philosophen übers Essen. Auch in den angelsächsischen Ländern befassen sich Wissenschaftler schon seit den 70er Jahren mit der Erforschung des Kulturthemas Essen. So entstand, um einige Beispiele zu nennen, in den Vereinigten Staaten, in Detroit, ein Kochbuchmuseum. Und die Michigan State University gibt seit über zehn Jahren die interdisziplinäre Ernährungszeitschrift, ›The Digest‹, heraus.

In Deutschland befassen sich in neuerer Zeit höchstens historisch interessierte Mediziner oder Wirtschaftsgeographen mit dem Essen. So gibt es zwar anspruchsvoll betitelte Werke, die sich ›Geschichte der Ernährung‹ nennen, doch exakte Wissenschaft ist das nicht. Denn ohne die Kenntnis historischer Methodik und wissenschaftlich fundierter Vorarbeiten bleiben solche Werke Gelegenheitsstudien, vergleichbar den Experimenten eines Hobby-Chemikers auf der Kellertreppe.

Mein Lotse bei der Forschungsreise auf dem fremden Kontinent wurde der Münsteraner Professor Hans Jürgen Teuteberg. Der Sozial- und Wirtschaftshistoriker fand als erster Geschichts-Wissenschaftler in Deutschland Interesse an der Erforschung der Geschichte der menschlichen Ernährung. Angeregt durch die Debatten über den Welthunger in den 60er Jahren erkannte er, daß die Ernährung des Kulturwesens Mensch nicht nur als ein »biochemischer Verdauungsakt« erforscht werden dürfe, sondern »als eine größere gesamtgesellschaftliche und den ganzen Menschen betreffende Kulturerscheinung«.

»Wissen Sie, wie viele Institute sich mit Schadstoffen in Lebensmitteln befassen?«, fragte mich Teuteberg am Telefon, als ich ihn um ein Interview bat. Er wartete meine Antwort nicht ab und sagte: »Es sind sehr viele. Aber das, was der Mensch jeden Tag tut, was er seit Millionen Jahren immer will, nämlich seinen Hunger stillen, das wird hierzulande nur an zwei Instituten erforscht, bei uns hier in Münster und bei Ihnen in Bayern, in Bayreuth.«

Bereits 1972 schrieb Teuteberg das erste wegweisende Werk der deutschen Ernährungsgeschichte, zusammen mit dem Münsteraner Volkskundler Günter Wiegelmann – ›Der Wandel der Nahrungsgewohnheiten unter dem Einfluß der Industrialisierung‹. Durch diese Pionierstudie wurde die Deutsche Gesellschaft für Ernährung (DGE) angeregt, Teuteberg in ihr Präsidium zu wählen.

Dort versuchte der historische Sozialforscher den Ernährungswissenschaftlern klarzumachen, daß die moderne Fehlernährung, die zum Übergewicht führt, daß Krankheiten wie Magersucht und Bulimie, daß das Fehlschlagen der Ernährungsberatung, daß aber auch Probleme wie schadstoffbelastete Lebensmittel und selbst der Hunger in der Dritten Welt besser zu verstehen wären, »wenn die Entstehungsgeschichte all dieser Schwierigkeiten und ihre Verflechtungen mit anderen Daseinsbereichen des Menschen in einem größeren geschichtlichen Zusammenhang einmal aufgeklärt würden«.

Zu diesem Zweck gründete Teuteberg 1972 in der DGE die Abteilung »Ernährung und Sozialwissenschaften«. In dieser Abteilung sollte erforscht werden, wie das Seelenleben des Menschen, sein Wünschen und Wollen sowie die soziale Kommunikation die Ernährungsgewohnheiten beeinflussen. Doch während Teuteburg versuchte, fächerübergreifende Ernährungswissenschaft zu betreiben, verspotteten ihn daheim seine Studenten und einige Kollegen als »Kartoffelprofessor«.

Der tiefe Graben, der die Wissenschaft, zumal in Deutschland, in zwei »fremdelnde« Lager trennt, in Naturwissenschaft und Geisteswissenschaft, wird damit wieder einmal offensichtlich. Und weil die eine Wissenschaft – überspitzt formuliert – den Menschen nur von außen und die andere nur von innen erforscht, haben wir bis heute, trotz großer wissenschaftlicher und finanzieller Anstrengungen die Fehlernährung des Wohlstandsbürgers nicht beheben können, die zwei Drittel der Krankheiten und deren Behandlungskosten verursacht.

14 Millionen Jahre Rohkost und wie aus Kochbüchern Wissenschaft wird

Professor Teuteberg holte mich am Flughafen ab. Der Himmel über dem Münsterland dehnte sich noch weiter und höher als am Morgen über der Münchener Hochebene. Fast meinte ich schon das Meer zu riechen. Doch vorerst war keine Zeit für geographische Betrachtungen. Der Professor ging gleich zur Sache: »Rückschauend erkennen wir«, sagte er und lenkte seinen Wagen zwischen den geparkten Autos vor dem Flughafen hindurch, »daß die Ernährung eigentlich erst zur Hälfte erforscht worden ist. Wir wissen schon hinreichend genau, was und wieviel Menschen essen, beziehungsweise essen sollten, aber nur wenig darüber, warum die Menschen das essen, was sie essen.«

Und noch während wir im Wagen durch grasgrünes Bauernland, vorbei an schwarz-weiß-gefleckten Holstein-*Friesian*-Kühen zur Universität nach Münster fuhren, bekam ich meine erste Vorlesung in Ernährungsgeschichte. Ich erfuhr, daß Kochen die älteste Kunst des Menschen ist. Doch bevor der Mensch kochen konnte, mußte er erst einmal das Feuermachen erlernen. Bis der Urmensch diese Technik beherrschte, vergingen einige Millionen Jahre. Die ältesten Vorfahren des Menschen gingen etwa vor 14 Millionen Jahren, so der derzeitige Konsens der Forschung, als Familie der Ramapithecinen aus einer kleinen Gruppe »Waldaffen« hervor. Und die bislang früheste Feuerstelle, die gefunden wurde, in der Nähe des heutigen Peking, in Chou-koutien in China, stammt aus der Zeit um 350 000 v. Chr. und gehörte zu einer Wohnstatt des sogenannten Pekingmenschen, des *Sinanthropus pekinensis*, wie ihn die Wissenschaftler nennen.

Vor dieser Zeit war es also nichts mit gebratener Wildschweinkeule oder in Asche herausgebackenen Eidechsen. Roh war die Nahrung. Und hart schlug das Schicksal zu. Denn Krankheitserreger wie Parasiten, Bakterien und Viren, die durch rohe Nahrung übertragen werden können, rafften die damaligen Menschen früh dahin.

Die Beherrschung des Feuers brachte somit für den Urmenschen eine wesentliche Verbesserung seiner Ernährung. Da die Menschen nun weniger Opfer von Krankheiten wurden, die durch die Nahrung übertragen werden, kam es zu einem sprunghaften Anstieg der Bevölkerungszahlen in den besiedelten Gebieten der damaligen Welt.

So tiefgreifend verändert wie durch die Beherrschung des Feuers hat sich die Ernährung des Menschen nur dreimal in seiner langen Geschichte. Mit dem Feuer, das die Menschen wärmte, ihre Kleidung trocknete und ihre Nahrung verfeinerte lebten sie einige hunderttausend Jahre in Jäger- und Sammlerkulturen. Die Menschen aßen, was sie finden konnten, und waren bei ihrer Nahrungsbeschaffung stets dem Zufall der Natur ausgeliefert. Nie wußten sie, ob morgen ihr Bauch wieder gefüllt werden würde.

Das änderte sich erst in vergleichsweise jüngster Zeit, vor rund 10 000 Jahren, vor allem im Vorderen und Mittleren Orient und in Zentralasien. Dort gingen die Menschen zuerst zu einer regelmäßigen Landwirtschaft über. Damit wurden sie unabhängiger von den Zufällen der Natur und kamen über schlechte Jahreszeiten besser hinweg. Mehr noch. Auch die Nahrungsmittel änderten sich damit grundlegend. Seßhaft geworden, kultivierten die Menschen Getreide wie Hirse, Gerste und Weizen. Schafe und Ziegen gaben Milch. Auch züchteten die frühen Bauern bereits. Sie entbitterten die Hülsenfrüchte durch Züchtung, die dadurch für den Menschen genießbar wurden.

Den dritten und letzten Umbruch der menschlichen Ernährung erleben wir alle gerade mit: der moderne Massenkonsum, der im letzten Jahrhundert seinen Anfang nahm. Mit der rasch wachsenden Bevölkerung, mit Industrialisierung und Verstädterung im 19. Jahrhundert verändert sich unsere Ernährung nochmals grundlegend.

Wir waren inzwischen am Domplatz angekommen, wo sich das Historische Seminar der Westfälischen-Wilhelms-Universität befindet. Etwas beklommen war ich doch, als ich neben dem Professor durch den langen Korridor ging, dessen Wände bis unter die Decke mit vollgestopften Bücherregalen bedeckt waren und in die Denkstube des Historikers trat. Es war eine andere Wissenschaftswelt als die, die ich kannte. Hier trug niemand einen weißen Kittel, und keine technischen Geräte standen herum. Die Studenten, die mit Büchern unterm Arm an uns vorbeigingen, erschienen mir irgendwie durchgeistigt, als sähe man ihnen die Kopfarbeit an.

Bald saß ich selbst, kopfarbeitend und disputierend mit jungen Ernährungshistorikern zusammen. Umgeben von Bücherbergen, Papieren und dem typischen Geruch staubiger Folianten erfuhr ich, wie historische Wissenschaft entsteht; wie zum Beispiel aus Kochbüchern – die übrigens zu den ältesten Druckwerken der Menschheit gehören – Wissenschaft wird.

»Wir katalogisieren die Kochbücher nach den Regeln der historischen Wissenschaft und erschließen sie dann systematisch«, erklärte mir der junge Magister Uwe Spiekermann, der gerade seine Doktorarbeit schrieb und dabei die Computertechnik für die historische Forschung zu nutzen versuchte. Denn Kochbücher erzählen nicht nur was die Menschen früher wie gegessen haben, sondern auch welchen Rang bestimmte Speisen hatten. So war zum Beispiel Reisbrei über Jahrhunderte hin eine Hochzeitsspeise wohlhabender Leute. Kochbücher spiegeln auch das Wissen der Zeit wider, in der sie gedruckt wurden, und sie geben darüber hinaus einen Einblick in die Gesellschaft. »Denn die Küche einer Gesellschaft ist«, wie der französische Völkerkundler Claude Lévi-Strauss sagte, »eine Sprache, in der sie unbewußt ihre Struktur zum Ausdruck bringt, ...«

Kochen und Heilen – zwei Seiten derselben Münze

> *Von oben betrachtet, kann man drei Arten Küche rechnen: Die erste pflegt die Herstellung von Speisen und heißt ganz einfach Küche; die zweite analysiert und vereinfacht die Elemente und heißt Chemie; die dritte könnte man Reparationsküche nennen, die heißt Apotheke.*
>
> BRILLAT-SAVARIN[1]

Die ersten Kochbücher stammen aus der Antike. Der herausragendste Küchenschriftsteller der damaligen Zeit war der Koch des weltberühmten Feinschmeckers Lukullus, der Römer Marcus Gavius Apicius. Sein fast 2000 Jahre altes Kochbuch ›De re conquinaria‹ enthält nicht nur wie andere antike Küchenschriften Anweisungen für prunkvolle Gastmähler, sondern auch Rezepte für den einfachen Haushalt. Es gibt darin Hinweise für die Herstellung verschiedener Getränke, das Konservieren von Nahrungsmitteln und praktische Haushaltsregeln. Es fehlen auch nicht Rezepte für die Krankendiät und für Hausmittel gegen allerlei Übel. Mengenangaben und Garzeiten, wie wir sie heute gewohnt sind, weist das antike Kochbuch, das immer wieder abgeschrieben und weitergegeben wurde, nicht auf.

In Deutschland sind seit der Erfindung der Buchdruckerkunst, seit dem späten 15. Jahrhundert, – auf den antiken Küchenschriftstellern aufbauend, – die ersten Kochbücher entstanden. Zunächst waren es die Landesfürsten, die ihrem Mundkoch das Kochbuchschreiben auferlegten. Denn nach dessen Tode sollte der kulinarische Stand der Hofküche gesichert bleiben. Wie das ›New Kochbuch‹ von Marx Rumpolt, des Hofkochs des Mainzer Fürstbischofs aus dem Jahre 1580 zeigt, ging es zunächst weniger um die Technik des Zubereitens. Vielmehr geht es in dem kostbar ausgestatteten und mit zahlreichen Holzschnitten geschmückten Kochbuch um die Folge der Speisengänge und die Anweisungen für die Bediensteten, wie diese die einzelnen Gäste ihrem Stande gemäß zu bewirten haben.

Die ersten deutschen Kochbücher waren also Bücher mit Ratschlägen für die fürstliche Haushaltung. Solche schriftlichen Anleitungen wurden gebraucht, denn fürstliche Haushalte waren zur damaligen Zeit große Wirtschaftsbetriebe.

Die nachfolgenden Kochbücher wurden nun nicht mehr ausschließlich von Köchen verfaßt, sondern bezeichnenderweise von Frauen. Die Autorinnen waren meist Ehefrauen oder Töchter von Ärzten. Sie stellten die Kochkunst wieder in den Dienst der Heilkunst, wie im antiken Griechenland. Zur Zeit des griechischen Arztes Hippokrates von Kos (460–377 v. Chr.) stand die »richtige Ernährung« im Mittelpunkt der Krankenbehandlung. Die war ganzheitlich und umfaßte eine gesunde Lebensführung. Das griechische Wort *diaita*, das in unserem Wort »Diät« wieder auftaucht, meint in seiner ursprünglichen Bedeutung nicht nur die Ernährung, sondern die Lebensweise und die »natürlich-physischen Lebensbedürfnisse« des Menschen.

In der Antike wie im Mittelalter war es der Wunschtraum vieler Menschen, durch eine gesunde Lebensweise, wozu in erster Linie eine richtige Ernährung gehörte, den Tod hinauszuschieben. »Kochen und Heilen waren nur zwei Seiten derselben Münze«.[2]

Das Kochbuch als Lebenshilfe

Die ganzheitliche antikisch-mittelalterliche Gesundheitslehre findet sich auch in den Hausvätervorschriften, einer weiteren Fundgrube für den Ernährungshistoriker. Es heißt in diesen Schriften des öfteren, daß die beschriebenen Speisen nicht nur als »Leckerbissen den Gaumen kitzeln« sollten, sondern auch für »die Gesundheit und Dauer des menschlichen Körpers wahre und erprobte Arzneyen seyn«.

Eines der ältesten Bücher dieser Hausväterliteratur ist das Werk ›Oeconomia ruralis et domestica‹ des mecklenburgischen Pastors Johann Colerus. Er widmet einen Band seines Werkes ausschließlich dem Kochen und »dem armen Mann, der einen bösen Teufelskopf oder böses Weib habe, die ihm nichts rechtes kochen oder zurichten will.«[3] Die Ratschläge der Hausväterschriften waren aber meist für Hausvater und Hausmutter, also beide Familienoberhäupter gleichermaßen abgefaßt, wie der Titel eines dieser Bücher belegt, das da heißt: ›Der Erdmuthe Hülfreichin Unterricht, für Hausmütter in ihren Geschäften, für welche sie in der Küche, in der Speisekammer, im Garten, im Viehstalle und Geflügelhofe zu besorgen haben, nebst dem, was ihnen vom Spinnen, der Weberey, von Zurichten der Betten und Wäsche zu wissen notwendig ist. Ein Gegenstück zu Erdmann Hülfreich.‹[4]

Die Hausväterbücher sind wie die Kochbücher sicherlich nur von einer ganz kleinen Schicht Gebildeter, die des Lesens mächtig war, zur Kenntnis genommen worden. Dennoch spiegeln sie das tatsächlich vorhandene Wissen und die Kenntnisse der Menschen der vorindustriellen Jahrhunderte wider. Wirtschaftliches und technisches Wissen waren in den Hausväterschriften untrennbar vereint mit ethischen und moralischen Belehrungen. Sie zeigen bereits das Bemühen, die Tätigkeiten in einem »christlichen einfachen Haushalt« systematisch zusammenzufassen. Sämtliche häuslichen Arbeiten und mitmenschlichen Beziehungen waren darin beschrieben: Die tägliche Arbeit auf dem Feld und im Garten, in Küche, Keller und Stall, aber auch das Beten und Kinderhüten, die Tischzucht und die Krankenpflege sowie der Umgang mit Dienstboten. So geben die Hausväterschriften ein Bild von der häuslich-familiären Bildung, wie sie bis ins letzte Jahrhundert hinein in Deutschland vermittelt wurde.

Wie aber wurde die häuslich-familiäre Bildung, kurz die gesamte Sozialisation des Menschen der breiten Masse der Bevölkerung vermittelt, die nicht schreiben und lesen konnte?

Der Eßtisch – Ort der Hauspolitik

In den Jahrhunderten, in denen über 90 Prozent der Menschen in bäuerlichen Verhältnissen lebten, wurde vieles, was Wertnormen und Verhaltensmuster betraf, durch routinemäßige Alltagstätigkeiten in Haus, Hof, Stall und Garten, aber auch durch Kontakte mit Nachbarn und durch kirchliche und familiäre Feste an die Jüngeren weitergegeben.

Doch ein viel gewichtigerer Ort für die Sozialisation und die Vermittlung von Bildung und Erziehung der verschiedensten Art war der häusliche Eßtisch. Die tägliche Tischgemeinschaft, zu der sich die Großfamilie mit allem am Hof arbeitenden Gesinde zusammenfand, diente nicht nur dem Stillen von Hunger und Durst. Das gemeinsame Mahl war eher heutigen *meetings* in den Firmen vergleichbar, auf denen die Geschäftspolitik besprochen wird, als den hastigen Mahlzeiten in unserem Jahrhundert. Aufgaben wurden verteilt, der Fortgang etwa der Feldarbeit kontrolliert und Fehlschläge besprochen.

Die Kinder wuchsen auf diese Weise, durch Hören, Sehen und Erleben, in die Welt der Erwachsenen und ihre späteren Aufgaben hinein. »Der häusliche Eßtisch war, soweit man die Geschichte des Alltagslebens zuverlässig im Zusammenhang überblicken kann, stets ein Ort zur Weitergabe empirisch gewonnener Bildung zwischen den Generationen, auch wenn dies den Betroffenen meist nicht so bewußt war.«[5]

Abbildungen in den älteren Kulturgeschichten zwischen 15. und 18. Jahrhundert zeigen häufig fürstliche, bürgerliche und bäuerliche Familien beim gemeinsamen Mahl. Auf dem vornehmsten Platz oben am Tisch sitzt immer der »pater familias«, ihm zur Seite oder gegenüber sitzt die Hausmutter als zweite Säule der häuslichen Herrschaft. Die Hausmutter war eine echte Herrscherin über Haus und Garten, Küche und Keller und weit davon entfernt ein Kirche-Küche-Kinder-Mäuschen zu sein. In »la mamma« süditalienischer Filme ist manchmal noch etwas von dieser alten »Hausmacht« zu spüren.

Die übrigen Haushaltsmitglieder folgen in der Sitzordnung gestaffelt nach Alter und sozialem Rang. Kleinere Kinder sitzen meist auf Hockern, stehen oder nehmen nicht an der Haupttafel teil. Solche Sitzordnung bei Tisch spiegelt die festgefügte Hierarchie der ständischen Gesellschaft wider: »Vor Gott sind alle Christenmenschen zwar gleich, nicht aber auf Erden und auch nicht bei den Mahlzeiten.«[6] Das prägte sich jedem unauslöschbar ein, zumal das meist zahlreiche Gesinde, das bei Tisch bediente, noch einmal die soziale Stellung unterstrich.

Was Essen mit Kultur und Gesellschaft zu tun hat

Bei Tisch begann die Zivilisation des Abendlandes

Unter allen Künsten hat uns die Kochkunst sozial den größten Dienst geleistet, denn erst die Not der Küche hat gelehrt, das Feuer zu gebrauchen, und erst durch das Feuer hat der Mensch die Natur gebändigt.

BRILLAT-SAVARIN[1]

Abbildungen von Menschen beim gemeinsamen Mahle finden sich vor allem in den Aufzeichnungen von Tischregeln, die sich mit Humanismus und Reformation immer weiter verbreiteten. Vorher, etwa bis 1500, waren die Tischmanieren noch recht ungezwungen. Vorschriften wie: »Man solle sich nicht wie ein Schwein über die Speisen hermachen, nicht Halbverspeistes in die Schüssel zurücklegen oder mit dem Geräusch eines Pferdes trinken«[2], geben Auskunft über die Sitten der Ritterzeit.

Ein Buch, das zeigt, wie Bildung im Haushalt durch die tägliche Tischgemeinschaft vermittelt wurde, ist die ›Tischzucht‹ des großen niederländischen Humanisten Erasmus von Rotterdam. Diese ›Tischzucht‹, die der gelehrte Mann 1530 für die ihm anvertrauten Knaben herausgab, befaßt sich »zunächst mit dem menschlichen Körper und seiner Hygiene. So predigt er, man solle sich die Nase sauber halten: Das Schneuzen mit dem Arm, Ellenbogen oder der Hand bzw. mit Hilfe von Rock oder Hut wird für unanständig erklärt. Man soll vielmehr dies mit einem Tüchlein und in Gegenwart höher stehender Personen in abgewandter Stellung tun ...

Die Knaben werden ferner angehalten, nicht mit den Lippen zu schnalzen, beim Gähnen ein Tuch oder die Hand vor den

Mund zu halten. Lautes und heftiges Lachen ist ebenso verpönt. Bei den Mahlzeiten ist es verboten, den Nachbarn mit dem Ellenbogen oder das Gegenüber mit den Füßen zu belästigen. Es ist unanständig, mit dem Stuhl zu wackeln, mit dem Brot zu spielen oder sich das beste Stück aus der Brühe zu angeln. Das Zureichen und Einschenken muß stets mit der rechten Hand geschehen.

Dann wird es drastisch: Ausgespienes soll mit dem Fuß zertreten und anderen Leuten nicht ins Gesicht gehustet werden. Die Zähne sind rein zu halten, Speisereste nicht mit dem Messer, den Fingernägeln oder der Serviette, sondern mit dem Zahnstocher zu entfernen. Als bäuerisch gelten ungekämmte Haare; Läuse und Flöhe sind vorher abzulesen ...«[3]

Die Erasmussche ›Tischzucht‹ galt zwar für Zöglinge der Klosterschule, doch erlaubt das Büchlein eine tiefe Einsicht in die »Lerninhalte«, um ein modernes Wort zu gebrauchen, die dem Nachwuchs durch das gemeinsame Essen bei Tisch vermittelt wurden.

Kulturgeschichtlich zeigt sich, daß hier etwas Neues begann. Die häusliche Bildung und Erziehung errichtete Peinlichkeits- und Schamschwellen, deren Überschreitung unliebsame gesellschaftliche Folgen bewirkten. Die Kinder sollten vom plumpen, rohen, gemeinen und ungebärdigen Verhalten ablassen und ein »zivilisiertes« Benehmen erlernen. Die bei Tisch vermittelte Bildung sollte Triebe und Erregungen bändigen und ein Verhalten formen, das das Zusammenleben mit den Mitmenschen erleichtert. Das gemeinsame Mahl sollte ein Ort sein, an dem körperliche Gewalt und hemmungsloses mittelalterliches Sichgehenlassen nicht zugelassen ist.

Die Verhaltensweisen bei Tisch sind nur ein Teil der neuen Wertnormen, die sich die Menschen am Ende des Mittelalters – also mit dem Beginn der Neuzeit – aufbauten. Daß im Laufe der Jahrhunderte immer wieder gegen die Verhaltensregeln verstoßen wurde, beweisen nicht zuletzt die wiederholten Nachdrucke der ›Tischzuchten‹ des Erasmus von Rotterdam.

Die häusliche Tischgemeinschaft war bis weit ins letzte Jahrhundert hinein der Ort, an dem die Wertnormen der Zeit von Generation zu Generation weitergegeben wurden. Das zeigen auch die Kindheitserinnerungen eines Sohnes einer Hamburger Bürgerfamilie um die Jahrhundertwende: »Bei diesem Abendessen bestand die Fiktion, es müsse jetzt das Mittagessen nachgeholt werden; es gab also Suppe, einen warmen Gang und Nachtisch, dazu Wein oder Wasser. Als Kinder mußten wir – was eine langweilige Pflicht war – dabeisitzen, damit unser Vater uns noch zu Gesicht bekam; wohlweislich auf Hockern, damit wir uns das Anlehnen nicht angwöhnten; herangewachsen aßen wir und die Erzieherin meiner Schwester mit, was der ganzen Runde die Pflicht auferlegte, entweder englisch oder französisch zu sprechen.«[4]

Die Tischgemeinschaft diente natürlich auch religiösen Zwecken. So war das Tischgebet Bestandteil des Mahles und wurde von der würdigsten Person gesprochen – vor dem Essen das Bittgebet und nach dem Mahl das Dankgebet. »Die ›Suppen‹ (gemeint ist das Frühstück) ist beendet, der Vater bekreuzigt sich dreimal, alle anderen folgen stumm und eilen holpernd hinaus«, erzählt Hanna Walther in ihren Erinnerungen an die Kindheit vor dem Ersten Weltkrieg auf einem Bauernhof im bayerischen Berchtesgaden.[5]

Zu einem gottgefälligen Lebenswandel anzuleiten, darauf ausgerichtet war zu allererst die häusliche Bildung durch die Tischgemeinschaft, an der alle Mitglieder des Haushalts teilnahmen. Dazu zählten regelmäßig auch das Gesinde, Lehrlinge und unverheiratete Verwandte. Das Mahl diente vor allem dazu, die Einhaltung des vierten Gebots allen immer wieder vor Augen zu führen. Das Elterngebot »Du sollst Vater und Mutter ehren, damit es dir wohl ergehe auf Erden« war ursprünglich ja nicht an Kinder gerichtet, sondern an Familienoberhäupter, die ihre altgewordenen Eltern in Obhut hatten. Später erst, im Mittelalter richtete sich das Elterngebot an die Kinder. Die sollten die Eltern »aus Herzensgrund lieb haben, ihnen süße Worte geben und helfen, sowie in allen Sachen gehorsam sein und nach ihrem Tode durch Messen die Seelen aus dem Fegefeuer erlösen«.[6]

Solche religiöse Unterweisung entsprach nicht nur der allgemeinen Kirchenordnung, sondern war in einer Welt der Volksfrömmigkeit Teil der öffentlichen Meinung. Die wurde wie Hauspolitik und Sozialisation am Familientisch erlebt und geformt. Darüber hinaus wollte man sich durch das Einbetten von Essen und Trinken in einen höheren, metaphysischen Zusammenhang von den animalischen Trieben und Regungen absetzen. Dies fiel um so leichter, da Mahl, Opfer und Gebet bereits von alters her dicht beisammen lagen.

»Wir erkennen rückblickend«, sagte der Historiker Teuteberg, »daß die gesellschaftliche und moralische Verpönung groben und rücksichtslosen Verhaltens bei den täglichen Mahlzeiten wie auch in anderen Daseinsbereichen eine große menschliche Kulturleistung gewesen ist, deren Ausmaß wir erst jetzt voll erkennen können.« Und zu mir gewendet fuhr er fort: »Sie können sich vorstellen, wie tief der Einschnitt in der Geschichte des Menschen ist, den das zivilisierte Verhalten bewirkt hat.«

Die Industrialisierung sägt am Familientisch

Die Kontinuität der Mahlgemeinschaft wurde durch den Prozeß der Industrialisierung und Verstädterung, der im späten 18. Jahrhundert einsetzte, abgebrochen. Bildlich gesprochen: Die Moderne sägt am häuslichen Eßtisch, den der Humanismus gezimmert hat.

Die Arbeit in den Fabriken brachte die größte Umstellung in der Ernährung breiter Bevölkerungsschichten, vor allem der sozialen Unterschicht. Durch die feste Arbeitszeit wurde der Tag in einen Freizeit- und Arbeitszeitraum zerrissen. Die Industrialisierung brachte die Trennung von Wohn- und Werkraum, von häuslich-familiären und beruflichen Lebensräumen mit sich.

»Ein Nachteil der Fabrikarbeit war, daß das Frühstück am frühesten Morgen oder während der Arbeitszeit hastig eingenommen werden mußte, da die meisten Fabrikordnungen, die die Arbeitsbedingungen regelten, nur eine Mittagspause kannten. Die Frühstückspause war und blieb lange ein Vorrecht des Meisters in der Fabrik. Die Mittagspause reichte, wenn die Frau mitarbeitete, kaum zur Bereitung eines Mittagessens aus; halbgare und schlecht zubereitete Speisen waren die Folge ... Die Maschine gestattete nicht mehr den ›Luxus‹ langer Pausen zur Nahrungsaufnahme. Konnte man bis zum Beginn der Industrialisierung in Deutschland wie heute noch besonders in den Mittelmeerländern bis zu zwei Stunden und mehr tafeln, so mußten nun die Zeiten der Mahlzeitenaufnahme aufs strengste rationalisiert und gleichsam an das neue Maschinenwesen adaptiert werden. Das Wurstende, das Stück Speck und der Schluck aus der Branntweinflasche (gelegentlich auch ›Flachmann‹ genannt, weil man die Flasche so besser in der Rocktasche tragen konnte) haben ... oft genug dem städtischen Fabrikarbeiter Frühstück und Mittagessen ersetzen müssen.«[7]

Die durch die Maschinen bedingten Arbeitszeiten in den Fabriken nehmen keinerlei Rücksicht auf jahrhundertealte Lebens- und Mahlzeitenrhythmen der Menschen. »Schon durch die einfache Tatsache, daß beim städtischen Industriearbeiter mindestens zwei Mahlzeiten am Tage nicht mehr in der Familie wie Jahrtausende zuvor, sondern mehr oder minder alleine im Kreis fremder Arbeitsgenossen im Betrieb unter Zeitdruck eingenommen wurden, mußte zwangsläufig das ganze Wesen der Eßweise im Kern ändern.«[8] Statt die Maschinen den Bedürfnissen des Menschen anzupassen, muß sich der Mensch den Maschinen anpassen. Ein besonders krasses Beispiel ist bis heute die Schichtarbeit. Durch die zunehmende Mechanisierung werden darüber hinaus viele Tätigkeiten im Haus und in der Küche entwertet oder überflüssig gemacht. Die alten Rollen- und Identifikationsmuster von Hausvater und Hausmutter gehen verloren. Hinzu kommt, daß die Menschen den täglichen Lebensbedarf nicht mehr selbst in Haus, Hof und Garten erwirtschaften. Sie kaufen alles ein, und der Haushalt gerät damit in die Abhängigkeit anonymer Märkte, die vom einzelnen nicht mehr zu durchschauen sind.

Am Brotbacken ist abzulesen, welcher gewaltige Umbruch sich in den letzten hundert Jahren in den Familien vollzogen hat. So wurden in Deutschland 1860 noch zwei Drittel aller Brote im Haus gebacken; ein heute kaum noch nachvollziehbarer Umstand.

Die Uhr vom nahen Dom schlug Mittag und mahnte uns daran, auch einmal ganz real ans Essen zu denken und nicht nur darüber zu reden. Nach Tisch holten wir die Fahrräder, fuhren hinaus aus der Stadt und setzten unser Gespräch hoch zu Stahlroß fort. Die Haare flogen im Wind und mit ihnen unsere Gedanken. Wir sprachen davon, wie sich die Industrialisierung auf die Ernährung der Menschen ausgewirkt hatte. »Zu den positivsten Folgen zählte zweifellos, daß die monotone Kost, die von breiten Bevölkerungsschichten jahrhundertelang verzehrt wurde, ein Ende hatte«, meinte Teuteberg.

Noch vor zweihundert Jahren wurde der Nahrungsbedarf größtenteils im eigenen Haus gedeckt. Die bäuerlichen Ernte- und Schlachttermine bestimmten, was gegessen wurde. Milch- und Mehlsuppen, Hafermus und gedörrtes Obst bildeten neben Gartenkräutern, Rüben, Erbsen, Bohnen und Kraut die Hauptbestandteile der Volksnahrung. Brot kam nicht jeden Tag auf den Tisch. Fleisch war eine Rarität.[9]

Demgegenüber hatte hundert Jahre später, in den rasch wachsenden Städten, der nicht mehr selbst produzierende, also nur konsumierende Arbeiterhaushalt ein breiteres Speisenangebot zur Verfügung. So fanden sich um 1900 bei Arbeiterfamilien regelmäßig auf dem Tisch: Zucker, Salz, Kartoffeln, Schnaps, Schmalz, Speck und Wurst sowie neue Obst- und Gemüsearten, aber auch Milch, Heringe und industriell gebrautes Lagerbier. Neue Transportwege und Konservierungstechniken erschlossen der häuslichen Küche die Waren des Weltmarktes.

Innerhalb einer Generation war es im letzten Jahrhundert durch die industrielle Nahrungsmittelproduktion gelungen, die jahrtausendealten periodisch immer wiederkehrenden Ernährungskrisen in Europa zu beenden. Die Hungerkrisen in unserem Jahrhundert, während und nach den beiden Weltkriegen, waren in ihrem Ausmaß nicht mit den Hungersnöten in vorindustrieller Zeit zu vergleichen, in denen auch in Europa die Menschen in ihrer Not zum Kannibalismus getrieben wurden:

»In Johann Crüvells ›Kremmenscher Schaubühne‹ wird für die Jahre 1637–39 berichtet, daß nach dem Mißlingen der Saat der größte Notstand eintrat. Landbewohner und Soldaten verzehrten Katzen und Mäuse, tote Tiere und Menschen. Vor den Toren der Stadt Brandenburg schrien Menschen, damit man ihnen die verwesenden Tiere herausgebe. In Wittenberg wurde ausgelost, wer sterben sollte, um zuerst verzehrt zu werden.«[10]

Diese Schreckenszeiten waren mit der Industrialisierung gebannt. Die in der letzten Kriegs- und Nachkriegszeit politisch-militärisch verursachten Mangelversorgungen waren keine derartigen Krisen und nur von relativ kurzer Dauer, verglichen mit den Notzeiten vergangener Jahrhunderte. In der sich nun anbahnenden Wohlstandsgesellschaft, die sich durch eine hochmechanisierte arbeitsteilige Nahrungsmittel-Industrie »aus den Schranken der Natur emanzipierte«, verblaßte schon nach wenigen Jahrzehnten die Vorstellung, daß die Nahrung einmal gänzlich ausgehen könne, so daß das über tausend Jahre alte Tischgebet: »O Herr, gib uns unser tägliches Brot« seinen ursprünglichen Sinn verlor.

Sonntag ist Familientag

Im Laufe des 20. Jahrhunderts, vor allem aber nach dem Zweiten Weltkrieg in Deutschland, verkam die tägliche Tischgemeinschaft zur Sonntagsveranstaltung. So bestehen in Deutschland heute nur noch Reste der häuslichen Mahlgemeinschaft. Lediglich in fünf Prozent der deutschen Haushalte sitzen Eltern und Kinder wochentags noch bei drei Mahlzeiten zusammen – eine verschwindende Minderheit. Zwei Drittel aller Familien nehmen unter der Woche entweder gar keine, oder nur eine Mahlzeit gemeinsam ein.

Von außen an die Familienmitglieder herangetragene Zeitzwänge wie rigide Schul- und Arbeitszeiten, gesellschaftliche Verpflichtungen und Freizeitpläne haben den familiären Lebensrhythmus im Kern verändert. In der Tat wirken häusliche Essenszeiten in einer Welt, die von Maschinen, Bürokratie und sozialem Prestigestreben geprägt ist, wie Fossilien aus längst vergangener Zeit. Mit dem Zerbröseln der jahrtausendealten häuslichen Tischgemeinschaft geht aber eine Institution verloren, die wesentliche sozialkommunikative und erzieherische Aufgaben in der Gesellschaft erfüllt. Seinen Hunger stillen kann man heute überall, sozusagen im Vorübergehen. Die »Schnellnahrung« mit dem Marketing-Namen *Fast Food* läßt billig und schnell knurrende Magengeräusche verstummen. Aber eben nur das.

Auch in das Kantinenessen schicken sich die Menschen wie in ein Schicksal. Das Essen in den Großküchen wird von den meisten mit dem Bewußtsein eingenommen, daß diese Art zu essen nun eben unabänderlich ist, obwohl persönliche Geschmackswünsche nicht erfüllt werden und diese Art der Verpflegung mehr an Massenabfütterung als an kultiviertes Speisen erinnert.

Am Wochenende kommt dann der »Rückfall«. Vorindustrielle, tiefverwurzelte Mahlzeitgewohnheiten leben wieder auf. Sobald die Zwänge der Arbeitswelt gefallen sind, essen die Familien zwischen Rostock und Lindau wieder gemeinsam. Vier Fünftel der deutschen Familien sitzen am Sonntag bei allen Mahlzeiten vollzählig am gemeinsamen Eßtisch. Die gemeinsamen Mahlzeiten am Sonntag dienen vor allem einem ausgeprägten Gesprächsbedürfnis. Das zeigt sich besonders deutlich in der verlängerten Frühstückszeit. »Obwohl wir, meine Schwester und ich, das Tischdecken am Morgen nicht mögen, ist das Sonntagsfrühstück die schönste Zeit der Woche, wo wir endlich mal ausgiebig reden können und wo auch der Papa dabei ist«, schwärmen die Kinder meines Bruders. Die Mahlzeiten am Wochenende dienen dem längeren Informationsaustausch zwischen den Familienmitgliedern. Die sozialkommunikative Funktion des Essens wird also an den arbeitsfreien Tagen nachgeholt.

»Das ist doch eine gute Sache«, sagte ich zu Teuteberg. »Erfahrungsgemäß ist eine Begegnung inniger, pflegt man eine Unterhaltung intensiver, wenn man einige Tage nicht miteinander gesprochen hat. Zu häufige Gemeinsamkeit könnte erzieherisch auch unfruchtbar bleiben, wenn die Kinder bei Tisch still zu sein haben und den Mund nur zum Essen öffnen dürfen.« Wir waren wieder am Haus des Professors angelangt. Die Sonne stand noch immer hoch am Himmel. Nach meinem bayerischen Zeitgefühl hätte sie längst tiefer stehen müssen.

Doch hier im Norden schien mir der Nachmittag grenzenlos wie der Blick über das weite Münsterland.

Der Professor schob die Räder in die Garage und bat mich in sein Arbeitszimmer – fast ein kleiner Saal, so recht zum Auf- und Abschreiten beim Denken und Disputieren. Zwei Wände sind bedeckt mit Büchern und zwei bestehen aus Fenstern, die dem Blick in den Garten und den Gedanken freien Lauf lassen. Keine Unordnung. Alles steht an seinem Platz. Jeder Artikel, jedes Heft oder Zitat ist bei Bedarf rasch zur Hand. Meine Vermutung von vorhin, daß die Begegnung der Familienmitglieder am Wochenende um so intensiver sei, je weniger sie sich in der Woche sehen, ließ der Professor nicht gelten. Die erste und bislang einzige Repräsentativerhebung zu diesem Thema in Deutschland belegt nämlich, daß gerade das Gegenteil zutrifft.

Teuteberg hatte zusammen mit dem Soziologen Otto Neuloh Mitte der 70er Jahre im Auftrag der Deutschen Gesellschaft für Ernährung und des Bundesfamilienministeriums rund 400 Haushalte mit zwei und mehr Kindern befragt. Die Befragung ergab, daß die Familien, die an den Wochentagen nur wenige gemeinsame Mahlzeiten einnehmen auch am Wochenende seltener um den gemeinsamen Familientisch sitzen als andere Familien. »Faktum bleibt, daß sich die familiären Kontakte beim Essen in der Woche durch moderne Daseinszwänge verringert haben; jede fünfte Familie hat selbst an Sonn- und Feiertagen keine drei gemeinsamen Mahlzeiten.«

Diese Aussage könnten wir jetzt so stehen lassen, als einen wissenschaftlichen Befund, der unsere moderne Gesellschaft kennzeichnet und nicht weiter des Nachdenkens wert ist. So wurde der Befund auch in den 70er Jahren aufgenommen, als die Studie herauskam. Wohl stürzten sich die Vertreter der Medien darüber und es war lautes Geraschel im Blätterwald zu hören. Doch bald verebbte das Interesse. Der Verlust einer mit dem Stigma des Biedermeierlichen behafteten Mahlgemeinschaft schien kaum jemanden ernstlich zu bekümmern.

»Wenn aber eine Stätte der täglichen Begegnung zwischen den Generationen entfällt, dann muß das notwendigerweise Folgen für das gegenseitige Verstehen haben«, argumentierte Teuteberg. »Wenn heute soviel von Werteverlust bei jungen Menschen und Orientierungslosigkeit die Rede ist, so hat man merkwürdigerweise noch nicht die Frage gestellt, welche Rolle der Verlust der alten Mahlgemeinsamkeit hier möglicherweise spielt.«

Viele junge Menschen finden kein tragfähiges Fundament mehr für persönliche und gesellschaftliche Beziehungen und suchen Halt für ihr Dasein im Okkultismus, aber auch in Sekten und Süchten. Daß derzeit Astrologie, Esoterik und Spiritismus boomen und eine große Anziehung gerade auf junge Menschen ausüben, »ist ein Zeit- und Stimmungszeichen allerersten Ranges«, schreibt das Magazin der ›Frankfurter Allgemeinen Zeitung‹.[11] »Im Gegensatz zu früheren Generationen sind viele Menschen verunsichert über Sinn und Ziel menschlichen Daseins. Die sichtbaren menschlichen Probleme wie Alkohol- und Drogenmißbrauch, Korruption, Vertrauensschwund in die Mitmenschen sind letztlich nur Symptome für diese Orientierungslosigkeit.«[12]

Der Drogenweg ist heute bekannt. Wie eine 1992 abgeschlossene Studie des Bundeskriminalamtes an hundert Drogenabhängigen ermittelte, wird eine Suchtkarriere, die bei der harten Droge Heroin endet, durch den frühen Gebrauch von Nikotin und Alkohol geprägt.[13] Fast jeder zweite Jugendliche zwischen 18 und 24 Jahren raucht. Nahezu ein Drittel der jungen Leute pafft mehr als zehn Zigaretten am Tag. Darüber hinaus genehmigen sich die jungen Männer täglich durchschnittlich zwei Gläser Bier oder vier Schnäpse. Und jede junge Frau in dieser Altersgruppe trinkt im Durchschnitt täglich die Alkoholmenge, die in 0,2 Litern Wein enthalten ist. Jeder siebte Jugendliche indes trinkt Tag für Tag erheblich mehr: die Alkoholmenge, die etwa sechs Gläsern Schnaps entspricht.[14]

»Der Begründer der Logotherapie, Viktor E. Frankl, führt die Süchte, die wachsende Drogenabhängigkeit und die zunehmende Brutalisierung der Gesellschaft zu einem hohen Prozentsatz zurück auf das, was er das Leiden am sinnlosen Leben nennt«, sagte Baden-Württembergs Ministerpräsident Erwin Teufel in einem Interview.[15] »Ich stimme dieser Diagnose zu«, erklärte er dem Reporter. »Es stellt sich natürlich sofort die Frage, was man dagegen tun kann. Ich glaube nicht, daß der Staat Lebenssinn vermitteln kann. Aber ich glaube sehr wohl, daß der Staat die Aufgabe hat, Institutionen zu stützen und zu fördern, die Sinn vermitteln. Das beginnt bei der Familie und deswegen brauchen wir eine Familienpolitik, die stabilisierend wirkt auf die Erziehung von Kindern und dazu beiträgt, daß die Familie den Menschen Halt gibt ...«

Durch die familiäre Tischgemeinschaft wurden jahrhundertelang bestehende Wert- und Orientierungsmuster fortgeführt und stabilisiert. In der Tischgemeinschaft erlebte das Kind Geborgenheit; erfuhr, wo es hingehört und welche Rolle die ihm vertrauten Menschen in der Gesellschaft einnehmen. Die Heranwachsenden lernten im kleinen überschaubaren Lebenskreis des Familientisches die große Welt kennen. Und was sie hier lernten, gaben sie später an ihre Kinder wieder weiter. Das gilt für moralische Werte ebenso wie für Vorlieben für Speisen und Getränke. Das deutsche Sprichwort: »Was der Bauer nicht kennt, das ißt er nicht«, findet hier seine soziologische Erklärung.

Bei Tisch werden gesellschaftliche Sanktionen und Hemmschwellen erfahren – etwa auf andere Rücksicht nehmen, niemandem ins Wort fallen, pünktlich sein und viele andere Kulturtechniken, die das Leben in der Gemeinschaft mit anderen

Menschen erträglich gestalten. Durch die regelmäßigen gemeinsamen Mahlzeiten wachsen Kinder in eine soziale Ordnung hinein, lernen Essen und mit dem Essen verbundene Traditionen: Etwa daß Feste mit besonderen Speisen gefeiert werden, die es an gewöhnlichen Werktagen nicht gibt, oder daß alle sich an einem Festtag besonders schön kleiden.

Aussätzige, die von der Gesellschaft abgesondert werden, also Leprakranke, werden in Indien »Kushtha« genannt. »Kushtha« ist ein Wort aus dem Sanskrit, einer altindischen Sprache, und bedeutet so viel wie »abseits essen müssen«. Es ist bemerkenswert, daß gerade dieses Wort für Aussätzige verwendet wird und nicht etwa ein Wort, das so viel heißt wie »abseits leben« oder »abseits schlafen müssen«. Daran wird spürbar, welche umfassende Bedeutung dem gemeinsamen Essen in den menschlichen Kulturen zukommt.

»Im christlichen Sinne hat Gott durch Jesus das gemeinsame Mahl als Symbol für seine Kommunikation mit der Menschenwelt geschaffen. Essen bekommt dadurch eine Würde, die es über andere Tätigkeiten hinaushebt«, erklärt Pater Anselm, der Zellerar im Kloster Andechs am Ammersee, in seinem ›Kochbuch für Leib und Seele‹.[16]

Was Hänschen nicht kennt, das ißt es auch später nicht

Was dem Kind in den ersten Lebensjahren passiert,
schlägt unweigerlich auf die ganze Gesellschaft zurück.
ALICE MILLER

Wenn wir unseren Kindern die Geborgenheit der häuslichen Tischatmosphäre nicht mehr vermitteln, betrügen wir sie um einen wesentlichen Teil ihrer Erziehung. Wir nehmen dem Kind den schützenden Raum, in dem es in die Welt von hier und heute hineinwachsen kann und wo es die für das Zusammenleben wichtigen Kulturtechniken, zu denen auch das der jeweiligen Zeit gemäße Essen und Trinken gehören, erlebend erlernen kann.

Nahezu alle Kinder und Jugendliche sehen den gemeinsamen Familientisch als einen Ort, »wo es sich gut miteinander sprechen läßt«, »wo jeder seine Sorgen loswerden kann« und »wo ein richtiges schönes gemütliches Beisammensein herrscht«. Das sagten zwischen 80 und 90 Prozent der Kinder in einer Umfrage, die 1983 die Deutsche Gesellschaft für Ernährung durchführte.[17]

Auch Münchner Grundschüler legen großen Wert auf Tischatmosphäre. Sonst stellen sie an das Essen keine besonderen Anforderungen. Es muß einfach schmecken. Aber Blumen hätten viele gern auf dem Eßtisch. Ein sechsjähriger Christian liebt es, wenn vor dem Essen gesungen wird und der siebenjährige Andreas mag es gern, wenn beim Essen eine Kerze brennt. Diese kindlichen Wünsche an das Eßzeremoniell erforschte das Kuratorium Schulverpflegung e.V. in München.[18]

Die befragten Kinder sehen Essen und Trinken natürlich auch unter dem Aspekt des Hunger- und Durststillens. Doch sie betonen sehr viel stärker die damit verbundenen Gemütswerte, das Beisammensein und die Gelegenheit, miteinander sprechen zu können. Genau das ist die Schiene, über die das Kulturwesen Mensch das Essen erlernt. Daß Kinder essen lernen müssen, das ist heute ein wissenschaftlich erwiesener Tatbestand, den wir mit unseren Vettern, den Säugetieren, gemeinsam haben. Vor einigen Jahren entdeckten Wissenschaftler bei Rindern in Süd-Afrika, daß die Kälbchen von ihren Müttern und anderen Alttieren angeleitet werden, welche Kräutlein und Gräslein freßbar und welche, »bitteschön«, stehenzulassen sind. Andere Forscher untersuchten daraufhin die »Freßschule« auch bei verschiedenen anderen Tieren und stellten fest:

Fressen/Essen muß trainiert werden. Auch der kleine Mensch entwickelt vom ersten Tag seines Lebens Vorliebe oder Abneigung gegenüber Nahrungsmitteln. So lernt ein Säugling sehr rasch, die Milch seiner Mutter von der Milch anderer Mütter zu unterscheiden.[19]

Welche Speisen ein Kind später einmal mag und welche es ablehnen wird, hängt nicht so sehr von den Speisen selbst ab, sondern vielmehr von dem Drum-und-Dran, das mit dem Essen einhergeht. Also bei einem Säugling entscheidet vor allem die mütterliche Wärme und Fürsorge, die das Kind beim Füttern erlebt, welche Nahrungsmittel gern und welche ungern gegessen werden. Bei kleinen Kindern zwischen ein und vier Jahren sind es Rituale und Essenszeremonien, die ihnen Speisen begehrenswert erscheinen lassen und spätere Speisenvorlieben oder Abneigungen prägen. Phantasie ist wichtiger als die beste Erklärung.

Als die Kinder in einem Münchener Kindergarten von ihrer heißgeliebten zuckersüßen Limonade auf schwach gesüßten Tee »umsteigen« sollten, half die Idee einer Mutter. Sie hatte für den verschmähten Tee lustige, kleine, wiederverschließbare Plastikflaschen besorgt. Seither wird der früher so langweilig empfundene Tee »voller Begeisterung aus Pumuckl, Mickymaus und Donald Duck getrunken«.[20]

Interessant ist in diesem Zusammenhang auch, daß eine Speise, die mit Tabus belegt ist oder die es in der Kinderzeit nur in geringem Maße zu essen gibt, besonders begehrenswert erscheint, sobald die Kinder Taschengeld erhalten.[21]

Für Prägung und prägungsähnliche Lernvorgänge ist charakteristisch, daß sie in einer ganz bestimmten, dafür vorgesehenen Entwicklungsphase erfolgen. Speisen also, die dem kleinen Kind, das sich in einer für die Prägung von Speisenvorlieben sensiblen Phase befindet, mit angenehmen Umständen »serviert« werden, haben die Chance, ein Leben lang gemocht zu werden. In späteren Lebensaltern führen andere Umstände zu Speisenvorlieben und Abneigungen. Bei den Fünf- bis Elfjährigen wird das Eßverhalten vor allem durch den Einfluß anderer Kinder bestimmt. Besonders einflußreich sind Schulfreunde, aber auch Geschwister, kurz die »Wortführer«. Während der Pubertät zwischen 12 und 17 Jahren bestimmen zwar noch immer die »Wortführer« den Geschmack, doch auch der Einfluß der Eltern bekommt wieder Gewicht, jedoch diesmal im negativen Sinne. Das Verbotene wird attraktiv, gleichsam als ein Unterpfand für Unabhängigkeit. Am Ende der Adoleszenz, zwischen 16 und 22, durchlebt der Jugendliche eine zweite stark prägende Phase für Speisenvorlieben oder Aversionen. Die Verbindungen zu den Altersgenossen und »Wortführern« lösen sich in dieser Zeit und damit ihr Einfluß. Die meisten jungen Leute beginnen ein eigenes Leben, allein oder mit einem Partner. In dieser Zeit entwickeln sie einen persönlichen Lebensstil.

Leben die jungen Leute zusammen, dann kreieren sie eine neue »Essenstradition« aus den Traditionen der beiden Familien, aus denen sie stammen. Überdies werden ganz neue Eßgewohnheiten und Speisenzubereitungen zu Symbolen für die neue Gemeinsamkeit und die selbstbestimmte Freiheit.

Bevor es soweit ist, brauchen Kinder zum Erlernen der Essenstradition bäuchliches Wohlbehagen in sinnlicher Gemütlichkeit. Doch davon findet sich kaum etwas in Deutschlands Wohnküchen.

Kindernahrung: Mangel im Wohlstand

Im Ernährungsalltag unserer Kinder herrscht Not mitten im Wohlstand. Armut ist aber nicht wie in früheren Jahrhunderten die Ursache. Vielmehr begünstigen Sorglosigkeit, Bequemlichkeit und Unwissenheit hinsichtlich der kindlichen Bedürfnisse die Mangelernährung unserer Kinder. Viele Erwachsene machen sich darüber keine Gedanken, daß der wachsende kleine Mensch noch dringender als wir Großen eine ausgewogene Ernährung benötigt. Denn Herumrennen, Tollen, Radfahren, Lernen, Spielen und seelische Zufriedenheit sind ohne richtige Ernährung nicht möglich. In der Tat aber ist das Essen vieler Kinder miserabel. Je weniger häusliche Tischgemeinschaft ein Kind erlebt, um so schlechter ist seine Ernährung. Das zeigen mehrere Studien, die an rund 5000 Kindern und Jugendlichen verschiedener Schulen in Basel durchgeführt wurden.[22]

Daß die Schweizer Industriemetropole nicht zu den Elendsvierteln dieser Welt gehört, darüber besteht kein Zweifel. Dennoch, ein Drittel der Kinder und Jugendlichen am schweizerischen Rheinknie leidet Mangel an lebenswichtigen Vitaminen und Mineralstoffen! Aber auch deutsche Kinder werden äußerst dürftig versorgt, wie sich aus Essenstagebüchern ablesen läßt.[23]

Mit einer derartigen Ernährung unserer Kinder wird der Grundstein für Krankheit und Siechtum gelegt. Während wir heute über Pflegeversicherungen nachdenken und diskutieren, wobei noch völlig offen ist, wer denn die vielen chronisch Kranken und Siechen pflegen soll, welche uns durch die Statistiker angekündigt werden, vergessen wir verantwortungslosen Eltern völlig, daß Pflegebedürftigkeit nicht erst im Alter beginnt, sondern durch die Lebensweise in jungen Jahren entsteht.

Aus dem Essenstagebuch von Peter, 10 Jahre alt

	gegessene Speisen
1. Tag	
Frühstück	– nichts –
Pause	– nichts –
Mittagessen	Nudelsuppe, Schokolade, Fanta
Nachmittagsbrot	– nichts –
Abendessen	– nichts –
2. Tag	
Frühstück	– nichts –
Pause	Semmel, Kakao
Mittagessen	$^1/_2$ Fleischpflanzerl, Kopfsalat, Kartoffelpüree, Mandarinenkompott
Nachmittagsbrot	Schokolade, Eis, Lutscher
Abendessen	Nudelsuppe, Blumenkohl, Fanta

Aus dem Essenstagebuch von Anita, 9 Jahre alt

	gegessene Speisen
1. Tag	
Frühstück	Nutellabrot mit Kaba
Pause	– nichts –
Mittagessen	Milchreis mit Schokostreuseln und Puderzucker
Nachmittagsbrot	Sandkuchen mit Kaba
Abendessen	Wurstsemmel mit Pfefferminztee
2. Tag	
Frühstück	Zwieback mit Nutella und Kaba
Pause	Nutella mit Orangenbrot, Kaugummi
Mittagessen	Lasagne mit grünem Salat, Müsliriegel
Nachmittagsbrot	Kaugummi
Abendessen	Knäckebrot mit Butter und Kaba

»Erziehung zur richtigen Ernährung muß bereits im Kindesalter beginnen...«, betont der Präsident der Deutschen Gesellschaft für Ernährung, Professor Günter Wolfram, »denn es trifft sicher zu, daß viele Ernährungssünden in der Jugend im Alter gebüßt werden. Bei der Osteoporoseprophylaxe etwa ist es besonders wichtig, bereits so früh wie möglich die Weichen richtig zu stellen, das heißt, für eine ausreichende Kalziumzufuhr zu sorgen und der körperlichen Aktivität einen hohen Stellenwert einzuräumen.«[24]

Osteoporose ist der medizinische Ausdruck für den gefürchteten Knochenschwund im Alter. Durch kalziumarme Ernährung und Bewegungsarmut in Kindheit und Jugend erfolgt der Knochenaufbau nur notdürftig. Im Alter bricht dann bei einem Sturz solch ein Knochen mit geringer Knochenmasse leichter als ein massiver Knochen. An Querschnitten durch den Knochen haben amerikanische Forscher »Jahresringe« feststellen können, die wie bei den Bäumen Zeiten mit guter und schlechter Versorgung dokumentieren.

Unsere Kinder sind durchweg schlecht versorgt mit Kalzium. Buben nehmen nur etwa Dreiviertel des für ihren Knochenaufbau notwendigen Kalziums zu sich und Mädchen nur zwei Drittel. Das müßte nicht sein, denn bereits ein viertel bis ein halber Liter Milch täglich, je nach Alter, würde dieses Defizit beheben. Bei den Jugendlichen ist die Versorgung noch schlechter. Der Kalziumbedarf steigt, doch das Milchtrinken hält damit nicht Schritt. So nehmen junge Männer nur noch rund zwei Drittel ihres Kalziumbedarfs auf und junge Frauen sogar nur noch die Hälfte, obzwar sie später einmal Kinder bekommen werden und dann ihr Kalzium aus den Knochen für das Kind zur Verfügung stellen müssen.

Doch junge Leute machen sich wenig Gedanken über sinnvolle und richtige Nahrungsauswahl. Sie trinken nicht nur wenig Milch, sondern essen auch seltener Obst, Gemüse, Salate und Brot als ihre Eltern und Großeltern. Die Wohlstandskinder schlagen zu bei Wurst, Schokolade, Süßigkeiten und Zucker. Und löschen ihren Durst vor allem mit Limonade, Cola und anderen Erfrischungsgetränken.[25]

Den schlechten Milchtrinkern fehlt es aber nicht nur an Kalzium, sondern auch an Riboflavin, dem Vitamin B_2. Das kommt außer in Milch und Milchprodukten im Fleisch, vor allem in der Leber vor sowie im Getreidekeimling, der in Backwaren und Gerichten aus Vollgetreide enthalten ist. Nur Vorschulkinder erhalten noch ausreichend Vitamin B_2. Im Schulalter hingegen lassen besonders die Mädchen stark nach und decken ihren Vitamin-B_2-Bedarf nur noch zu drei Vierteln. Daß Buben hier besser abschneiden liegt daran, daß sie in diesem Alter meist mehr essen als Mädchen und sich somit auch mehr Vitamin B_2 einverleiben.

Demgegenüber dürften selbst Kleinbauern im Mittelalter besser mit Nährstoffen versorgt gewesen sein als viele unserer Wohlstandskinder heute! Denn Milch, Haferbrei, Erbsen, Linsen, Bohnen und Sauerkraut – so der mittelalterliche Speisezettel – enthalten mehr lebensnotwendige Vitamine und Mineralstoffe als Limonade, Schokolade, Eis und Lutscher.

Durch mangelhafte Versorgung des Körpers mit Vitaminen und Mineralstoffen werden aber Krankheiten wie Krebs und Herzinfarkt begünstigt. Und das furchtbare Gehirnleiden Alzheimer Krankheit, das den Lebensabend vieler Menschen in den Industrieländern überschattet, wird durch eine chronische Vitamin- und Mineralstoff-Mangelversorgung begünstigt.

Zwei Möglichkeiten gibt es, sich dem Siechtum im Alter zu entziehen. Entweder jung zu sterben oder bereits in der Kindheit einen Lebensstil zu lernen, der ein hohes Alter in guter Gesundheit gewährleistet. Dazu gehört die Gewöhnung an eine sinnvolle Ernährung von klein auf. »Ernährungsverhalten ist«, so Wolfram, »eine festverhaftete Gewohnheit, bei der traditionelle, familiäre und andere Komponenten eine wichtige Rolle spielen.«[26]

Wie die Essenstagebücher der Kinder zeigen, vergessen Kinder wie der zehnjährige Peter manche Mahlzeiten, wenn sie nur dann essen, wenn sie gerade möchten. In den 70er Jahren ging die Mär, ein Kind würde natürlicher aufwachsen, wenn es nur nach eigenem Verlangen essen müßte. Dies ist inzwischen als Pseudonatürlichkeit entlarvt worden, die der kindlichen Entwicklung nicht gerecht wird. Kinder, die nur essen, wenn sie danach verlangen, bleiben in ihrer Entwicklung zurück. Zehnjährige sehen dann aus wie Sechsjährige. Sinnvolles Essen kann nur durch regelmäßiges Üben gelernt werden.

Ob Kinder Mahlzeiten regelmäßig einnehmen oder nicht, hängt vor allem davon ab, wie vollständig die Familie ist, in der das Kind aufwächst. Das jedenfalls fanden die Basler Forscher. Bei Kindern, die nur mit einem Elternteil zusammenleben, fällt das Frühstück häufiger aus als bei Kindern, die in Familien mit beiden Elternteilen aufwachsen. Diese Kinder frühstücken morgens mit größerer Regelmäßigkeit.

Auch der soziale Status der Familie hat einen Einfluß auf die Ernährung der Kinder. Dafür seien nicht etwa materielle Gründe verantwortlich, betonen die Autoren der Studie ausdrücklich, denn die Schweizer Familie gibt im Durchschnitt nur 13 Prozent der monatlichen Haushaltsausgaben für die Ernährung aus.

Grundschichtkinder erhalten demnach seltener Milch als Mittel- und Oberschichtkinder. So trinken Mittelschichtkinder etwa Dreiviertel der Milchmenge, die Oberschichtkinder erhalten und Grundschichtkinder weniger als die Hälfte. Ähnlich schlecht wie mit Milch sind Grundschichtkinder auch mit Obst versorgt. Sie erhalten, verglichen mit den Kindern der Oberschicht, nur halb so oft Obst. Mittelschichtkinder liegen mit zwei Dritteln dazwischen.

Der mangelhafte Obstverzehr der Kinder mag auch mit dem Wert zusammenhängen, der dem Obst im deutschsprachigen Kulturraum anhaftet. Obst wird von vielen Kindern und deren Eltern gleichgestellt mit Schleckereien wie Bonbons, Cola, Salzgebäck und Schokoriegeln, also mit Eßwaren, die im eigentlichen Sinne nichts mit Nahrung zu tun haben. Das ergab eine Befragung zum Ernährungsverhalten bei 1500 Kindern und Jugendlichen an deutschen Schulen.[27]

»Ich habe Äpfel aus dem eigenen Garten, also ungespritzt, in Körbchen verteilt und in die Schule raufgetragen«, erzählte die Frau eines Hausmeisters einer Münchener Grundschule. »Nach einer Woche habe ich die inzwischen verfaulten Äpfel wieder eingesammelt und auf den Komposthaufen geworfen. Nicht einmal die Lehrer haben davon gegessen, geschweige denn die Kinder dazu angeleitet.« Und eine andere Schul-Hausmeisterin klagte: »Bei mir haben die Kinder mit den Äpfeln Fußball gespielt.«

Obst steht in deutschen Wohnstuben häufig nur als Dekoration auf dem Tisch. Doch wird der Tisch zum Essen gedeckt, verschwindet die Obstschale und die Bananen und Orangen oder die dekorativen Birnen und Trauben werden nicht mehr gesehen. Frisches Obst gehört in deutschen Landen kaum als ein Bestandteil der Mahlzeit selbstverständlich mit zum Essen, wie in Italien oder Frankreich. Als ich mir vor kurzem in einem Besteckladen in München ein Obstbesteck kaufen wollte, sah mich die Geschäftsinhaberin groß an und sagte: »Obstbesteck, das wird aber sehr selten verlangt.« Kein Wunder. Essen doch die Deutschen zwar von Jahr zu Jahr mehr Wurst und Schinken, aber beim Frischobst haben sie sich seit den 60er Jahren nicht mehr gesteigert.[28] Erst ab den 90er Jahren ist ein leichter Trend nach oben zu erkennen.

Trotz Freizeit keine Zeit zum Essen, Leben und Genießen

Essen scheint heute für viele Deutsche lediglich ein notwendiges Übel zu sein. Ganz anders denken darüber die Italiener: »Non mangiamo per vivere; viviamo per mangiare« ist ein geflügeltes Wort südlich der Salurner Klause, das soviel heißt wie: »Wir essen nicht, um zu leben, sondern wir leben, um zu essen.« Nicht anders die Franzosen.

»Wenn in Paris Mittag ist, beeilt sich alle Welt, schnell stillzuhalten, um ausruhen zu können«, schreibt Friedrich Sieburg in einem seiner köstlichen Essays ›Gott in Frankreich‹[29]. »Das Fieber des täglichen Lebens sinkt sofort um einige Grade, das sinnlose Getümmel der Straßen scheint sich plötzlich zu gliedern und an ein Ziel zu kommen: zu Tisch... Diese zwei Stunden sind dem Pariser heilig. Sie geben seinem Tag jenes Maß, das ihn hindert, von einem tätigen Menschen zu einem Arbeitstier herabzusinken... Kein Wunder also, daß Individuen, die sich Joghurt und Gurken zum eiligen Imbiß auf den Schreibtisch tragen lassen, als minderwertige Geschöpfe angesehen werden, als Sklavennaturen, für die Danton umsonst gestorben ist.« Solchen Sklavennaturen gleichen wir Deutschen eher als geselligen Essern. Denn die Deutschen sind schnelle Esser. Das entdeckten die Forscher Teuteberg und Neuloh in ihrer oben genannten Familienbefragung.[30] Die beiden Forscher blickten nicht nur in die Kochtöpfe, sondern beschrieben darüber hinaus einige repräsentative Familien mit Kindern und deren Eßverhalten ausführlich. Doch die Nähe zu Frankreich scheint nicht zwangsläufig Einfluß auf das Eßverhalten zu nehmen. Obwohl die Familie eines Elektrikers mit zwei schulpflichtigen Kindern unweit der französischen Grenze, im Saarland, lebt, wird rasch und gesprächslos gegessen.

Die Mutter legt großen Wert auf einen geregelten Tagesablauf, und alle Mahlzeiten gehen rasch über die Bühne. Das

Frühstück dauert nur 10 Minuten, das Mittagessen 15 Minuten und das Abendessen ebenfalls, sonntags jeweils 5 Minuten länger. »Diese Zeit«, sagte die Hausfrau, »reicht aus, denn es wird beim Essen nicht gesprochen.«[31]

Ein weiterer repräsentativer Haushalt für kinderreiche Familien ist ein Bergmannsehepaar mit fünf Kindern. Der älteste Sohn, 19 Jahre alt, arbeitet als Angestellter. Der Zweitälteste geht in die Autoschlosserlehre, und der jüngste Sohn mit acht Jahren und seine beiden Schwestern sind noch schulpflichtig. Die Arbeits- und Schulzeiten der Familienmitglieder sind so unterschiedlich, daß die Mutter auf die Frage, welche Mahlzeiten normalerweise in ihrer Familie gemeinsam eingenommen werden, spontan antwortet: »An Werktagen überhaupt keine, nur an Wochenenden mal Frühstück, Mittagessen oder Abendessen.«

Die Mutter steht spätestens um sechs Uhr auf und richtet das Frühstück, denn die älteste Tochter und der Schlosserlehrling müssen früh das Haus verlassen. Gegen sieben Uhr kommen die beiden anderen Schulpflichtigen an den Frühstückstisch, der Älteste erscheint eine halbe Stunde später. Wenn alle das Haus gegen halb neun verlassen haben, frühstückt die Mutter selbst und genehmigt sich einen Blick in die Zeitung. Der Vater der Familie, der Bergmann, ist an dieser »Frühstücksparade« nicht beteiligt. Als Schichtarbeiter muß er bei Frühschicht, die um sechs Uhr beginnt, bereits vor fünf Uhr aufstehen. Das ausgefallene Frühstück holt er im Betrieb nach.

Das Mittagessen der siebenköpfigen Familie verteilt sich wie das Frühstück auf mehrere Stunden. Die Mutter ißt schon um zwölf Uhr, damit sie später die Schulkinder, die bis vierzehn Uhr nach und nach eintrudeln, bedienen kann. Das Essen, das bereits für die Kinder zwei Stunden warm gehalten wurde, wird gegen halb sechs als Abendessen für den heimkommenden Autoschlosserlehrling nochmals aufgewärmt. Der verläßt anschließend das Haus und geht seiner Freitzeitbeschäftigung nach, weshalb er sich am gemeinsamen Abendessen der Familie nicht beteiligt. Auch der Familienvater nimmt am Abendbrot nicht teil, weil seine Schichtzeiten das nicht zulassen.

Noch immer gibt es in der (alten) Bundesrepublik Deutschland über drei Millionen Schichtarbeiterfamilien, in denen ähnlich zerrüttete Tischsitten herrschen und deren Väter unter der Woche nie gemeinsam mit den Kindern essen können. Unter solchen Umständen ist die soziale Seite der Mahlzeiten für die Mutter völlig unwichtig. Von einem gemütlichen geselligen Beisammensein kann in dieser Familie keine Rede sein. Und die Mutter gibt zu Protokoll: »Essen als Kultur zu bezeichnen ist barer Unsinn.«[32] Die Hauptsache ist, daß das Essen schmeckt und alle satt werden.

Die häusliche Tischgemeinschaft früherer Jahrhunderte war sicher auch nicht immer das häusliche Glück, wie es Geschichten aus vergangenen Zeiten nostalgisch verklären wollen. Aber eines war die Tischgemeinschaft, etwas, das heutigen Menschen und vor allem unseren Kindern fehlt: Die Tischgemeinschaft bietet im Strom des Daseins, heute sollte man besser sagen: im Chaos der Informationen, einen festen Orientierungspunkt.

Während ich das schreibe, muß ich an ein Erlebnis denken, bei dem mir diese Orientierungsfunktion des Familientisches bewußt wurde: Nach der Öffnung der Berliner Mauer besuchte mich mein Bruder erstmals mit Frau und Kindern in München. Jedesmal wenn meine Nichte Sabine auf eigene Faust oder mit den Nachbarstöchtern etwas unternahm, fragte sie beim Weggehen, wann denn bei uns gegessen würde. Mir kam das spaßig vor. Warum sollte sich ein achtzehnjähriges Mädchen in ihren Unternehmungen durch unsere familiären Essenszeiten leiten lassen? Etwas essen kann man doch heute überall. Aber das war es nicht.

Mir wurde klar: Die Mahlzeiten waren für Sabine Orientierungspunkte im Tagesverlauf. Das Mädchen war gewohnt, um diese Punkte herum ihre Aktivitäten zu ordnen und, nicht andersherum, die Mahlzeiten den Aktivitäten unterzuordnen, wie wir es heute gewöhnlich tun; zumal in der DDR die Familie für viele Menschen, stärker als bei uns im Westen, eine Insel des Vertrautseins gewesen ist. Das Herdfeuer war gleichsam Leuchtfeuer im unsicheren Meer der Zeit.

Von einer Leuchtfeuer- und Orientierungsfunktion des häuslichen Eßtisches konnten Teuteberg und Neuloh bei ihrer Befragung im westlichen Deutschland wenig entdecken. Doch es gibt auch in deutschen Landen Familien, die länger bei Tisch zusammensitzen. So die Familie eines Beamten im mittleren Dienst, die sich ebenfalls an der Studie beteiligte. Untertags ißt die Mutter mit den drei schulpflichtigen Kindern alleine. Der Vater vervollständigt beim Abendessen gegen 18.30 Uhr die familiäre Runde. »Zum Essen läßt man sich in der Familie Zeit, mindestens eine halbe Stunde.«[33] Denkbar ist, daß hier die bäuerliche Tradition der Mahlgemeinschaft nachwirkt. Die Mutter, von einem Bauernhof stammend, hat diese noch als Kind erlebt.

Eine zeitgemäße Ernährungserziehung könnte an dieser noch immer gepflegten und als angenehm empfundenen Mahlgemeinschaft – also der klassischen Schule des Essens – anknüpfen. Wie das geschehen soll, darüber müßten die Experten einmal nachdenken. Schließlich gibt es in der Deutschen Gesellschaft für Ernährung eine »Arbeitsgemeinschaft Ernährungsverhalten« und an der Universität Göttingen finanziert Vater Staat eine Forschungsstelle Ernährungspsychologie. Im Moment aber versucht man der Schule die Ernährungserziehung zuzuschieben. Doch die Schule mit ihrer dozierenden Unterrichtsform ist dafür nur bedingt geeignet. »Eine Ernährungserziehung in der Schule kann hier manches initiieren und verstärken, aber sie kann die alte häusliche Mahlgemeinschaft mit ihren Impulsen nicht vollständig ersetzen«, gibt Teuteberg zu bedenken.

Von »Mahlgemeinschaft« weiß das derzeitige Konzept der Ernährungserziehung gar nichts zu berichten. Die Schlagworte heißen vielmehr »Cholesterin« und »light«. Denn die Ernährungsdebatte wird vor allem von der mächtigen Lebensmittel- und Pharmaindustrie bestimmt. Den ernährungspolitischen Wert des häuslichen Familientisches hat bislang noch niemand entdeckt. Weder Parteien, noch Medien und auch keine Gewerkschaften haben sich bislang dafür stark gemacht.

Zu mächtig sind die eingefahrenen Denkmuster. Obwohl in der Gewerkschaft Öffentliche Dienste, Transport und Verkehr (ÖTV) seit bald zehn Jahren eine Frau an der Spitze steht, hat diese noch nie darüber nachgedacht, wie sich die seit dem Frühkapitalismus bestehende Trennung zwischen Wohnung und Arbeitsplatz – zum Wohle der Kinder – überwinden oder mildern ließe. Monika Wulf-Mathies kämpft wie alle ihre Vorgänger weiter unbeirrt für höhere Gehälter und kürzere Arbeitszeiten. Obwohl sie aus dem Gesundheitsressort kommt – sie war Leiterin des Referats Gesundheitspolitik im Bundeskanzleramt – hat die ÖTV-Chefin nicht erkannt, daß sich mit mehr Geld und Freizeit weder Ernährungsgesundheit noch Lebenssinn vermitteln lassen. Eine bereits 1984 veröffentlichte Untersuchung der Wickert-Institute stellte fest, daß rund 40 Prozent der 2000 befragten Bundesbürger nichts oder nicht viel mit ihrer Freizeit anzufangen wissen.[34]

Auch »die neue Wirtschaftswissenschaft thematisierte den Haushalt nur noch als Ort marktrelevanter Entscheidungen, zum Beispiel als Anbieter des ›Produktionsfaktors‹ Arbeit, jedoch nicht mehr seine für menschliches Dasein erbrachten Leistungen ...«[35] Offenbar bestimmen die Visionen des großen Arbeiterführers August Bebel noch immer das Denken von Wirtschaftswissenschaftlern und Gewerkschaften. Der »glaubte, die ersatzlose Beseitigung der individuell geführten Küche würde für unzählige Frauen eine Erlösung sein. In der von ihm proklamierten sozialistischen Gesellschaft sollten nur noch Großküchen existieren ...«[36]

Großküchen zählen zweifellos zu den ungeliebtesten Einrichtungen des modernen Lebens. Dennoch sind Themen wie häusliches Essen oder Tischgemeinschaft bei öffentlichen Diskussionen und Pressekonferenzen Reizworte. Neue Gedanken dazu sind nicht zu hören. Vielen Journalisten und vor allem Journalistinnen fällt dazu lediglich das alte Schreckgespenst von Küche, Kinder, Kirche ein und sie sehen die Emanzipation der Frau bedroht.

Eine neue Wissenschaft vom Essen

Emanzipiert spielten der Professor und ich die alten Rollen. Da sich's beim Essen trefflich reden läßt, setzten wir unser Gespräch beim Abendessen am großen Familientisch fort. Ich erbot mich aus den Beständen des häuslichen Kühlschranks ein Abendessen zu bereiten, während Teuteberg in seinen Weinkeller hinab stieg. Bald funkelte rubinrot ein Bordeaux in den Gläsern und beflügelte unser Gespräch.

»Wir können diese Situation nicht einfach hinnehmen, wir müssen wenigstens darüber nachdenken, welche Folgen hat der Verlust der Mahlgemeinschaft, also einer kulturbildenden Institution«, sagte Teuteberg, den Gesprächsfaden wieder aufnehmend. »Wenn wir heute von Gesundheit reden, dann meinen die meisten Menschen, Gesundheit ließe sich mit Hilfe technischer Apparate kaufen und der Staat meint dies auch gewähren zu müssen. Der Mensch als Kulturwesen bleibt dabei aber ausgeklammert.«

Gesundheit ist keine Sache der Apparate, sondern eine Sache des ganzen Menschen. Sie hängt ab von seiner körperlichen Konstitution, seiner Seele und von den Einflüssen aus seiner physischen und sozialen Umwelt. Die Einäugigkeit der naturwissenschaftlichen Gesundheits- und Ernährungsforschung will Teuteberg beenden. Gemeinsam soll das mit einem Kollegen, dem Germanisten und Essensforscher Alois Wierlacher von der Universität Bayreuth, geschehen: »Wir möchten die Geistes- und Sozialwissenschaftler auffordern, Brücken zu bauen zu den Naturwissenschaften. Ernährungsberatung muß vom Menschen und seinen Bedürfnissen ausgehen. Denn wir essen nicht Kalorien, sondern wir halten Mahlzeiten.«

Die erste Brücke zwischen der geistes- und der naturwissenschaftlichen Ernährungsforschung soll die »Kulturwissenschaft Essen« schlagen, die Teuteberg und Wierlacher ins Leben rufen wollen. Die alltäglichsten Dinge, über die die Menschen nicht weiter nachdenken, die sie als gegeben hinnehmen, nämlich das Essen und die Art, wie sie essen, sowie die Wechselwirkungen zwischen Essen, Gesellschaft und Gesundheit sollen in dieser fächerübergreifenden Wissenschaft erforscht werden.

»Wir wollen mit einer ›Kulturwissenschaft des Essens‹ die verstreuten wissenschaftlichen Kräfte zusammenbringen«, erklärte Teuteberg. »Wir sehen uns dabei als Pioniere und möchten mit Unterstützung der Deutschen Forschungsgemeinschaft (DFG) regelmäßige Tagungen veranstalten, auf denen Wissenschaftler der verschiedensten Fachrichtungen zum Thema Essen ihre Erkenntnisse vortragen können. Denn wir wollen hinsichtlich des Essens wissen, woher wir kommen und wohin wir gehen.«

Wollen wir Gesundheitsschäden vermeiden, die durch eine nicht mehr zeitgemäße Ernährung entstehen, so reicht es nicht aus, nur »Ernährungssollwerte zu propagieren«, was ja die medizinisch-naturwissenschaftlich ausgerichtete Ernährungsberatung tut. »Ohne eine Ernährungsforschung, die von der Kultur- und Sozialwissenschaft mitgetragen wird, kann das Ernährungsfehlverhalten nicht wirksam durchbrochen werden«, faßte Teuteberg zusammen.

Die Kulturwissenschaftler in unseren Nachbarländern sind uns auf dem Gebiet der Essensforschung weit voraus. Im King's College in London zum Beispiel arbeiten Historiker sogar unter einem Dach eng zusammen mit Ernährungsphysiologen – also Naturwissenschaftlern – an einer kulturwissenschaftlich orientierten Ernährungsforschung.

Auch wenn die DFG mit ihrer Unterstützung der neuen »Kulturwissenschaft Essen« noch zögert, wollen die Essensforscher die internationale Zusammenarbeit nicht mehr länger dem Zufall überlassen. Unter der Präsidentschaft Teutebergs haben sich 1989 bereits 16 Nationen zur »International Commission for Research into European Food History« zusammengeschlossen.

Der heitere Julitag ging nun auch in Münster seinem Ende entgegen. Noch immer war es hell, als Teuteberg mich mit dem Auto zum Flughafen begleitete. Das kleine Flughafengebäude lag still in der Abendsonne. Kein geschäftiges Treiben, nur eine Putzmaschine surrte und verbreitete den Geruch von Scheuerpulver. Das Bodenpersonal sah uns verwundert an, als wir zielstrebig an den Lufthansaschalter traten. »Die Maschine nach München ist vor einer Stunde schon weg«, sagte die Dame hinter dem Schalter. Ich stutzte und mußte dann hellauf lachen. Die ungewohnt lange Tageshelligkeit hatte mir einen Streich gespielt. Auf die Uhr habe ich während der spannenden Gespräche nicht gesehen, wußte ich doch, daß mein Flieger zurück nach München erst am späten Abend geht. Doch, daß es im Sommer am 52sten Breitengrad später Abend wird als im vier Breitengrade südlicher gelegenen München, daran hatte ich nicht gedacht.

Als ich das verdutzte Gesicht des Professors sah, konnte ich nur sagen: »Sehen Sie, das kommt davon, wenn eine Naturwissenschaftlerin sich an das fremde Ufer der Geisteswissenschaften wagt.«

Essen im Wandel

Das Essen veränderte sich in Deutschland seit dem Beginn der Industrialisierung grundlegend, also innerhalb von etwa drei Lebensspannen des Menschen. Der deutsche Dichterfürst Goethe wurde noch in eine häusliche Ökonomie, einen kleinen Produktionsbetrieb, hineingeboren, dem seine Mutter vorstand. Das Wort »Ökonomie« stammt vom griechischen oikos, was soviel wie »Haus« oder »häusliche Wirtschaft« bedeutet. Dort wurde seit Jahrtausenden die Nahrung hergestellt. Das änderte sich erst mit der industriellen Revolution und der gleichzeitig rasch wachsenden Bevölkerung. Zu keiner Zeit vorher wandelte sich die Ernährung in den deutschen Ländern so durchgreifend wie unter dem Einfluß der Verstädterung und Industrialisierung.

In dieser bisher in der Geschichte einmaligen Modernisierung aller Lebensbereiche sehen in- und ausländische Wissenschaftler immer mehr eine entscheidende Wurzel für aktuelle gesundheitliche Störungen. Tatsächlich haben ernährungsbedingte Krankheiten heute ein fast nicht mehr bezahlbares Ausmaß erreicht. Mehr als zwei Drittel der Deutschen leiden an Stoffwechselkrankheiten, die durch Ernährungsfehler bedingt sind, davon zehn Millionen Bundesbürger (alte Länder) an chronischer Verstopfung, fast ebensoviele an Übergewicht, drei Millionen sind zuckerkrank (Diabetes mellitus), von denen die *Hälfte* frühzeitig an Herzinfarkt und ein Viertel an Schlaganfall sterben werden. Rund sieben Millionen Bundesbürger klagen über Leber- und Gallenbeschwerden und zwei Millionen haben die Gicht. Die Dunkelziffer der Alkoholiker ist kaum zu schätzen.[1] Die Kosten, die ernährungsabhängige Krankheiten in Deutschland verursachen, betragen derzeit jährlich rund 80 Milliarden Mark.[2] Das sind gut die Hälfte der Kosten unseres Gesundheitssystems.

Was änderte sich auf dem Teller der Deutschen seit dem Beginn der Industrialisierung vor zweihundert Jahren, daß es zu derart schweren gesundheitlichen Auswirkungen kommt? Eine Vielzahl verschiedenster Nahrungsmittel, mit denen wir uns lebenswichtige Nahrungsinhaltsstoffe wie ungesättigte Fettsäuren, Vitamine, Mineralstoffe, Spurenelemente sowie Ballaststoffe und sogenannte sekundäre Pflanzenstoffe zuführen, verschwanden nach und nach vom Speiseplan der Menschen in Deutschland.[3]

Während der Herr Geheimrat Goethe noch mehrmals in der Woche einen steifen Hirse- oder Reisbrei löffelte, essen wir derartige Breigerichte nur noch selten oder überhaupt nicht mehr. Die Menschen seiner Zeit verzehrten somit dreimal so viel Getreide wie wir. Und da niemand von dem Getreide, das zu Mehl gemahlen wurde, Keim und Randschichten entfernte, aßen die Leute dazumal vierzehnmal mehr Vollkornprodukte als der Bundesbürger. Auch standen Bohnen und andere Gemüse doppelt so häufig auf dem Speiseplan wie bei uns, weshalb sich die Menschen durch Getreide und Gemüse fünfmal mehr Ballaststoffe einverleibten als wir heute.

Innerhalb der letzten zweihundert Jahre verschwanden aber nicht nur Nahrungsmittel vom Tisch der Deutschen, es kamen auch neue hinzu und wurden zu Volksnahrungsmitteln. Allen voran das feine weiße Gebäck. Weißbrot und Kuchen aus Weißmehl waren lange Zeit Herrenspeisen, die sich nur eine kleine Oberschicht leisten konnte. Denn die Herstellung von Weißmehl war vor der Industrialisierung schwierig und sehr unergiebig und damit teuer. Das Mehl fürs tägliche Brot mahlten viele kleine Mühlen »am rauschenden Bach« aus dem vollen Korn.

»Im Zuge der Industrialisierung und der Entstehung von Ballungsräumen ging man aber dazu über, das Getreide nicht mehr in den zahlreichen und weitverbreiteten Mühlen zu mahlen, sondern in zentralen Großmühlenbetrieben. Die Folge davon war, daß seitdem das Mehl vor der Weiterverarbeitung über größere Strecken transportiert und über längere Zeit gelagert werden mußte. Da Vollkornmehl – im Gegensatz zu den Getreidekörnern selbst – schlecht haltbar ist, behalf man sich durch teilweises oder vollständiges Abtrennen der Teile des Getreidekorns, die nach der Vermahlung leicht verderblich sind, vor allem der Keim. Man erzielte so eine Konservierung, das heißt ein für lange Zeit auch ohne Kühlung lagerfähiges Produkt – obwohl auch das ganze Getreidekorn bereits eine natürliche ›Konserve‹ darstellt.«[4]

Die damalige Ernährungswissenschaft begrüßte diese Entwicklung und verkündete, »die verdaulichen Randschichten des Getreidekorns, die Kleie, seien überflüssiger Ballast und das alte Verfahren, Korn in einer einzigen Prozedur mitsamt der Kleie zu vermahlen, sollte ganz aufgehoben werden.«[5] Die Kleie mit ihrem reichen Anteil an Vitaminen, Mineralstoffen, der lebenswichtigen Linolsäure und hochwertigem Eiweiß wurde zu einem von den Landwirten hochgeschätzten Viehfutter. Das war eine der ersten Ernährungslügen, der die Bevölkerung im Zuge der Industrialisierung aufsaß.

Nichtsahnend, was mit einem ihrer Grundnahrungsmittel geschah, freuten sich die Menschen über das feine weiße Mehl. Denn dank der modernen Mühlentechniken konnten sich nun alle Schichten der Bevölkerung das begehrte weiße Mehl leisten. In manchen Gegenden Deutschlands hat sich aber eine Vorliebe für ein etwas dunkleres Brot erhalten. Doch das weist heute, obwohl es dunkel ist, dennoch keinen Kleieanteil mehr auf. Die Farbe stammt vom Zuckercouleur, einem erlaubten Lebensmittelfarbstoff, mit dem Weißbrot eingedunkelt wird. Das Brotfärben war dann die nächste Ernährungslüge, der die Konsumenten auf den Leim gingen. Weil heute alle Brote,

Semmeln und jedes Feingebäck aus Weißmehl gebacken werden, wenn es sich nicht ausdrücklich um Vollkorngebäck handelt (wobei der Begriff nicht vor Mißbrauch geschützt ist), verzehren wir Getreide heute zu 90 Prozent in einer an Vitaminen und Mineralstoffen verarmten Form. Wir decken mit diesem Weißmehl 20 Prozent unserer Nahrungsenergie.[6] Weitere 13 Prozent unserer Nahrungsenergie decken wir mit Haushaltszucker.[7] Wir versüßen uns somit umgerechnet mit 33 Stückchen Würfelzucker am Tag das Leben vierzigmal mehr als der junge Goethe. Das sind zusammen mit dem Weißmehl 33 Prozent oder ein Drittel unserer Nahrung, die wir in äußerst vitamin- und mineralstoffarmer Form zu uns nehmen.

Nahezu frei von lebenswichtigen natürlichen Inhaltsstoffen wie Vitaminen, Mineralstoffen und Spurenelementen, die die Wissenschaftler »Mikronährstoffe« nennen, sind weitere Erfindungen des Industriezeitalters: die Brat- und Backfette wie Margarine, Plattenfette und industriell bearbeitete Öle.

Bei diesen Industrieölen und -fetten, die vor allem zur großtechnischen Herstellung von Brat- und Frittierfetten, von Glacierungen und Überzügen für Süßigkeiten sowie bei der Verarbeitung von Fertiggerichten verwendet werden, sitzen wir einer weiteren Ernährungslüge auf. Zwei Drittel der »sichtbaren« Fette, deren Menge der Konsument selbst beeinflussen kann, sind industrielle Fette. Sie entsprechen zehn Prozent unserer verzehrten Nahrungskalorien.[8] Frau Rat Goethe hingegen verwendete in ihrer Küche neben Butter und Pflanzenöl zum Kochen, Backen und Braten Schweine- und Gänsefett sowie Rindertalg. Die lebenswichtigen Inhaltsstoffe waren in diesen weitgehend unbearbeiteten Fetten, je nach Lagerung, mehr oder weniger vollständig erhalten – etwa Beta-Carotin in der Butter oder Vitamin E im Schweine- und Gänsefett und im Pflanzenöl.

Rechnen wir die Kalorien der Brat- und Backfette zusammen mit den Zuckerkalorien sowie den Kalorien aus dem Weißmehlgebäck, dann zeigt sich, daß fast die Hälfte (43 Prozent) unserer Nahrung sehr wenig oder – wie Zucker und Industriefette – so gut wie keine Mikronährstoffe aufweist, auf die unser Stoffwechsel allerdings dringend angewiesen ist. Rechnen wir die in Wurst, süßen Backwaren sowie im Käse und Fleisch »versteckten« Fette hinzu, so stellen wir fest, daß 73 Prozent unserer Nahrungsenergie aus Fett, Zucker und Weißmehl stammen.

Der Alkohol erhöht mit noch weiteren acht Kalorienprozent, zumindest beim deutschen Mann, die durchschnittliche Energiebilanz. Damit besteht die Nahrung deutscher Männer zu rund *81 Prozent aus nahezu leeren Kalorien.*

Wie würde unser Auto reagieren, wenn wir ihm statt des notwendigen Benzins mit der Oktanzahl 95 Kraftstoff mit einer weit geringeren Oktanzahl in den Tank füllten? Der Motor würde uns vermutlich nicht mehr lange Freude machen. Da unser Organismus sehr viel komplizierter gebaut ist als ein Auto, »läuft« er sogar mit dem erbärmlichen Kraftstoff Industrienahrung noch eine ganze Weile mehr schlecht als recht, aber er wird schließlich krank, was die genannten Krankheitskosten hinreichend belegen.

Zu Beginn des Industriezeitalters wirkten sich die Neuerungen auf die Ernährung der Bevölkerung günstig aus. Zucker zum Beispiel, der nun billig zu haben war und für alle Schichten erschwinglich wurde, versüßte den Menschen nicht nur das Leben, sondern lieferte notwendige Kalorien. »Etwa zwischen 1880 und 1890 konnte wohl zum ersten Mal seit dem späten Mittelalter – zumindest gesamtwirtschaftlich – die Versorgung mit dem Bedarf mithalten.«[9] Vor allem in den Städten verdrängten Wurst, Speck, Käse, Eier und Brot, also konzentrierte, eiweiß- und fettreiche Nahrungsmittel, die ballaststoffreiche Getreide- und Gemüse-Kost der Landbevölkerung. Den Haferbrei am Morgen aß der Städter nicht mehr. Er tunkte Brot in süßen Zichorien-Kaffee. Dennoch stellte die Veränderung der Nahrung noch kein Gesundheitsrisiko dar, sie glich anfangs einen bestehenden Mangel aus.

Demgegenüber bewirkte in unserem Jahrhundert die weitere Steigerung des Zucker-, Fett-, Fleisch-, Wurst- und Käseverzehrs eine Überversorgung mit Nahrungskalorien. Zumal in den industriell gefertigten Nahrungsmitteln mehr Kalorien versteckt sind – pro Gramm doppelt so viele – als in den Speisen aus Mutters Koch- und Backstube.[10] Zu einer gesundheitlichen Gefahr wurde diese hochkalorische Ernährung, als die körperlich schwere Arbeit immer weiter zurückging und die Menschen somit weniger Energie verbrauchten als sie aßen. Und ein weiterer, bislang wenig beachteter Umstand kommt hinzu, der gesundheitliche Auswirkungen hat: Die weitverbreitete Eigenversorgung mit Obst und Gemüse durch den Hausgarten wurde mit zunehmendem Wohlstand aufgegeben. Darüberhinaus entstanden durch die industrielle Be- und Verarbeitung der Nahrungsmittel Neuheiten, die, wie wir heute erkennen, trotz schönem Äußeren oder Diät-Make-up die Nahrung verschlechterten.

Zu diesen Neuerungen gehört vor allem das Designer-Food, das aus den »verfeinerten« Industrie-Rohstoffen gefertigt wird, wie etwa Backwerk und Kartoffelchips, Joghurt- und Cremespeisen, Speiseeis und Fruchtsaftgetränke und vieles mehr, das heute die Regale und Truhen der Supermärkte füllt. Wie diese leeren Industrienahrungsmittel unseren Körper zerstören und den Stoffwechsel aus der Bahn werfen, das erfahren Sie in der zweiten Hälfte des Buches, nach dem Zucker Kapitel.

Zucker – ein Gras geht um die Welt

Je »entwickelter« die Gesellschaft, desto höher ist der Zuckerkonsum, desto mehr von diesem Zucker wird industriell verarbeitet.[1]

Eine bunte Markise spannt sich über eine Reihe kleiner runder Marmortischchen: ein Straßenkaffee. Müde vom Einkauf nimmt eine junge Frau mit ihrem fünfjährigen Buben Platz. Die Kellnerin bringt Kaffee mit Kuchen und stellt einen bauchigen Zuckerstreuer daneben. Der Bub erhält Limonade. Gierig saugt er das süße Getränk durch einen buntgeringelten Strohhalm. Limonade, Cola, Kaffee und Kuchen sind für uns heute alltägliche Dinge. Der Lehrling von der Autowerkstatt holt sich zum zweiten Frühstück Limo und Blätterteighörnchen. Junge Bankangestellte zelebrieren in ihrer Mittagspause den Geburtstag einer Kollegin mit Kaffee und Sahnetorte. Und das »Höchste« zum Schulfrühstück der Wohlstandskinder ist ein zwischen zwei Semmelhälften zerquetschter Negerkuß. Nach dem Motto: Es lebe, was süß ist.

Auf diese und andere Weise verzehren wir Deutschen täglich sieben Eßlöffel voll Zucker – also rund 100 Gramm. Das entspricht der Menge von 33 Stückchen Würfelzucker am Tag oder durchschnittlich 36 Kilogramm Zucker im Jahr. Die technischen Zucker, darüber mehr auf Seite 101–103, sind dabei nicht mitgerechnet.

Tatsächlich rühren wir zu Hause in Kaffee oder Kuchenteig nur ein Viertel dieser Zuckermenge. Rund Dreiviertel davon – 26 Kilogramm – erhalten wir durch die Lebensmittelindustrie. Die füttert uns mit süßen Riegeln wie Mars und Milky Way, Lila Pause und anderen süßen Überflüssigkeiten wie Bonbons und Schokolade, Gummibärchen und Nougatcreme, mit Keksen und Kuchen, löslichem Kakaopulver, Fruchtjoghurts und Milchmixgetränken.

Doch damit nicht genug. Nichtsahnend essen wir Zucker, wo wir ihn überhaupt nicht vermuten, etwa in Fischkonserven, Tiefkühlkost und Tütensuppen, in Senf und fertigen Salatsaucen sowie im Tomatenketchup. Moderne Nahrungsmittel enthalten also neben versteckten Fetten auch noch versteckten Zucker. Und in Norddeutschland sogar mehr als in Bayern. So mischt die Firma »Rüma, mittelständischer Hersteller von Fischfeinkost in Hagen, der Marinade für norddeutsche Supermärkte per Dosiercomputer kräftig mehr Zucker bei als der Charge, die nach Süden geht«.[2]

Mehr noch. Wir essen auch dann Zucker, wenn Zucker gar nicht auf der Packung angegeben ist. Dieser technische Zucker geht auch nicht mit in die Zuckerverzehr-Statistik ein, denn die Produkte dürfen als zuckerfrei deklariert werden. Die Industriezucker wie Glukosesirup, Maltose, Fruktose, Laktose und modifizierte Stärke sind unserer Gesundheit und unseren Zähnen genauso abträglich wie die Saccharase im Haushaltszucker. Zucker ist nämlich nicht nur süß, sondern ein vielfältig verwendbarer und billiger Werkstoff der Lebensmittelindustrie. Lebensmitteltechniker verwenden Zucker deshalb als Stabilisator, Konsistenzverbesserer und Füllstoff für viele industriell gefertigte Nahrungsmittel. So besteht etwa Tomatenketchup in der Trockenmasse zur Hälfte aus Zucker.[3] Die Herstellung von Schokolade ist ohne Zucker nicht möglich. Fruchtsäfte enthalten »Körper« durch Zucker.

»Der Mensch braucht Zucker«, wirbt die Zuckerindustrie. Und diese Worte sind nicht etwa in den Wind gesprochen. Zu festen EG-Preisen streuen Zuckerrübenbauern und Zuckerproduzenten den Hauptanteil ihrer »weißen Ware« unters Volk. Nur Überschüsse aus reicher Rübenernte müssen zum Weltmarktpreis, der derzeit bei 40 Prozent des garantierten EG-

Zuckerpreises liegt, verkauft werden. Kein Wunder, daß die Zuckeraktien steigen. Fast verdoppelt hat sich in den letzten drei Jahren der Wert der Südzucker-Aktien, die von der Börse als »Wachstumswert mit Phantasie« gehandelt werden.

Neben so viel kraftstrotzendem, staatlich subventioniertem Wirtschaftswachstum nehmen sich die Warner vor gesundheitlichen Schäden wie Fliegen aus, die man mit einer Handbewegung verscheucht.

Viele Menschen werden inzwischen von dem Zuviel an Zucker krank. Die Mediziner sprechen von »modernen Zuckerkrankheiten«, zu denen nicht nur die klassische Zuckerkrankheit Diabetes zählt, sondern Bluthochdruck, Arteriosklerose, Verstopfung und Übergewicht ebenso wie die gefürchtete Zahnfäule oder Karies. Das Ansinnen, daß Zucker und zuckerhaltige Speisen und Getränke Gesundheitsschäden und Zivilisationskrankheiten begünstigen, weisen die Zuckerbosse weit von sich: Von Zucker, in geringem Maß genossen, gehe kein Gesundheitsrisiko aus, wird argumentiert. Wer zu viel davon verzehrt, sei schließlich selber schuld.

Und damit das Schuldigwerden leichter fällt, heizt die Zuckermafia mit immensen Werbemitteln den süßen Massenkonsum an. Kinderstimmchen verlocken in Werbesendungen zum süßen Verzehr. Und kindergriffig stehen die Leckereien genau dort, wo sich die Warteschlange vor der Supermarkt-Kasse staut. So verwundert es nicht, daß sich Jugendliche, wie eine Umfrage in den Vereinigten Staaten ermittelt hat, durchschnittlich rund 400 Gramm Zucker am Tag einverleiben und damit fast ihren gesamten Tages-Energiebedarf mit Zucker decken.[4]

Zucker ist kein Nahrungsmittel, sondern ein Genußmittel. Nach Empfehlung der Deutschen Gesellschaft für Ernährung (DGE) sollte Zucker nicht mehr als zehn Prozent der täglichen Nahrungsenergie ausmachen. Eine angemessene süße Tagesration für Kinder umfaßt etwa sechs Bonbons oder zwei Negerküsse. Eine junge Frau mit einem Tagesbedarf von 2200 Kilokalorien könnte der DGE-Empfehlung zufolge ein Stück Sachertorte oder eine halbe Tafel Schokolade (50 Gramm) bedenkenlos verzehren.[5] Versteckte Zucker hat die DGE dabei allerdings nicht berücksichtigt.

»Süß-Schlecken« ist kein Urverlangen des Menschen. Ein Süßbedürfnis, das Zuckerproduzenten von dem nur schwach süßen Geschmack des Milchzuckers der Muttermilch herleiten wollen, ist nur Verkaufsgerede. Die Küche Koreas beispielsweise kennt Zucker praktisch nicht. Bei den Völkern in Osteuropa herrschen saure Speisen vor, und der Balkan liebt eine scharf gewürzte Küche.

»Der Wert und die allgemeine Geltung, die wir Süßspeisen einräumen, erscheint uns selbstverständlich. Ja, man neigt nicht selten dazu, die überquellende Fülle des Süßen für natürlich zu halten«, gibt der Münsteraner Völkerkundler Günter Wiegelmann zu bedenken. Genauer betrachtet steht die »überquellende Fülle des Süßen« den Menschen erst seit kaum hundert Jahren zur Verfügung. Es ist deshalb auch nicht die süße Massenproduktion, durch die wir Wohlstandsbürger zu Weltmeistern im Zuckerverzehr wurden. Auch der verführerische süße Geschmack des Zuckers, »seine Liebkosung der Zunge«, ist erst in zweiter Linie dafür verantwortlich.

Schuld an unserem maßlosen Zuckerschlecken ist das Barock. Diese Epoche des luxuriösen Überschwanges, die mit der Französischen Revolution jäh zu Ende ging, machte das Zuckerschlecken zum Statussymbol. Ohne den Hang der barocken Hofgesellschaft zum Feinen und Feinsten, zu herausragender Exklusivität, ohne diesen feudalen Hang, der begleitet war von einer ausgeprägten Nachahmungssucht der Bürger und Bauern, hätte der Zucker nie die Position in unserer Ernährung erreicht, die er heute innehat.

Süßen läßt sich auch mit Honig, aber Luxus treiben nur mit Zucker. Nur aus Zucker lassen sich Pralinen und Konfekt formen, Glasuren und Figuren gestalten und schnörkeln. »Wenn die Süßwaren damals nicht eine solche wichtige Position im Profilierungsstreben der höfischen Gesellschaft eingenommen hätten«, schreibt Wiegelmann, »wenn man damals nicht eine solche Fülle raffinierter Zuckervarianten entwickelt hätte und die Süßwaren nicht so eng in die Vorstellung großer freudiger Feste eingebunden worden wären, dann hätten wir mit ziemlicher Sicherheit nicht die enorme soziale und funktionale Ausweitung im 19. und 20. Jahrhundert erlebt, nicht jene hochsteigende Imitationssucht, die die Grundlage für den gewaltigen Zuckerkonsum schuf, einen Massenkonsum, der unserer Gesundheit inzwischen so manche Probleme bereitet.«[6]

Zuckerschlecken war einst ein feudales Vergnügen, wie der Müßiggang und das Tragen gepuderter Perücken. Erst der industrialisierte Mensch machte aus diesem Beiwerk der barocken Tafel ein Volksnahrungsmittel.

Umgerechnet auf die ganze Bevölkerung, verbrauchten die Menschen in den Jahrhunderten vor der Industrialisierung Zucker nur in homöopathischer Dosis. Der junge Martin Luther (1483-1546) verzehrte, statistisch betrachtet, während eines ganzen Jahres die Menge Zucker, die zwei kleine Päckchen Würfelzucker enthalten – also zweimal zwei Stückchen oder 20 Gramm Zucker. Diese Zucker-Jahresdosis des mittelalterlichen Menschen nehmen wir heute gut und gerne mit einer einzigen Tasse Kaffee zu uns.

Goethe und seine Zeitgenossen waren dem Süßen schon mehr verfallen. Die »Kaffeetassen-Dosis« von zwei Päckchen Würfelzucker verzehrten die Angehörigen der Weimarer Hofgesellschaft in Form von Schokolade, Eis, Limonade und Kuchen bereits in einer Woche. Der durchschnittliche Zuckerverbrauch betrug am Ende des 18. Jahrhunderts pro Person etwa

1100 Gramm im Jahr.[7] Die Menge Zucker aber, die unser Dichterfürst über ein Jahr verteilt schleckte, essen wir heute in einer Woche. Amerikanische Jugendliche schaffen das bereits in drei Tagen. Wie kam es zu dieser gewaltigen Steigerung des Zuckerverzehrs binnen 200 Jahren?

Wie wir Leibeigene der Zuckerindustrie wurden

Die Geschichte des Zuckers beginnt am Golf von Bengalen. Dort, im tropischen Asien, war ein Gras beheimatet, das wegen seines süßen Geschmacks hoch geschätzt wurde – das Zuckerrohr. Die Menschen hätschelten es, bereiteten Medizin aus seinem süßen weichen Mark und trugen es in den Jahrtausenden vor der Zeitenwende nach Osten über die Südseeinseln bis nach China und in westlicher Richtung über Vorderindien bis nach Südpersien. Ein General Alexanders des Großen berichtete 327 v. Chr. aus Indien von einem Schilf, das ohne die Hilfe von Bienen Honig hervorbringe. Als Heilmittel gelangte der Zucker nach Europa. Indes lernte der europäische Adel mit den Kreuzzügen auch die Zucker-Schleckereien Arabiens kennen. Und venezianische Händler schafften etwa seit dem 12. Jahrhundert den begehrten »sukkar«, wie der Zucker im altindisch-arabischen Sprachraum heißt, zusammen mit anderen orientalischen Gewürzen über die Alpen ins nördliche Europa.

Doch erst der verbilligte Zuckerimport aus den Kolonien in der Neuen Welt im 16. Jahrhundert löste den ersten Zuckerboom in Europa aus – den luxuriösen Zuckerverzehr der obersten Schichten. Wäre es nur bei dieser ersten feudalen Zuckerluxus-Welle geblieben, wir hätten heute keine modernen Zuckerkrankheiten und keine löchrigen Zähne. Dann aber erfaßte eine zweite Zuckerluxus-Welle das vornehme Europa, und auf diese geht unser moderner maßloser Zuckerverzehr letztlich zurück. Die erste Zuckerwelle war wirtschaftlich bedingt. Denn durch die Zuckerproduktion in Amerika wurde Zucker – zumindest für die Oberschicht – erschwinglich. Die zweite war kultureller Natur. In den Jahrhunderten, in denen sich die europäische Lebensart verfeinerte – im Barock und Rokoko –, wurden auch die Speisen verfeinert. Der Zuckerluxus an den Höfen und in herrschaftlichen Bürgerhäusern wurde zu einem Teil der kulturellen Entwicklung in Europa. Zucker und vornehmes Verhalten gehörten von nun an zusammen.

Die Spielmöglichkeiten für die Verwendung von Zucker waren im 16. Jahrhundert längst noch nicht ausgeschöpft. Was stand denn Kaiser Karl V. an süßen Leckereien zu Gebote? Statt mit dem »vulgären« Honig würzte sein Leibkoch mit feinem weißen Zucker. Der Apotheker bereitete Marzipan aus einer Mischung von Zucker und geriebenen Mandeln und fertigte Konfekt für den Nachtisch der kaiserlichen Tafel. Verglichen mit dem, was die Phantasie des Barock und Rokoko noch zu erfinden haben wird, sind das schlichte Leckereien.

Ende des 17. Jahrhunderts, als die Agrarkrisen nach dem 30jährigen Krieg überwunden waren, blühte Europas Wirtschaft wieder auf. Die neue Blüte entfaltete sich jedoch an anderen Standorten als bisher. Der Welthandel orientierte sich nach Westen und verlagerte sich von Venedig zu den Hafenstädten Lissabon, Amsterdam, Hamburg und London an der Atlantikküste. Die Serenissima an der nördlichen Adriaküste verblaßte. Der Zuckerimport aus dem Mittelmeerraum ging zurück und der Gewürzhandel mit dem Orient erlahmte. Damit fand auch die spätmittelalterliche Gewürzvielfalt in Europa ihr Ende. Nur in den süddeutschen Brotgewürzen und Nürnberger Lebkuchen läßt sich das Mittelalter heute noch schmecken.

Vor allem im Norden und in der Mitte Deutschlands zog ein neues Gewürz in die Küchen und Backstuben ein und dominierte bald über alles andere – der Zucker.

Neben Zucker landeten in den Atlantikhäfen noch andere verführerische Dinge, die die Phantasie der Europäer beflügelten: Kaffee, Tee, Kakao und Tabak. Die westeuropäischen Hafenstädte, die von nun an das Tor zur Welt waren, bahnten den Weg zu neuen Genußmitteln. Das erste Kaffeehaus nördlich der Alpen entstand nicht – wie vermutet – in Wien, sondern 1677 in Hamburg. Etwa zur gleichen Zeit entstanden Kaffeehäuser in London und Paris. Wohingegen die Venezianer, beeinflußt durch den Orient, bereits seit 1647 öffentlich Kaffee tranken.[8]

Englische Kaufleute schufen im Norden diese neue Stätte der Geselligkeit, an der sie sich trafen und auch mit höheren Beamten, Adeligen und Höflingen ins Gespräch kamen. Rasch bildete sich eine regelrechte Kaffeehauskultur heraus. Bald gehörten eine Diskutierrunde zu einem großen Kaffeehaus, Zeitungen und nicht zuletzt im 18. Jahrhundert ein Billardspiel, das Modespiel der damaligen Zeit.

Die nordwestliche Region Europas wurde im 17. Jahrhundert wirtschaftlich und kulturell tonangebend. Der französische Hof löste Italien als Kulturführer ab. Paris wurde das geistige und modische Zentrum Europas. Adel und vornehmes Bürgertum schauten nun nicht mehr nach Rom und Florenz, sondern ahmten die höfische Gesellschaft im absolutistischen Frankreich nach.

Unser barockes Erbe: das Zuckerschlecken

Während an kleinen deutschen Fürstenhöfen mittelalterliche Völlerei und Saufgelage noch üblich waren, pflegte man in Paris längst die *petit soupers* im intimen Rahmen, die immer neue exquisite Gaumenfreuden und süße Leckereien boten. Gegenden, die keinen Verbindung zu Frankreich hatten, verharrten im

Mittelalter. So blieb im verkehrsfernen Rußland der Honig noch lange Zeit das einzige Süßungsmittel. Unterdessen erfanden die französischen Hofköche damals im 17. Jahrhundert eine Fülle an süßen Neuheiten. Bis ins 19. Jahrhundert wurde das Süßwarenangebot durch diese höfischen Erfindungen geprägt. Alle späteren Süßwaren sind nur noch Variationen jener barocken Kreationen.

»Die erste und wohl folgenreichste Neuerung des 17. Jahrhunderts war die Aufnahme und Kultivierung der neuen überseeischen Warmgetränke: Kakao, Kaffee und Tee«, schreibt der Völkerkundler und historische Kulturanthropologe Günter Wiegelmann. »Da es sich ähnlich wie beim Zucker damals um sehr teure, seltene Produkte handelte, blieb ihr Genuß zunächst auf die Oberschichten beschränkt. Höfische Kreise, Standespersonen, reiche Großbürger konnten sich diese teuren Warmgetränke leisten, die gleichen Schichten, die damals eine Art soziales Prestige auf den Zuckerluxus hatten.«[9] Die Oberschicht und vor allem die höfische Gesellschaft schufen den neuen kulturellen Rahmen für die exotischen Warmgetränke. Durch Kakao, Kaffee und Tee steigerten sie den bereits bestehenden exklusiven Zuckergenuß, indem sie mehrere neue Verzehrsregeln schufen.

Das oberste Gebot der Vornehmheit war, daß die neuen exotischen Genußmittel Kaffee, Tee und Kakao mit dem Kostbarsten und Feinsten zu würzen seien – mit Zucker. Heute erscheint uns das als selbstverständlich, ja sogar als ganz »natürlich«.

Wir glauben das, weil sich das höfische Vorbild des 17. Jahrhunderts in den meisten Gegenden und in allen sozialen Schichten eingebürgert hat. Tatsächlich handelt es sich dabei keineswegs um eine »natürliche« Würze. In Nordskandinavien etwa, wo das Vorbild der Höfe fehlte, hat sich die Sitte eingebürgert, den Kaffee zu salzen.

Der französische Hof diktierte eine weitere Verzehrsregel, die besagte, daß man zu Kaffee, Tee oder Kakao stets süßes Gebäck serviere. Zu guter Letzt erhielt die Kombination aus Kaffee, Zucker und süßem Gebäck einen hohen Rang in der Mahlzeitenhierarchie. Von nun an gehörte zu allen großen Festmahlzeiten ein neuer Schlußgang. Nach dem Dessert folgte zu festlichen Anlässen eine Kaffee-Zucker-Gebäck-Mahlzeit. Nicht genug. Die süße Kaffeemahlzeit erhielt darüber hinaus den Rang einer Besuchsmahlzeit. Unsere bürgerlich-familiäre Kaffeetafel wurde einst im Überschwang barocker Genußsucht erfunden.

Süße Kaffee- und Teemahlzeiten sowie das Schokoladetrinken waren aber nur der Anfang der barocken Zuckerlust. Das Luxusmilieu des französischen Hofes gebar vier weitere Zuckerexklusivitäten – den Liqueur, die Limonade, das Eis und die Praline. »Überflüssige Dinge«, schrieben damals die Zeitgenossen. Heute, 300 Jahre danach, sind sie in aller Munde und bar jeder Exklusivität. Damals aber brauchte »eine sich hoch über dem Volk fühlende, absolutistisch-höfische Gesellschaft eine Fülle von erlesenen, schwierig zu imitierenden Statussymbolen, um ihrer einzigartigen Stellung standesgemäßen Ausdruck zu verleihen«.[10]

Das Aus für die Morgensuppe

Süße Speisen und Kaffee traten Hand in Hand ihren Siegeszug durch die deutschen Länder an und veränderten das Mahlzeitengefüge grundlegend. Den »kostbaren Thee und Caffee« zählt ein Chronist 1716 noch zu den »unnützen Exotica«. Doch berichtete er zugleich, daß »in vornehmen Häusern die Gewohnheit eingeführet worden (sei), daß des Morgens und Nachmittags Caffé oder Thee muß getrunken werden«.[11]

Die Morgensuppe, die selbst der preußische König Friedrich II. (1712-1786) noch in seiner Jugend löffelte, wurde durch Kaffee und Tee verdrängt. Auch die herkömmlichen Vespergetränke Buttermilch, Most, Wein und Bier verschwinden allmählich. In der Mitte des 18. Jahrhunderts wurde der Kaffee von den Winzern und Bierbrauern bereits als Konkurrenz empfunden. Denn vielerorts, so auch in den Schulen und Internaten, wurde nun zum Frühstück und am Nachmittag statt Bier und Wein nur mehr Kaffee oder Schokolade getrunken.

Das Kaffetrinken, das die Venezianer im 16. Jahrhundert bei den Arabern kennengelernt hatten, wurde im frühen 17. Jahrhundert an den westeuropäischen Fürstenhöfen üblich. Bald trank auch die städtisch-bürgerliche Gesellschaft morgens und nachmittags Kaffee. Im Nordwesten, und in der Mitte Deutschlands hielten Kaffee und Tee zuerst Einzug in bürgerliche und auch kleinbürgerliche Haushalte. Die Menschen in diesen Gebieten, die »bislang im Windschatten der mittelalterlichen Novationen lagen«, die aus dem Orient über Venedig nach Deutschland gekommen waren, dürsteten nach Neuem und griffen gierig nach den überseeischen »Reizmitteln«.

Im Rheinland, in Mecklenburg, Sachsen und Thüringen trinken die Bürger etwa seit 1720 Kaffee. Dort steht seit etwa 1750 die Kaffeekanne auch auf dem Frühstückstisch der Bauern, wenngleich Kaffeetrinken mit beträchtlichen Ausgaben verbunden war. Eine Röstapparatur mußte angeschafft werden, eine Kaffeemühle und darüber hinaus eine Kaffeekanne und Tassen aus Porzellan, und dazu gehörte stilgerecht Zucker.

»In der Mitte des 18. Jahrhunderts gelangte der Kaffee in breitem Maße in die Dörfer, wurde das tägliche Getränk der Armen wie der Bemittelten«[12] und ersetzte häufig auch die Mittagsmahlzeit. Dagegen schritten zwar die Landesherren vehement ein und verboten den ländlichen Tagelöhnern und Häuslern den Kaffeegenuß. Vergeblich, wie wir heute wissen.

Und ein Zeitgenosse notierte 1777 lakonisch: »Der Geschmack hat über die Vernunft, die Mode über die Gesetze gesiegt.«[13] Niemand wollte das neue Getränk mehr entbehren, wenngleich sich die untersten Schichten nur mit einem Surrogat begnügen mußten. Ein Aufguß aus gerösteter Zichorie, Mais oder Eicheln, mit viel Zucker versetzt, ersetzte den modischen Kaffee.

Anders im Süden, in Württemberg und Altbayern. Dort war der Kaffee noch in den dreißiger Jahren des letzten Jahrhunderts keine Arbeitermahlzeit. In München stärkten sich mittags die Arbeiter, die in die bayerische Hauptstadt kamen, »mit einem Kruge Bier, einem Stück Brot und einem paar ungeheuren Rettigen; diese mehr als frugale Mahlzeit muß nachhalten bis zum späten Abend«. Nach der Heimkehr am Abend wurde dann »gekocht, getrunken, gegessen, das Pfeiffchen geraucht«.[14]

Als im Nordwesten und in der Mitte Deutschlands Arme und Reiche dem süßen Kaffeetrinken verfielen, hatten die süddeutschen Länder ihren süßen Höhepunkt bereits hinter sich. Nürnberger Lebkuchen und Basler Leckerli erinnern als »lebende Fossilien« an jene mittelalterliche Süße.

Im Mittelalter diente zum Süßen vor allem der Honig, für den es in Europa noch bis ins 19. Jahrhundert hinein einen ausgedehnten Handel gab. Die orientalischen Gewürze, die den »mittelalterlichen« Geschmack der Lebkuchen ausmachen, wurden südlich der Donau und des Erzgebirges auch fürs Brot verwendet, etwa Kümmel, Fenchel, Anis und Koriander sowie Dill und Piment, erstere sogar bis auf den heutigen Tag.

Zu neuer Blüte angeregt wurde die süße Tradition des deutschen Südens erst durch den industriellen Aufschwung im 19. Jahrhundert und die Verbilligung des Zuckers. In der Schweiz entstand auf dem Boden der alten Lebküchnerei ein modernes Schokoladen- und Süßwarengewerbe. Und in der Österreich-

Ungarischen Monarchie mündete die süße Tradition in die berühmte böhmische Mehlspeisen-Küche, die auch Wiener Küche genannt wird.

Zucker war ab der zweiten Hälfte des 19. Jahrhunderts wohlfeil. Die großen Entdeckungen der Chemie und Physik, die die Tür zur industriellen Welt aufstießen, machten das einstige Luxusgut Zucker erschwinglich für jedermann. Verdarben sich in früheren Jahrhunderten nur wohlhabende Leute daran Zähne und Magen, so war Zucker im 19. Jahrhundert Volksnahrungsmittel geworden. Er gehörte zu den wenigen Nahrungsmitteln, deren Preis im Verlauf des letzten Jahrhunderts immer weiter sank.

Das wurde durch die heimische Rübenzuckerproduktion ermöglicht, die sich durch den Aufschwung in Landwirtschaft und Industrie entwickeln konnte. Bereits im 18. Jahrhundert ließ der preußische König Friedrich der Große nach Möglichkeiten für eine einheimische Zuckerproduktion aus der Runkelrübe suchen, die von Natur aus aber einen gewissen geringen Zuckergehalt aufweist. Der Monarch wollte, daß Preußen frei werde von Handelssperren und Einfuhrzöllen, die mal höher, mal niedriger die Zuckerimporte aus Übersee belasteten. Doch erst als Justus von Liebig den Kunstdünger erfunden hatte, die Bauern die Fruchtwechseltechnik aus England übernehmen konnten und in Frankreich die Züchtung einer besonders zuckerreichen Runkelrübe gelungen war, konnten Zuckerrüben überall auch auf weniger guten Böden angebaut werden. Daraufhin entstand Ende des 19. Jahrhunderts in Deutschland eine mächtige Zuckerindustrie.

Die hier in wenigen Sätzen geschilderte Entwicklung dauerte hundert Jahre und verwandelte Deutschland von einem Zuckereinfuhr- in ein Zuckerausfuhrland. Von da an ging der Zuckerverbrauch steil nach oben. Durchschnittlich verzehrten die Deutschen am Ende des 18. Jahrhunderts rund ein Kilogramm Zucker pro Person und Jahr. Das war fünfzigmal mehr als der mittelalterliche Mensch im 15. Jahrhundert verschleckte. Doch verglichen mit heute war die um 1800 verzehrte Zuckermenge nur ein Sechsunddreißigstel dessen, was wir, die Bewohner zwischen Stralsund und Berchtesgaden, im ausgehenden 20. Jahrhundert verbrauchen.

Kaffee und Zucker – Statussymbole der Bürger

Natürlich könnte man sagen, der Konsum stieg so hoch, weil der Zuckerpreis so weit sank und sich nun jeder Zucker leisten konnte. Doch das allein hätte selbst bei den größten Schleckermäulern nicht zu diesen gigantischen Zuckermengen geführt, die wir heute verzehren.

Wenn wir indes fragen: Warum war Zucker damals so begehrt, daß jedermann ihn so reichlich verzehren wollte? Dann kommen wir der Ursache unseres maßlosen Zuckerverzehrs eher auf die Spur.

Das Verlangen nach Zucker und süßem Kaffee war sehr groß, denn damit konnte man zeigen, daß man »wer ist«, sich etwas leisten kann und nicht »auf der Brennsuppen dahergeschwommen ist«, wie es in einer bayerischen Redensart heute noch heißt.

»Des Morgens gab's Kaffee«, erinnert sich ein Schneiderssohn aus Hinterpommern an seine Kindheit im letzten Jahrhundert: »Schlurk nannte meine Mutter das edle Getränk. ›Von 13 Bohnen 14 Tassen‹, meinte sie zuweilen in einem Anflug von wütendem Humor. Murrend warf mein Vater dann ein: ›Na, als Handwerker können wir doch nicht Mehlsuppe essen wie die Tagelöhner.‹ Natürlich würde die Reputation der ganzen Schneiderzunft darunter gelitten haben, wenn wir Mehlwasser anstatt Zichorienwasser genossen hätten!«[15]

Auch die Süßwaren erzeugten zu Beginn des vorigen Jahrhunderts ein starkes Verlangen nach Imitation vor allem bei der Mittel- und Unterschicht, denn reichlich mit Zucker gesüßte Speisen gehörten zu den wichtigsten Erkennungsmerkmalen vornehmer Tischsitten. »Süße Sachen waren in den ältesten Zeiten überall so sehr beliebt«, schreibt ein Chronist im Jahre 1805, »daß man fast die Güte und den Wohlgeschmack jeder Speise nach dem Grade ihrer Süßigkeit bestimmte.«[16] Zuckerwasser wird ein beliebtes Getränk und der saure deutsche Wein wird mit Zucker gesüßt. Fleischgerichte, Fisch- und Eierspeisen werden jetzt süß zubereitet oder mit süß-saurer Sahne übergossen.

Zuerst schwappte die süße Welle aus den Häusern der Wohlhabenden in die bürgerlichen Küchen und Speisezimmer. Doch im späten 19. und 20. Jahrhundert übernahmen auch die Industriearbeiter und die ländliche Bevölkerung »die entbehrten, als Attribute des Reichtums und des Vornehmseins angesehenen Süßspeisen«. Die Verbürgerlichung der neuen Arbeitermassen zeigte sich vor allem in Speisen und Eßsitten und führte dazu, daß der Zuckerkonsum um 1900 nochmals steil anstieg. Daran beteiligten sich, wie Arbeiterhaushaltsrechnungen zeigen, vor allem die Mittel- und Unterschichten. Während Zucker in bäuerlichen Haushalten noch lange ein sparsam verwendetes Gut blieb, wurde er für den Arbeiterhaushalt in mehrfacher Hinsicht wichtig.

Zucker ist vor allem ein hochkonzentrierter Energielieferant. »Da der wünschenswerten täglichen Kalorienzufuhr in Form von tierischem Eiweiß und Fett durch die Preise bestimmte Grenzen gesetzt waren, bot sich der hochwertige Kalorienträger Zucker als willkommener Ausgleich an.«[17] Mit Zucker ließ es sich sowohl auf angenehme als auch auf billige Art und Weise satt werden.

Überdies ist Zucker ein stimulierendes Genußmittel. Die Fabrikarbeiter im letzten Jahrhundert begrüßten in ihrem langen, monotonen Arbeitstag von zehn, zwölf und mehr Stunden süßen Zichorienkaffee und Gebäck als willkommene »Zeittöter«. Offenbar »hat das Süße eine dem Branntwein vergleichbare Funktion zu erfüllen«, schreibt ein Zeitzeuge.[18] Im Gegensatz zum Bauern verfügte der Arbeiter über bares Geld und konnte sich so Zucker und Süßwaren in größeren Mengen kaufen.

Fabrikarbeiter waren im letzten Viertel des vorigen Jahrhunderts nicht mehr Selbstversorger, sondern trugen ihren Lohn zum Krämerladen und kauften ein. Vordem besaßen auch in den Gewerbegebieten die Arbeiter noch ein Stückchen Land zum Anbau von Obst, Gemüse und Kartoffeln. »Erst mit dem Einzug in die großen Mietskasernen im Rahmen der Ost-West-Binnenwanderung nach 1880 begann das Geld eine dominierende Rolle beim täglichen Nahrungserwerb zu spielen.«[19] Während 1871 erst ein gutes Drittel der deutschen Gesamtbevölkerung in Städten lebte, waren es 1900 bereits mehr als die Hälfte. »Je mehr die Menschen aus ihrer tradtitionellen ländlichen Ernährungsweise gerissen wurden, desto mehr verstärkte sich der Zuckerkonsum.«[20]

Im Verlauf des vorigen Jahrhunderts, also zwischen 1800 und 1900, stieg der Zuckerverbrauch durchschnittlich pro Kopf der Bevölkerung von rund einem auf 14 Kilogramm im Jahr. Aus dem Moseltal wird um 1910 von Eisenbahner- und Eisengießerfamilien berichtet: »Sie aßen übersüßen Reisbrei und Puddings – die es im Bauernhaus dort nie gab – und andere Süßigkeiten.«[21]

Durch die Ausbreitung des Zuckers in alle soziale Schichten änderte sich die Stellung der Süßspeisen in der Mahlzeitenordnung. »Während die Süßspeisen zunächst auf festliche Gelegenheiten beschränkt waren, sanken sie danach bald in der Mahlzeitenskala hinab und wurden schließlich alltäglich.«[22] Der süße Nachtisch zum Beispiel war in der Zeit des Barock allein freudigen Festen vorbehalten, und die höfischen Köche verwendeten große Phantasie darauf. Im 19. und frühen 20. Jahrhundert war in keiner Familie ein Sonntagsmahl ohne süße Nachspeise mehr denkbar. Bald jedoch wurden Leckereien wie Milchreis, Apfelstrudel oder Dampfnudeln zu werktäglichen Mittagsgerichten.

Das bedeutete aber nicht etwa das Ende für den süßen Nachtisch. Vielmehr entstanden neue, feinere und festlichere Varianten. Da Zucker ein vielfältig verwendbarer Werkstoff ist, lassen sich immer wieder neue Süßspeisenvariationen erfinden. Süßspeisen verloren also, obwohl sie sich immer weiter ausbreiteten, nie ihren Reiz.

Auch als Würzmittel breitete sich der Zucker weiter aus. Als der mittelalterliche Adel im ersten, aus Italien importierten Zuckerluxus schwelgte, wurde nur jede siebte Suppe mit Zucker »gesalzen«. Gemäß den Kochbüchern, die indes zu Beginn des letzten Jahrhunderts geschrieben wurden, süßte man jetzt fast jede zweite Suppe. Der englische Kochpudding ist ein Beispiel für die zunehmende Beliebtheit der süßen Würze. So wurde im 19. und frühen 20. Jahrhundert der ursprünglich gesalzene Pudding, auch Serviettenkloß genannt, häufig gegessen. Heute ist diese Art Pudding nahezu unbekannt. Puddings kennen wir nur noch als Süßspeise.

Zucker zaubert neue Produkte

Im städtischen Leben weitete sich der Zuckerverzehr weiter aus. Erfrischungsgetränke kamen in Mode. Die kostbare Limonade, einst den höfischen Kreisen des Rokoko vorbehalten, wurde zum Allerweltsgetränk mit vielen Nachfolgern. Von Cola-Getränken zu Fruchtnektaren reicht heute die süße Limonadenpalette und macht zusammen mit den Likören rund ein Drittel des Zuckerverzehrs in Deutschland aus.

Damit nicht genug. Der Zucker wurde allmählich auch außerhalb von Tisch und Mahlzeit in anderen Lebensbereichen begehrt. Mit der Besuchsmahlzeit, die sich im letzten Jahrhundert entwickelte, bürgerte sich auch die Sitte ein, dem Gastgeber ein kleines Gastgeschenk, ein »Mitbringsel« zu überreichen. Süßigkeiten wie Pralinen und Schokolade werden seitdem neben Blumen am häufigsten verschenkt. Heute bieten Floristen Süßwaren bereits im Blumenladen an.

Süßigkeiten werden darüber hinaus zu Reisebegleitern oder kleinen Stärkungen bei Konzert- und Theaterbesuchen. Reisen, Spaziergänge, Theaterbesuche sind festliche Anlässe, die sich früher nur adlige Müßiggänger leisten konnten. »Dem Festlichen aber waren die Süßigkeiten seit je zugeordnet.« Als dann die Eisenbahnreise bei unseren Großeltern in breiteren Kreisen in Mode kam, boomte bereits die junge Süßwarenindustrie. Und die vornehme Sitte, auf Reisen Süßigkeiten zu vernaschen, wurde von allen Schichten übernommen und blieb erhalten bis auf den heutigen Tag, wie Bahnhofs- und Bahnsteigkioske und deren Kunden zeigen. Der Bedarf an Näschereien für unterwegs war geweckt und es entstanden zahlreiche praktische Formen. So wurde die Tafelschokolade geboren. Und aus dieser handlichen Ur-Form der Reisenäscherei gingen sie alle hervor, die süßen Riegel, Schnitten und Barren und vieles, vieles mehr.

Die standardisierten Produkte, die nun überall in immer gleicher Ausführung erhältlich waren, sowie die Reklame, mit der die Süßwarenindustrie im späten 19. Jahrhundert begann, trieben den Verzehr von Süßigkeiten rasch weiter in die Höhe. In den Jahren nach dem Ersten Weltkrieg, als die Menschen hungerten und weniger an exklusive Näschereien dachten, war der Zucker wieder willkommener Kalorienspender. Ein offenbar bis in die heutige Zeit hinein wirkender Werbespruch: »An Zucker sparen grundverkehrt – Der Körper braucht ihn, Zucker nährt«[23], prangte an den Litfaßsäulen der Weimarer Republik. Unsere Mütter und Großmütter, die diese Hungerjahre erlebt haben, verinnerlichten offenbar jene Werbeweisheit. Bei Hausputz oder großer Wäsche hatten sie immer ein paar Stückchen Würfelzucker in der Schürzentasche. Und viele ihrer Kinder und Enkelkinder glauben noch immer, daß besondere Anstrengungen, sei es am Arbeitsplatz, in der Schule oder im Sport, mit ein paar Stückchen Würfel- oder Traubenzucker besser zu bewältigen seien.

Der Zuckerverbrauch stieg auch nach dem Zweiten Weltkrieg weiter an. Die Werbung weitete sich aus durch Illustrierte und Fernsehen und »überdrehte die Neigung zum Süßen, soweit es ging«. Wer in der zweiten Hälfte dieses Jahrhunderts geboren wurde oder noch geboren werden wird, der bekommt den Eindruck, Süßwaren seien die selbstverständlichste Nahrung der Welt, wie Brot, Kartoffeln oder Äpfel. Wer Hunger verspürt und sich dieses drängenden Gefühls in der Magengegend rasch und unkompliziert entledigen will, der greift zu Keksen, Schokolade oder Müsliriegeln, zu Eis oder Kuchen und trinkt süßen Kaffee, Cola oder Limo.

Den meisten dieser eiligen Zwischendurchesser ist nicht klar, daß sie damit ihren Körper betrügen. Dem sich aufgeklärt gebenden Verbraucher des ausgehenden 20. Jahrhunderts ist darüberhinaus nicht bewußt, was er sich mit Bounty und Mars, Milky Way, Keksen, Eis und Cola in Wirklichkeit einverleibt. All diese süßen Dinge sind nichts anderes als barocke Schnörksel – ungesunde, von der Industrie ins Massenhafte gesteigerte Überbleibsel feudalen Prunks.

Eine gepuderte Perücke wollen wir zwar nicht mehr tragen, auch unseren Leib nicht mehr in ein Schnürmieder zwängen, auch möchten wir – außer vielleicht in Bayern – keinen König mehr haben, der unser Land regiert. Doch der barocken Zuckerbäckerei sind wir hörig wie Leibeigene dem Feudalherren. Wie wir damit Raubbau am Ökosystem unseres Körpers treiben, lesen Sie im nächsten Kapitel.

Doch die Zusammenhänge zwischen Zuckerverzehr und Gesundheit ist nur die eine Seite des modernen Zuckerschleckens. Der gigantische Zuckerverbrauch der Wohlstandsländer hat weltweite ökologische, soziale, wirtschaftliche und damit politische Auswirkungen. Wir Wohlstandsmenschen zerstören damit die Natur und die Lebensgrundlage der Menschen in der Dritten Welt (s. S. 239 ff).

Zucker oder Zähne? Das ist hier die Frage

Es gibt nichts, was die Menschen lieber erhalten möchten und weniger pflegen, als ihre Gesundheit.

JEAN DE LA BRUYÈRE (1645-1695)

Der Wohlstand schlägt auf die Zähne. Verstädterung und Verfall der Gebisse gehen Hand in Hand. Seit dem Beginn der Industrialisierung verfällt den Deutschen (und nicht nur diesen) das Gebiß in einem in der Geschichte noch nie dagewesenen Ausmaß. Waren schlechte Zähne in früheren Jahrhunderten ein »Privileg« der Vornehmen und Begüterten, so faulen seit dem letzten Jahrhundert die Zähne in den Mündern von Reichen und Armen, Gebildeten und Ungebildeten. Und schon im Alter von 30 Jahren lächeln viele Menschen mit Porzellan statt mit dem eigenen Zahnschmuck.

Zahnfäule, von den Zahnärzten auch Karies genannt, ist die am weitesten verbreitete Zivilisationskrankheit. Davon ist nahezu jeder Mensch in den zivilisierten Ländern befallen, stellte die Weltgesundheitsorganisation (WHO) fest. Deutschland gehört zu den Spitzenreitern. Bei den Kindern faulen bereits die Milchzähne. So hat jedes zweite dreijährige Kind und 90

Prozent der Schulanfänger mindestens einen faulen oder plombierten Zahn im Mund.

Schuld an der erschreckend schlechten Zahngesundheit ist unser Hang zum Feinen und Feinsten. Denn Karies hat etwas mit Kauen zu tun. Je mehr wir eine Speise kauen müssen, um so mehr Speichel entsteht. Speichel reinigt und schützt die Zähne, er ist unsere natürliche Zahnpasta.

Da aber Kauen bereits dem Steinzeitmenschen lästig wurde, begann der Verfall des menschlichen Gebisses nicht erst mit der Erfindung zuckersüßer und butterweicher Industriekost, sondern lange vorher. Genaugenommen ging es mit dem menschlichen Gebiß bergab, als der Mensch lernte, das Feuer zu beherrschen. Denn dadurch hörte die Schwerarbeit im Munde weitgehend auf. Jeder Müsli-Esser kennt die Beißmühe, die ihm etwa ein ungekochter, nur über Nacht eingeweichter Schrotbrei abverlangt. Tischgespräche sind bei dieser speicheltreibenden Tätigkeit kaum möglich. Statt dessen läßt sich der gleiche Brei gekocht auch von Zahnlosen verzehren.

Bei Nichtgebrauch verkümmern die Organe. Das lehrt uns die Biologie, und unser Blinddarm ist ein Beispiel dafür, wie weit es kommen kann. Heute erinnert dieses lächerliche Darmstückchen nur noch an einen der vielen Mägen, die unsere Verwandten, die grasfressenden Wiederkäuer, für ihre aufwendige Verdauungsarbeit benötigen. Auch unser Gebiß ist auf dem Rückzug. Es stammt aus einer Zeit, da es noch viel zu beißen gab – pflanzlich Grobes, Insektenpanzer, rohes Fleisch und Knochen, Fische mit Kopf und Gräten. Doch seitdem sind einige Millionen Jahre vergangen, und von den breiten Mahlkiefern und den kräftigen Kaumuskeln unserer höhlenbewohnenden Ahnen haben sich unsere zierlichen Kauwerkzeuge bereits weit entfernt.

Auf den Kieferknochen der Wohlstandsvölker geht es so eng zu, daß häufig Zähne aus Platzmangel gerissen werden müssen, weil sie sonst die anderen Zähne aus der Reihe drängen würden. Milchzähne haben somit auch eine Platzhalterfunktion für die bleibenden Zähne. Wird ein Milchzahn gezogen, kann er diese Aufgabe nicht mehr erfüllen und der später erst erscheinende bleibende Zahn bekommt Platzschwierigkeiten. Denn in die Lücke, die der Milchzahn hinterließ, haben sich die anderen Zähne geschoben.

Etwa bei jedem dritten Kind liegen behandlungsbedürftige Zahnstellungen vor. Nur ein Drittel aller deutschen Kinder haben regelmäßige Zähne. Und ein weiteres Drittel sind Grenzfälle: »Deren Zahn- und Kieferbefund zeigt teilweise ein tolerierbares Maß an Unregelmäßigkeiten.«[24]

Wenn sich die unteren und die oberen Zähne nicht mehr entsprechen, wird zum einen das Kauen erschwert und zum anderen entstehen Winkel und Nischen, die sich mit der Zahnbürste kaum oder gar nicht reinigen lassen. Damit ergeben sich hervorragende Brutstätten für Kariesbakterien.

Die Beherrschung des Feuers führte zur ersten Revolution in der Geschichte der menschlichen Ernährung. Durch das Erhitzen der Nahrungsmittel wurden nicht nur krankmachende Parasiten und Mikroben abgetötet, sondern die mit kleineren Kiefern geborenen Kinder waren nicht mehr im Nachteil. Sie verhungerten nicht mehr so leicht und blieben auch nicht wegen Unterernährung schwächlich und krankheitsanfällig, nur weil sie nicht genügend Beeren und Samen, Wurzeln und Fleischbrocken zermalmen und verschlingen konnten. Beim Gekochten konnten auch die Kinder mit kleineren Kiefern mithalten. Sie hatten eine Chance zu überleben und vererbten ihre zierlichen Kauwerkzeuge an die Nachkommen weiter – bis auf den heutigen Tag.

Ob die Entwicklung tatsächlich so verlaufen ist, läßt sich nicht eindeutig sagen. Da aber die Evolution, die durch erbliche Veränderungen und das Erhalten dieser Veränderungen durch Fortpflanzung vorangetrieben wird, in dieser Weise wirkt, erscheint zumindest sehr wahrscheinlich, daß es so oder ähnlich gewesen sein könnte.

Zahnweh – endlich auch für arme Leute

»Kindern, die viel Zucker und mit Zucker gesüßte Speisen genießen«, heißt es in einer Schrift aus dem Jahre 1772, »... frißt er die Zähne schon in der Jugend an... Man kann sich durch den Augenschein überzeugen, daß gemeine Leute und besonders Bauern ..., denen der Zucker eine fremde Sache ist, gemeiniglich nicht nur von Zahnschmerzen frey sind, sondern auch ihre gesunden und dem schönsten Alabaster gleichenden Zähne ein beneidenswerthes Ziel der Reichen zu seyn scheinen.«[25]

Erst mit der Industrialisierung brach die Einteilung der Welt in Menschen mit und ohne Zahnweh auseinander. Der Zucker revolutionierte im 19. Jahrhundert – wie früher einmal das Salz – unsere tägliche Nahrung von Grund auf. Die einstige Luxusspeise der *happy few*, der »wenigen Glücklichen«, wurde Volksnahrungsmittel – und damit die schlechten Zähne Allgemeingut.

Obwohl die Zahnbürste bereits um 1800 erfunden wurde, war sie längst nicht in aller Munde – selbst heute sollen neun Millionen Deutsche dieses Kulturgut noch nicht besitzen.[26] So waren die Zähne vieler Städter zu Beginn unseres Jahrhunderts in so schlechtem Zustand, daß sich junge Frauen vor der Hochzeit alle Zähne reißen und ein künstliches Gebiß anfertigen ließen, um auf dem Hochzeitsfoto mit schönen Zähnen lächeln zu können.

Weston Price, einen Zahnarzt aus Amerika, beunruhigte der rasche Verfall der Zähne seiner Landsleute, und er begab sich deshalb auf Reisen und untersuchte Anfang dieses Jahrhunderts die Zahngesundheit verschiedener Völker. Von archäologischen Funden wußte Price, daß menschliche Kieferknochen und Zähne sehr hart und widerstandsfähig beschaffen sind und Jahrtausende unbeschadet in der Erde überdauert haben. Er fragte sich, weshalb indes die Zähne im Mund, in ihrer natürlichen Umgebung, bereits bei Kindern zerstört sind. Entschlossen, dieser Frage auf den Grund zu gehen, sperrte er seine Praxis zu und reiste durch die Welt auf der Suche nach tadellosen Gebissen. Er schaute den Eskimos in den Mund, den Indianern in Kanada, verschiedenen Negerstämmen in Afrika, den Einwohnern Neuseelands und Australiens, und er stieg auch in der Schweiz in die entlegenen Alpentäler des Wallis hinauf. In den Aufzeichnungen des wißbegierigen Doktors findet sich immer wieder die gleiche Feststellung: »Solange die Urvölker ihren überlieferten Ernährungsgewohnheiten treu blieben, isoliert lebten, das Lebensnotwendige aus dem Fischfang, der Jagd, der Ernte wilder Früchte ... oder aus dem Ackerbau und der Viehzucht bezogen, hatten sie in allen Breitengraden wunderbare Zähne und eine bemerkenswerte Gesundheit.«[27] Sobald eine Straße die Siedlung erschloß, sobald Lebensmittelhändler und Bäcker sich niederließen verschlechterte sich die Zahngesundheit der Kinder. Die Kieferbögen waren im vorderen Teil eingeschrumpft und gaben dem Gesicht durch die spitz zulaufende Kieferpartie eine Dreiecksform. Diese Verschmälerung der Kiefer trat um so seltener auf je jünger die Straße und damit die Verbindung zu verfeinerten Nahrungsmitteln war.

Verfeinerte Nahrungsmittel sind vor allem weißmehl- und zuckerhaltige Speisen. Ein Rückblick auf die Zeit des Zweiten Weltkriegs, in der diese feinen und süßen Dinge rar waren, zeigt deutlich deren Einfluß auf die Zahngesundheit. In der Zeit der Lebensmittelmarken sank der Zuckerverzehr in Deutschland, und parallel dazu fanden die Zahnärzte weniger schlechte Zähne bei den Kindern.

Wie der Zucker Zahnschäden verursacht, konnte man lange nicht erklären. »Wenn man Zucker ... häufig genießt«, heißt es in einer Anstandsschrift aus Goethes Jugendzeit, »so kann er sehr schaden, denn er verdirbt die Zähne, macht sie schwarz und unterwirft dieselben dem Beinfraß.«[28]

William Cullen, ein berühmter englischer Arzt, fand schließlich eine Erklärung für diesen »Beinfraß«. Er schrieb 1773 in den ›Lectures on the Materia Medica‹ die Ursache für die zahnzerstörende Wirkung einer »geheimen Säure« des Zuckers zu.[29] Damit reichte der gelehrte Mann schon sehr nahe an die Wahrheit heran. Da Cullen aber hundert Jahre vor Louis Pasteur lebte und deshalb noch nichts von Bakterien wußte, schrieb er verständlicherweise die »geheime Säure« dem Zucker zu. Damit hat er nicht ganz recht, aber auch nicht ganz unrecht. Die »geheime Säure«, die in unsere Zähne Löcher ätzen kann – wenn sie zu lange einwirkt – stammt, wie wir heute wissen, nicht aus dem Zucker selbst, sondern von den Bakterien, den natürlichen Bewohnern unserer Mundhöhle, die den Zucker zu Säure vergären.

Zucker zwingt die Zähne raus

Auch wer die Zähne ganz sauber putzt und den Mund mit Mundwasser ausspült, hat nach etwa zwei Stunden wieder bakterienhaltige Beläge auf den Zähnen. Beim Essen fester Speisen, die einige Kauarbeit erfordern, entsteht so viel Speichel, daß die anfangs noch weichen Beläge weggespült werden. Das ist der Anti-Karies-Effekt grober Speisen.

Die Kauarbeit führt dazu, daß unsere drei großen Kopfspeicheldrüsen – die Ohrspeicheldrüse, Unterkieferspeicheldrüse und Unterzungenspeicheldrüse – eineinhalb Liter Speichel pro Tag produzieren. Das ist die Menge von zwei Flaschen Mineralwasser – mehr als mancher überhaupt am Tag an Flüssigkeit trinkt.[30]

Neben der Spülwirkung hat der Speichel noch einen weiteren zahnerhaltenden Effekt. Er ist ein Säurepuffer. Mit seinem neutralen bis basischen pH-Wert schützt er die Zähne vor Säureangriffen. Sinkt nämlich der pH-Wert unter 5,5, was durch den Verzehr saurer Früchte passieren kann, würde Kalzium und Phosphat aus dem Zahnschmelz herausgelaugt werden, wenn nicht der Speichel zu Hilfe käme und die Säure rasch neutralisierte und damit unschädlich machte. Bei unserer modernen Ernährung mit süßem Kaffee und Cola herrschen im Mund oft über den ganzen Tag hinweg gefährlich saure Verhältnisse.

Kuchen, Kekse, Pudding aber auch Semmeln und Weißbrot erfordern kaum Kauarbeit und erzeugen somit auch nur wenig Speichel im Mund. Und die süßen Häppchen hinterlassen zusätzlich noch Zuckerreste. Die kleben an den Zähnen und werden von den Bakterien hoch geschätzt. Denn Zucker verlangt auch von Bakterien nur wenig Verdauungsarbeit. Selbst Einzeller neigen zur Bequemlichkeit. Und Zuckerlutschen ist auch für Bakterien bequemer als grobe Molekülketten »aufknacken«, um an die Nährstoffe zu gelangen. Somit fressen sich die Bakterien in Gegenwart von Zucker dick und rund und vermehren sich rasch.

Wo viel gefressen wird, da wird auch viel ausgeschieden. Die Ausscheidungsprodukte der Bakterien bestehen aus Säuren, vor allem aus Milchsäure. Innerhalb von wenigen Minuten wandeln die Bakterien den Zucker in Säure um. Die wirkt nun auf den Zahn ein. Dabei löst sie Mineralien wie Kalzium aus dem Zahnschmelz. Der Schmelz wird weich und brüchig – wie die Fassade des Kölner Doms durch den sauren Regen – und verliert schließlich seine Widerstandsfähigkeit.

Bakterien sind zwar Einzeller, aber keine Einzelgänger. Sie leben immer in Massen. Gemeinsam knüpfen sie Netze aus

Zuckermolekülen. Diese Polysaccharidnetze ergeben auf den Zähnen spürbare Beläge, die der Zahnarzt *Plaques* nennt. Die werden immer dichter, je seltener sie durch starken Speichelfluß oder eine Zahnbürste zerstört werden. Unter dicken Belägen aber kann die Säure, die die Bakterien produzieren, durch den Speichel nur schlecht neutralisiert oder weggespült werden. Die säuerliche Umgebung wird von anderen Bakterien wiederum bevorzugt. Diese siedeln sich in den Maschen des Zuckernetzes an. Unter das mit Bakterien durchsetzte Netzwerk dringt dann nur noch wenig Sauerstoff hinein. Das begünstigt wiederum das Wachstum weiterer, nämlich sauerstoffscheuer Bakterien, die dort Unterschlupf suchen.

Wenn sich also nur selten eine Zahnbürste blicken läßt, das ist vor allem in den Zahnzwischenräumen der Fall, leben die verschiedenen Bakterienarten in schönster ökologischer Gemeinsamkeit: Die einen schaffen durch ihre Netze die Säure und den niedrigen Sauerstoffgehalt das Milieu für die anderen.

Bestimmte Bakterientypen dringen aber auch weiter vor, in die Tasche zwischen Zahn und Zahnfleisch. Dabei geht es allerdings nicht mehr so friedlich zu. Jetzt schlägt unser Immunsystem Alarm. Unsere körpereigene Abwehr gegen fremde Invasoren versucht die Bakterien am Vordringen zu hindern. Eine Waffe unseres Abwehrsystems ist die Entzündung. Es entsteht also eine Zahnfleischentzündung, von der wir aber in 90 Prozent der Fälle nichts merken. Denn die Entzündung verläuft meist schmerzlos.

Was wir dann allerdings spüren, ist die Tätigkeit der Bakterien im Kieferknochen. Lassen sich die Bakterien nicht abschütteln, dringen sie bis zum Kieferknochen vor und können den Halteapparat des betroffenen Zahnes zerstören. Der schmerzt nun, wird locker und muß schließlich gezogen werden. Karies und Erkrankungen im Halteapparat der Zähne haben somit eine gemeinsame Ursache, den Zucker.

Zucker schädigt die Zähne aber nicht nur von außen. Eine zuckerreiche Ernährung steht der Zahngesundheit auch von innen im Wege. Denn wer reichlich Süßigkeiten verzehrt, die arm an Mineralstoffen sind, laugt seine Zähne aus. Eine mineralstoffarme Ernährung kann deshalb wie eine Schwangerschaft die Zähne kosten.[31] Die dienen nämlich dem Körper bei Mangelsituationen gleichsam als »Steinbruch« für die Mineralstoff-Versorgung des Stoffwechsels.

Zu den kritischen Mineralien, mit denen wir schlecht versorgt sind, gehört das Kalzium. Unsere Ernährung, bei der die Nahrungsenergie zu 20 Prozent aus Zucker besteht, gewährleistet nicht immer eine ausreichende Mineralstoffzufuhr. Denn wo ein Körper ist, da kann kein zweiter sein, lernten wir schon im Physikunterricht. Ähnlich verhält es sich mit der Nahrung. Wer viel schleckt und seinen Hunger mit Süßigkeiten stillt, der hat nur noch wenig Appetit auf mineralstoffreiche Bohnensuppe oder ein Brot mit Schnittlauchquark. Der Zucker aber, auch der braune Zucker, ist praktisch frei von jeglichen Mineralstoffen.

Viele Mütter wissen leider erst aus schmerzlicher Erfahrung, daß sie dem Knochenaufbau ihres Kindes während der Schwangerschaft Zähne geopfert haben. »Jedes Kind ein Zahn«, sagt der Volksmund. Eine kalziumreiche Ernährung oder zusätzliche Kalziumtabletten hätten der werdenden Mutter den Zahnverlust ersparen können.

Hauptlieferanten für Kalzium sind vor allem Milchprodukte. Aber auch andere Lebensmittel wie weiße Bohnen, Karotten, Spinat, Lauch, getrocknete Feigen, Datteln, Walnüsse und Mandeln, aber auch Eier, Vollkornbrot und Oliven sind reichhaltige Kalziumlieferanten. Doch nur wenige Mütter wissen darüber Bescheid und achten deshalb weder auf eine ausreichende Kalziumversorgung bei sich selbst noch später bei ihren Kindern. Lediglich acht Prozent der Schwangeren werden von ihrem Frauenarzt über den gesteigerten Kalziumbedarf in der Schwangerschaft informiert. Zumindest jede Fünfte erfährt durch ihren Zahnarzt, daß eine Schwangerschaft in die Zähne gehen kann. Aber rund drei Viertel der werdenden Mütter in Deutschland bleiben diesbezüglich ahnungslos, wie sich durch eine Untersuchung an der Universitäts-Frauenklinik in Hamburg-Eppendorf herausstellte.[32]

Jeder kennt sicher Menschen, die Süßem nicht abgeneigt sind, die Zahnbürste nicht übermäßig strapazieren und dennoch mit prächtigen Zähnen lächeln. Hier zeigt sich, daß entweder eine gute erbliche Veranlagung für den Aufbau stabiler Zahnsubstanz vorliegt oder, daß der Betreffende von Anfang an, also seit der Kindheit, eine mineralstoffreiche Ernährung erhielt, die die Entwicklung fester Zähne und eines widerstandsfähigen Zahnschmelzes begünstigte. Und es ist dann wie beim Kochen: So lange die Substanz reicht, machen sich Schäden nicht bemerkbar.

Fluorid – ein Ersatz für Vernunft

Unser Zahnschmelz besteht zu 96 Prozent aus dem Mineral Hydroxylapatit, der Kalzium und Phosphat enthält. Dieses basische Phosphormineral, das auch in der Natur vorkommt und den Pflanzen als Phosphatlieferant dient, ist äußerst schwer löslich. Erst Verwitterungsvorgänge im Boden lösen den Apatit und machen das Phosphat für die Pflanzen zugänglich.

Der Hydroxylapatit in unserem Zahnschmelz bildet winzige Kristalle. Durch den Einfluß von Säure wird aus dem Apatitkristall Kalzium herausgelöst. Die Geschwindigkeit, mit der das geschieht, hängt unter anderem davon ab, ob das Kristallgitter Defekte aufweist oder Einschlüsse enthält. Fluorideinschlüsse zum Beispiel machen den Hydroxylapatit widerstandsfähiger gegenüber Säuren. Kalzium wird dann sehr viel langsamer herausgelöst. Das ist der Grund, weshalb heute viel über eine Trinkwasserfluoridierung geredet wird und die Zahnärzte raten, schon Kleinkindern Fluoridtabletten zu geben. Das Ziel dabei ist, daß sich die Fluoridionen gleich beim wachsenden Zahn in die Hydroxylapatit-Kristalle einbauen können.

Fluoridhaltige Zahnpasta und Mundwässer hingegen wirken nur äußerlich. Hier hemmt das Fluorid das Bakterienwachstum und vermindert damit die Säureproduktion. Darüber hinaus kann es auch, wenn es als organisches Aminfluorid in der Zahnpasta vorliegt, die Einlagerung von Kalzium in den Zahnschmelz – also die Remineralisierung – aus dem kalziumreichen Speichel begünstigen.[33] Das kommt einer Härtung des Zahnschmelzes gleich.

Fluor, das in der Natur nicht als giftiges Fluorgas, sondern immer nur als Fluoridsalz oder in Wasser gelöst als Fluoridion vorkommt, gehört zu den Spurenelementen, die der menschliche Organismus in geringen Mengen, also in Spuren benötigt. Es ist in der Natur weit verbreitet. Der Mensch nimmt jedoch, außer in fluoridreichen Gegenden, nur wenig Fluorid mit der Nahrung auf. Seefische, Getreideerzeugnisse, Innereien und schwarzer Tee sind unsere hauptsächlichen Fluoridlieferanten. Die aufgenommene Fluoridmenge reicht zwar für die Stoffwechselfunktionen, die das Fluorid in unserem Körper erfüllt, aus, nicht aber für eine zusätzliche Härtung des Zahnschmelzes. Dafür ist, so die Ansicht der Experten, ein Milligramm Fluorid am Tag notwendig. Unser Trinkwasser enthält davon, außer in vulkanischen Gegenden, meist nur ein Viertel.[34]

Auf den ersten Blick erscheint die Trinkwasserfluoridierung und die Anreicherung unserer Nahrung mit Fluorid, etwa durch fluoridhaltiges Speisesalz, bestechend. Das süße Betthupferl kann dann den Zähnen nicht mehr so viel anhaben, wenn vor allem die kindlichen Zähne durch Fluoridgaben von Anfang an das den Schmelz härtende Fluorid einbauen. Immerhin erzielte die Weltgesundheitsorganisation (WHO) mit der Trinkwasserfluoridierung bei der Bekämpfung der Karies gute Erfolge in verschiedenen Regionen der Erde.

Auch in Frankreich, wo es seit 1985 Speisesalz mit Fluorid zu kaufen gibt, ging durch die Verwendung dieses Salzes die Zahl der schlechten Zähne drastisch zurück: Innerhalb der Jahre zwischen 1987 und 1990 bei den Schulanfängern um die Hälfte, bei den Neunjährigen um ein Drittel und bei den 12jährigen um ein Viertel. »Diese Kinder haben somit alle Aussicht, ihr natürliches Gebiß während des ganzen Lebens zu bewahren«, steht in einer Informationsschrift des Arbeitskreises Zahnheilkunde zu lesen.[35] So schön sich diese Erfolgszahlen lesen, aber ein fluoridverstärkter Zahnschmelz leistet dem Zuckerverzehr eher weiter Vorschub, denn er wiegt uns in (falscher) Sicherheit – als seien nun Pudding, Kekse, Schokolade und süßes Ketchup bedenkenlos zu verzehren.

Tarnangriff auf die Zähne

Am schädlichsten für die Zähne wirken sich die süßen Schleckereien zwischendurch aus. Mehrere Untersuchungen haben ergeben, daß die Zahl der Löcher in den Zähnen eng mit der Zahl der süßen Zwischenmahlzeiten in Beziehung steht.[36] Süßigkeiten haften an den Zähnen und geben den Zucker nur langsam frei, wodurch ständig weitere Säure von den Bakterien produziert werden kann – der Säureangriff wird also durch klebrige Süßigkeiten verlängert.

Die zahnschädigende Wirkung der süßen Riegel kommt aber nicht allein vom normalen Zucker. Aus technischen und geschmacklichen Gründen enthalten viele Industriesüßigkeiten neben normalem Haushaltszucker, der Saccharase, noch Invertzucker. Den könnte man hinsichtlich der Kariesentwicklung als »Starter« bezeichnen.

Starter werden etwa bei der Käseherstellung verwendet. Dabei handelt es sich um einen kräftigen »Schuß« Bakterien, die die Käsereifung in Gang bringen sollen. Der Invertzucker in den süßen Riegeln begünstigt die Vermehrung der Kariesbakterien im Mund – die dann als Starter für die weitere Saccharasevergärung dienen. Während die Saccharase – ein Doppelmolekül, das aus Traubenzucker (Glukose) und Fruchtzucker (Fruktose) besteht – erst von den Kariesbakterien gespalten werden muß, bevor sie verzehrt werden kann, enthält der Invertzucker bereits die Spaltprodukte – also ein Gemisch aus Glukose und Fruktose. Beim Verzehr von Süßigkeiten, die dieses Gemisch enthalten, können sich die Kariesbakterien rascher vermehren, als wenn sie nur mit Saccharase gefüttert werden. Eine größere Bakterienzahl steht damit – ähnlich wie bei der Käse-Reifung – nun für die Vergärung der Saccharase bereit. Dadurch wirken Süßigkeiten, die zusätzlich Invertzucker enthalten, stärker zahnschädigend als Süßigkeiten, die nur mit Haushaltszucker gesüßt sind.[37]

Gegenüber den modernen High-Tech-Zuckern sind jedoch Zucker und Invertzucker altertümliche Requisiten aus der Gründerzeit der Zuckerindustrie. Der letzte Schrei der Zuckertechnologie stammt aus Mais, Weizen und Kartoffeln. Die schmecken zwar nicht süß, aber sie enthalten süße Bausteine, die sich chemisch oder biotechnologisch herauslösen lassen. Die Stärke von Mais, Weizen und Kartoffeln besteht – wie eine Perlenkette aus Perlen – aus lauter Traubenzuckermolekülen, die hintereinander aufgereiht sind. Mit starken Säuren oder moderner, mit stärkespaltenden Enzymen, die aus Bakterien oder Hefepilzen gewonnen werden, lassen sich die einzelnen Traubenzucker-Perlen, wie mit einer molekularen Schere, abschneiden. Es entsteht Glukosesirup. Paarweise getrennt wird daraus Malzzucker (Maltose). Vier oder fünf Traubenzucker-Perlen ergben das geschmacksneutrale Maltodextrin.

Auch Fruchtzucker (Fruktose), der gar nicht in der Stärke enthalten ist, läßt sich auf diese Weise gewinnen. Dafür gibt es ebenfalls ein Enzym, das wandelt Glukose in Fruktose um. Eine solcherart biotechnisch gewonnene Mischung aus Traubenzucker und Fruchtzucker wird HFCS abgekürzt, das von der englischen Bezeichnung *high fructose corn syrup* stammt.

Unsere Zähne werden durch alle diese technischen Zucker genauso geschädigt wie durch normalen Haushaltszucker, denn auch diese Zucker dienen den Kariesbakterien als Nahrung. Der Gesetzgeber aber hat diesen Tatbestand völlig außer acht gelassen. Kindertees gelten als zuckerfrei, wenn sie mit solcherart technischen Zuckern gesüßt sind! »Denn die Stärkezuckerarten dürfen allen Ernstes als ›zuckerfrei‹ deklariert werden. So will es das deutsche Lebensmittelrecht. Nach der Zuckerartenverordnung sind Glukosesirupe, Maltodextrine, Fruchtzucker, HFCS, Traubenzucker, Malzzucker und andere keine ›Zucker‹ im Sinne des Gesetzes – egal ob süß oder nicht.«[38]

Aufgelistet als Nahrungsmittelzusätze müssen sie jedoch sein, die Industriezucker. Wer das Kleingedruckte auf den Fertiggerichten der Industrie liest, entdeckt eine Menge Wörter mit der Endsilbe »-ose«. Das sind alles ausnahmslos Zucker. Doch diese Zucker sind in der Zuckerverzehr-Statistik gar nicht mit erfaßt, die damit unseren jährlichen Zuckerkonsum mit 36 Kilogramm pro Person viel zu niedrig angibt.

»Man kann sich zweifellos ganz ohne Zucker ernähren«, erklärte der Gießener Ernährungsforscher, Professor Claus Leitzmann, »aber das ist aus meiner Sicht gar nicht wichtig, daß man das dogmatisch macht. Man kann es, und viele praktizieren es auch. Die kaufen keine Süßigkeiten und keine Fertiggerichte, die viel Zucker enthalten. Es geht, ohne daß man da wahnsinnig leiden muß. Aber offensichtlich fällt es den meisten Menschen sehr schwer, sich den Verlockungen und der raffinierten Werbung sowie den Argumenten der Kinder und der Großmütter zu entziehen. Aber ich denke mir, wenn wir uns überlegen, daß der Zucker eigentlich ein relativ wertloses Nahrungsmittel ist, und wenn wir uns dann vornehmen, es zu reduzieren, dann tun wir schon einen ersten Schritt in die richtige Richtung. Ich bin fest davon überzeugt, daß man den Zuckerkonsum auf Anhieb um 50 Prozent reduzieren kann. Und das wäre doch schon was, wenn man das schaffte.«

Für unsere Kinder, die erfahrungsgemäß am statistisch ermittelten Zuckerkonsum der Bundesdeutschen von 36 Kilogramm pro Kopf und Jahr überdurchschnittlich beteiligt sind, und sicher ohne Übertreibung einen Zentner Zucker im Jahr verputzen, bedeutete der Leitzmannsche Vorschlag, daß nur noch ein halber Zentner Zucker auf ein Schleckermaul pro Jahr käme – immer noch mehr als es überhaupt schleppen kann.

Daß Kinder in der Tat mit weniger Zucker aufwachsen können, beweist die vierköpfige Kinderschar des Gießener Ernährungsforschers. »Bei unseren Kindern gab es hinsichtlich Zucker keine Schwierigkeiten«, sagte Frau Leitzmann. »Wir haben nie viel Süßigkeiten gekauft. Aber ich habe viel gebacken. Und da hab ich es dann so gemacht, daß ich nur die Hälfte Zucker genommen habe, wie im Rezept steht. Das hat wunderbar geklappt.« Kinder brauchen süße Zwischenmahlzeiten genausowenig wie Sportler die süßen Riegel.

Längst hat die Zucker- und Süßwarenindustrie erkannt, daß in der Bevölkerung ein Trend besteht, die Zuckerdose zum Fenster hinauszuwerfen. Flugs hängte sie sich den Schafspelz um und rief den »Informationskreis Mundhygiene und Ernährungsverhalten« (IME) ins Leben. Mit kreidefeiner Stimme mahnt sie zur Zahnpflege und verteilt kostenlos Zahnbürsten und Zahnpasta an Schulkinder. Negerküsse und Gummibärchen, süße Cola und Limonade seien gar nicht so schlimm, man müsse nur regelmäßig die Zähne putzen.

Zähneputzen ist aber keine Stärke der Deutschen, weder der großen noch der kleinen. Wenn man davon ausgeht, daß jeder beim Zähneputzen neben einer Bürste stets auch Zahnpasta verwendet, dann putzen sich die Deutschen im Jahr rund 300 mal die Zähne. Denn die Zahnpastahersteller verkauften im statistischen Durchschnitt jedem Bundesbürger (alte Bundesländer) viereinhalb Tuben Zahnpasta pro Jahr und das ergibt ganze 300 Putzaktionen.[39] Das ist weniger als einmal am Tag. Vom regelmäßigen Zähneputzen am Tag sind wir demnach noch weit entfernt. Schlechte Zahnpflege und hoher Zuckerverzehr ergeben in Deutschland eine Zahngesundheit, die weltweit eine der schlechtesten ist. Aber was soll's, schließlich leisten wir uns eine hochentwickelte Zahnmedizin. In puncto Zahnbehandlung stehen wir im internationalen Vergleich mit an der Spitze. Und weil wir es uns leisten können, sind Zähne und Zahnbürsten gerade von Kindern, die aus wohlhabenden Familien stammen, in beklagenswertem Zustand. Das stellte die Marburger Zahnmedizin-Professorin Lavinia Flores-de-Jacoby fest, die sich von ihren jungen Patienten deren Zahnbürsten schenken läßt und mittlerweile über eine reichhaltige Sammlung verfügt.[40] Schlechte Zähne bei Kindern und Zahnersatz bei Erwachsenen sind offensichtlich zu Markenzeichen des Wohlstands geworden.

Für dieses zweifelhafte Statussymbol geben wir, wie die erste Nationale Verzehrstudie (1991) ermittelte, im Jahr 16 Milliarden Mark aus. Das ist ein Fünftel dessen, was uns die ernährungsbedingten Krankheiten wie Übergewicht, Zuckerkrankheit, Leberzirrhose, Gallensteine oder Gicht insgesamt kosten. Somit schlägt nicht nur der Wohlstand auf die Zähne, sondern die Zähne – schlechte Zähne – schlagen auf den Wohlstand zurück.

Postmodernes Schlaraffenland

Postmoderne Nahrungsmittel beseitigen die traditionelle Einheit von Inhalt und Genuß sowie den Begriff der Nahrung.[1]

»Im Märzen der Bauer die Rößlein einspannt ...« – so nostalgisch und unaktuell wie dieses alte Kinderlied ist auch der Glaube, daß der Bauer unser Ernährer ist. Unser Ernährer, das ist die Nahrungsmittelindustrie. Aus der Industrie stammen rund drei Viertel unserer Nahrungsmittel. In den Vereinigten Staaten durchlaufen sogar 95 Prozent aller Speisen, bevor sie vom Menschen verzehrt werden, einen industriellen Prozeß. Sie werden gefärbt, aromaverstärkt, konserviert, bestrahlt, emulgiert, homogenisiert, geschwefelt, entfettet, vitaminisiert, mit Spurenelementen und Ballaststoffen angereichert, durch chemische Stabilisatoren und Dickungsmittel in der Form gehalten und vieles andere mehr, von dem wir Verbraucher keine Ahnung haben.

Der Mensch verzehrt den größten Teil seiner Nahrung »im Gegensatz zum Tier nicht so, wie sie die Natur liefert, sondern erst nach absichtlicher Veränderung ihres physikalischen und chemischen Zustandes, also nach Be- und Verarbeitung«, steht in einem Ernährungsbericht der Deutschen Gesellschaft für Ernährung zu lesen.[2]

Vorrangiges Ziel der Lebensmittelbe- und Verarbeitung war und ist es, Lebensmittel haltbar zu machen, wobei die Nahrungsmittelqualität erhalten bleiben soll, was durch verschiedene Verfahren erreicht werden kann. Kochen, Einsalzen, Dörren, Räuchern, Backen und Säuern waren jahrtausendelang die im Haushalt gebräuchlichen Konservierungstechniken. Das Haltbarmachen und Frischhalten von Nahrungsmitteln gehört somit wie das Kochen zu den ältesten menschlichen Kulturtechniken.

Im letzten Jahrhundert kamen neue Konservierunsverfahren hinzu, wie das Sterilisieren und Gefrieren. Das »Konserven-Zeitalter« begann. So entstanden etwa Sauerkrautfabriken an verschiedenen Orten in Deutschland, wo vordem die Leute selbst das Kraut mit den Füßen einstampften. Und für »die Frauen und Mädchen seiner Heimat ..., die den Herd verließen, um in den Fabriken zu arbeiten«, erfand der Schweizer Mühlenbesitzer Julius Maggi den »Maggi-Würfel« – ein aus Gemüse, Küchenkräutern und anderen Zutaten kochfertig abgepacktes Suppenmehl. »Wenn Frauen so lange arbeiten, müssen sie schnell kochen können«, dachte sich der Pionier der Fertiggerichte.[3] Im schwäbischen Heilbronn brachte Carl Heinrich Knorr »erstmals die Haferflocken in den Handel«.[4] Der »Knödelkönig« Eckart in München erfand für die Soldaten im Ersten Weltkrieg die Trockenkartoffel – von den Landsern verächtlich »Drahtverhau« genannt. Die verbesserte Version der Dörrkartoffel eroberte nach dem Krieg die deutsche Küche als Kartoffelpuffer mit den Namen »Pfanni«, der »aus der Pfanne, in der man die Puffer bäckt, und einem adretten Werbemädchen namens Fanni entstand«.

Geradezu unschuldig und naiv wirken diese Industrienahrungsmittel der Gründerzeit, verglichen mit den postmodernen Produkten einer High-Tech-Lebensmittelindustrie. Der geht es nicht mehr in erster Linie um das Haltbarmachen bei möglichst geringen Verlusten an Nährstoffen. »Heute geht es vorrangig um neue Produkte, die gezielt entwickelt werden, um größere Umsätze zu erreichen. Die ernährungsphysiologische Qualität tritt dabei in den Hintergrund«, erklärt der Ernährungswissenschaftler Claus Leitzmann von der Universität Gießen. An die 1500 Industrienahrungsmittel gelangen jährlich neu in die Regale und Tiefkühltruhen deutscher Supermärkte. Die meisten dieser Neuheiten verschwinden rasch wieder und werden durch neuere Neuheiten ersetzt. Denn die Lebensmittelindustrie schaut dem

Verbrauchervolk »aufs Maul« und erkennt sofort, was es ißt und trinkt. Was sich in den Regalen und Truhen umschlägt, das also, was der Kunde kauft, wird nachgeliefert. Ladenhüter haben kein langes Leben, ihre Produktion wird eingestellt.

Für die Erforschung des Marktes – also unserer Kaufgelüste – gibt die Nahrungsmittelindustrie im Vergleich zu anderen Industriezweigen, wie etwa Kosmetik-, Waschmittel- oder Autoindustrie, sehr viel mehr Geld aus. »Obwohl es sich bei den direkten Kunden der Nahrungsmittelhersteller um Wiederverkäufer und Großhändler handelt, bestimmt das Geschäft der Endverbraucher. Dessen Wünsche, Bedürfnisse und Vorstellungen darf der Hersteller keinesfalls ignorieren«, schreibt der englische Marketing Direktor Colin S. Gutteridge.[5]

»Oh, schau mal. Hast du die schon probiert?« Hinter mir unterhalten sich zwei Frauen, während ich vor der Käsetheke eines Supermarktes in der Warteschlange stehe, und bewundern das neu arrangierte Angebot an Salatsaucen im warmtonbeleuchteten Regal. »Probieren Sie unsere Salatdressings«, steht einladend darüber. Die Aufkleber auf den Flaschen mit dem weißen, gelben oder rosaroten Inhalt lassen in der Tat köstliche Genüsse erahnen. »Ich nehme am liebsten ›Sahnedressing light, für Schlankheitsbewußte‹«, erklärte kundig eine der Frauen. »Zu Hause kann ich das Gepansche mit Öl und Essig sowieso nicht leiden. Einmal ist meinem Mann die Sauce zu sauer, dann hab ich zu wenig Salz reingegeben und überhaupt, solche leckeren Kräuter wie da drin sind, die habe ich doch nie zu Hause, höchstens im Sommer mal Schnittlauch oder Dill.«

»Fertigsaucen sparen Zeit, sie sind von Meisterköchen abgeschmeckt und dazu noch gesund, weil sie ›leicht‹, also kalorienarm sind, was will man mehr«, denkt sich die Kundin und läßt ein Fläschchen »Salatdressing light« in den Einkaufswagen gleiten. Ein Fläschchen mehr, das dem Hersteller signalisiert: Dein Produkt ist gut. Liefere es wieder.

Weil Fett in Verruf geraten ist, dick zu machen, lassen sich »magere« Produkte besser verkaufen. Was tun die Lebensmittelingenieure? Sie ersetzten einen Teil des Öls durch *Maltodextrin*, einen Fettersatzstoff. Maltodextrin ist ein industriell aus Stärke gewonnener Zucker, der hat zwar nur halb so viele Kalorien wie Öl, aber er ahmt das Mundgefühl des Öls täuschend nach und läßt die Sauce sämig erscheinen. Der Käufer aber kommt vom Regen in die Traufe. Er ahnt nicht, daß er mit dem Fettersatz Maltodextrin seinen Kariesbakterien neue Zuckernahrung liefert, obwohl er doch der Meinung war, nichts Süßes zu essen. Tückischerweise produzieren die Mundbakterien bereits Säure, wenn wir den Zucker noch gar nicht herausschmecken.[6] Das verschweigt der Hersteller wohlweislich. Oder es bekümmert ihn nicht. Nahrungsmittelhersteller produzieren für den Markt, nicht für die Gesundheit der Menschen. Und wenn die Leute das Zeug kaufen, sind sie selbst schuld. Würden die Verbraucher von heute an nur noch naturbelassenes Salatöl aus den Regalen nehmen und alles andere stehen lassen, die raffinierten Öle und abgemagerten Salatdressings würden sofort vom Markt verschwinden.

Ob es sich bei solcherart veränderten Eßwaren noch um Nahrungsmittel handelt, wäre von Juristen zu entscheiden. Aber bislang gibt es noch keinen Lebensmittelrichter analog dem Verkehrsrichter. Vorerst kräht kein Hahn danach, ob Nahrungsmittel noch Nahrungsmittel sind, solange die Paragraphen des Lebensmittelgesetzes nicht verletzt werden. Und die werden dabei nicht verletzt. Nach unserem Lebensmittelgesetz ist zunächst jeder Zusatzstoff, wie etwa das Maltodextrin, bei Lebensmitteln grundsätzlich verboten. Das ist die Ausgangslage. Erst wenn nach meist jahrelangen Prüfverfahren, wie sie auch für die Zulassung von Medikamenten notwendig sind, der Nachweis erbracht wird, daß der Zusatzstoff unbedenklich für die menschliche Gesundheit ist – ein Fremdstoff bleibt er dabei allemal –, darf er Nahrungsmitteln beigegeben werden. Wir können also ziemlich sicher sein, daß keine direkt gesundheitsschädlichen Stoffe in unsere Nahrung gelangen.

Aber ob unsere Nahrungsmittel nach derartigen Manipulationen auch noch Lebensmittel sind, die uns die zum Leben notwenigen Substanzen zuführen, darüber wacht niemand. Hier muß der Verbraucher selbst entscheiden, ob er sich lieber vom Althergebrachten oder den neuen Kreationen der *Food Industrie*, wie sich die Nahrungsmittelbranche international nennt, ernähren will.

Die Designer-Speise passend zum Designer-Möbel

Seit es Technikern und Ingenieuren gelungen ist, Lebensmittel in ihre Einzelteile zu zerlegen, reizt die Herausforderung, die Einzelteile neu zu kombinieren, einige wegzulassen und andere hinzuzufügen. Nährstoffe, Geschmack- und Duftstoffe sowie die Substanzen, die für ein behagliches Mundgefühl verantwortlich sind, werden mit allerlei chemischen Zusatzstoffen zu neuen *Food Products* – wie die postmodernen Nahrungsmittel heißen – kombiniert.

Fettersatzstoffe wie Maltodextrin und das auf die Zulassung in Deutschland harrende *Simplesse*, das bereits in den Vereinigten Staaten Salatsaucen, Margarine und Speiseeis mager, sprich »light« macht, gehören zum Handwerkszeug moderner Lebensmittelingenieure. Mit Fettersatzstoffen, künstlichen Süßungsmitteln, Füllstoffen und Essenzen, Farb- und Aromastoffen, Geschmacksverstärkern, Emulgatoren, Stabilisatoren, mit Säureregulatoren, Verdickungs- und Konservierungsmitteln konstruieren heute Lebensmittelingenieure, Verfahrenstechniker und Versuchsköche ingenieurmäßig Pommes frites und Kartoffelchips, Schokoriegel, Cremeschnitten, Fruchtjoghurt oder Käseersatz für die Tiefkühlpizza. Denn wie heißt es in der Werbung einer Nahrungsmittelfirma: »*We do not just make flavours, we engineer them.*« Was soviel heißt wie: »Wir machen nicht einfach Geschmack, wir konstruieren ihn.«

Hohe Ingenieurkunst ist auch das alkoholfreie Bier. Und so verwundert es nicht, daß die Münchener Paulaner-Thomas-Brauerei in einem Werbetext für ihren alkoholfreien Gerstensaft vorschlägt: »... er sollte einen Platz im Deutschen Museum erhalten«[7], dem größten und berühmtesten Technikermuseum der Welt.

Food-Engineering heißt das neue Zauberwort der Nahrungsmittelindustrie. Es scheint auf Lebensmitteltechniker und -chemiker gleichermaßen faszinierend zu wirken, wie das *Genetic-Engineering* in den 80er Jahren auf Molekularbiologen und Biochemiker. Im Gegensatz zu den Geningenieuren bleiben die Food-Ingenieure indes unter sich und drängen mit Details nicht an die Öffentlichkeit. »Klammheimlich hat sich die neue Disziplin im Zusammenspiel der Lebensmittelspezialisten etabliert. Vom Brauer bis zum Zuckertechnologen reicht die Palette der beteiligten Berufe. Versuchsköche, Verfahrenstechniker, Verpackungsingenieure und Marketingstrategen wirken daran mit, unsere Ernährung zu revolutionieren.«[8]

Der Verbraucher, der sowieso in Essensdingen eher konservativ reagiert, soll lieber glauben, es sei alles noch gute alte Handwerksarbeit, wie von Muttern, was er da in Schachteln und Bechern, Flaschen und Gläsern zum Verzehr nach Hause trägt. Damit der Eindruck vom Altbewährten gewahrt bleibt, erhalten dann die Töpfchen mit der Leberpastete noch ein Häubchen aus kariertem Stoff über den Vakuumverschluß. »Nach Großmutters Art« steht darunter zu lesen.

Bis in die 70er Jahre stellten Lebensmittelfirmen ihre Ware in der Tat noch nach den Regeln handwerklicher Kunst her. Backwaren wurden von Bäckern und Konditoren gebacken,

Metzger wursteten und bereiteten Schinken. Käser kästen und stellten Butter, Joghurt und Quark her.

Der Absatz aber ließ sich mit diesen altertümlichen Lebensmitteln nicht steigern. Denn der Verbraucher kann nicht mehr essen, als bis er satt ist, und darin verhält er sich, wie schon gesagt, äußerst traditionsgebunden. Neuheiten, die den Umsatz heben sollten, blieben in den Regalen liegen. Von rund 1000 neu entwickelten Nahrungsmittelvarianten, die in den 70er Jahren bei uns in Läden und Supermärkten auftauchten, erzielten gerade zwei Prozent einen annehmbaren Verkaufserfolg. Der Markt für Nahrungsmittel schien im buchstäblichen Sinne gesättigt zu sein.

Wie aber verkauft man einem satten Kunden einen zusätzlichen Liter Milch? Vor dieser Frage standen die Unternehmen, die im Konkurrenzkampf nicht nur überleben, sondern auch wachsen und gedeihen wollten. Die Antwort war »durch Werbung und Marketing«. Werbung aber kostet Geld. Doch dieses Geld ließe sich erwirtschaften, wenn die Produktion rationalisiert und damit Kosten gespart würden. Gedacht, getan.

Die traditionelle Herstellungspraxis wurde in den 70er Jahren von Nahrungsmittelherstellern mehr und mehr verlassen, weil sie zu personal- und damit kostenintensiv war. Nach und nach gingen alle Bereiche, die Molkerei-, Käse- und Speiseeisindustrie, die Suppen- und Saucenindustrie, die Hersteller von Senioren- und Babykost sowie Obst-, Gemüse- und Fruchtsafthersteller und nicht zuletzt die Fertiggerichte-, Tiefkühlkost- und Konservenproduzenten dazu über, Lebensmittel großtechnisch herzustellen. Das eingesparte Geld wurde nun für Werbung und Vermarktung neuer Fabrikate verwendet.

Bei Milch und Milchprodukten kann der Verbraucher im Laden diesen Wandel am deutlichsten sehen. Die Milchprodukt-Kühltheken sind in den meisten Supermärkten zweigeteilt. Hier die traditionellen Dinge, wie etwa Milch, Butter, Quark,

Käse und Rahm. Dort die Neuheiten, bei denen es angebracht ist, die Lesebrille mitzunehmen, damit man das – glücklicherweise vom Gesetzgeber vorgeschriebene – Kleingedruckte erkennen kann. Da steht bunt und einladend ein »Sahnepudding mit Vanillegeschmack« mit den Zutaten: Sahne, Zucker, modifizierte Stärke, Magermilchpulver, färbende Frucht- und Pflanzenextrakte, natürliche und naturidentische Aromastoffe sowie Verdickungsmittel. Daneben steht ein »fettarmer Joghurt mild« mit Fruchtzubereitung, natürlichen und naturidentischen Aromastoffen, Zucker, modifizierter Stärke und Speisegelatine; außerdem sind noch Gersten-, Hafer- und Weizenkörner drin, die ihm das Image der vielbeschworenen Vollwertigkeit verleihen sollen.

Bis zur Erfindung dieser industriellen Milchspeisen hat die Molkereizunft einen harten Existenzkampf hinter sich gebracht. Er begann in den 60er Jahren, als die Bundesbürger »ihre« Milch nicht mehr trinken wollten. An die 400 Molkereien gaben damals in den alten Bundesländern auf. Einige wenige überlebten und schluckten die anderen, weil sie sich aufs »Veredeln« verlegten, wie das industrielle Milchpantschen umschrieben wird. Durch Zusätze wie Haushaltszucker, Industriezucker aus Stärke, Fruchtmus, Gelatine, Bindemittel und chemische Aromastoffe, die der Chemiker der Natur nachempfindet, werden Milchprodukte wie etwa Dickmilch und Joghurt auch für langjährige Milchmuffel attraktiv. Was Butter, Milch und Käse nicht schafften, nämlich den Umsatz der Molkereien zu heben, das gelang den industriell gefertigten süßen Nachspeisen. Nach dem Motto: Omas Süßspeise ist tot, es lebe das Industriedessert.

Die Investition in neue Produkte und die intensive Lebensmittelwerbung haben sich gelohnt. Denn die Neuheiten treffen seit den 80er Jahren auf ein kaufbereites Publikum. Hat sich doch der Lebensstandard in breiten Schichten gehoben. Man kann sich etwas leisten. Ja, und man will sich sogar etwas Besonderes leisten. Schließlich, und überhaupt, arbeiten wir ja hart. Die Supermärkte sind vollgestopft mit Lebensmitteln und die meisten Käufer sind heute in einer glücklichen Lage und müssen sich nicht fragen: Kann ich mir das leisten? Es drückt sie eher die Frage: Was esse ich heute?

Indem die Werbung schlummernde Wünsche wachkitzelt, begann sich in den 80er Jahren eine Spirale zu drehen, die durch Hersteller und Käufer gleichermaßen in Bewegung gehalten wird. Der Käufer ist zwar satt, doch er greift zu neuen Nahrungsmittel-Kreationen, wenn ihm die Werbung neue Reize verspricht. Geben wir es doch zu, wir kaufen den neuen Skidress auch nicht, weil der alte abgewirtschaftet ist, sondern weil die neuen Farben und Schnitte uns reizen. Was den Bekleidungsherstellern, Ski- und Sportartikelfabrikanten recht ist, sollte den Nahrungsmittelherstellern billig sein, dachte sich die Branche. Und sie liefert nicht nur Produkte nach, die gut gehen, sondern stimuliert die Kauflust der Kunden durch neue Variationen. Kein Sattwerden, keine Langeweile sollen aufkommen und schon gar nicht der Wunsch, sich bei der Konkurrenz zu bedienen.

Wenn ich auf den Markt gehe, wird mir bewußt,
wie viele Dinge es gibt, die ich nicht brauche.

SOKRATES

Von der Gottesgabe, die Lebensmittel noch für unsere Eltern und Großeltern waren, haben wir uns weit entfernt. Lebensmittel sind zu einer Ware wie jede andere geworden. *Food*, so der Fachterminus für alles Eßbare, wird wie *Non-Food* neben Socken, Toilettenartikeln und Waschmitteln gehandelt. Das ist möglich, weil Nahrungsmittel fest verpackt und haltbar gemacht sind und durch den Zusatz von Stabilisatoren und Emulgatoren nicht in ihre Einzelteile zerfallen und unansehnlich werden.

»Das Bedürfnis nach Natürlichkeit wird zum Werbegag. Und neue Trends wie die ›Light‹-Manie der letzten Jahre bringen immer mehr Produkte und noch mehr Müll hervor.«[9] Dazu geht es auf unseren Straßen immer enger zu, weil die neuen transportstabilen Nahrungsmittel nicht mehr am Ort der Produktion verspeist werden, sondern erst auf der Autobahn spazierengefahren werden müssen. Denn nach postmoderner massendemokratischer Überzeugung ist das Leben erst lebenswert, »wenn man in 87719 Mindelheim Oken-Kiwi-Maracuja-Frucht-Joghurt aus 45470 Mühlheim und in 45470 Mühlheim Lünebest-Kiwi-Maracuja-Frucht-Joghurt aus 21337 Lüneburg und dafür wieder in 21337 Lüneburg Zott-Kiwi-Maracuja-Frucht-Joghurt aus 87719 Mindelheim ...« essen kann.[10]

Dietrich Paul, niederbayerischer Kabarettist, rät deshalb eiligen Autofahrern zur Geduld: »Also, liebe Autofahrerin und lieber Autofahrer, wenn Sie wieder einmal hinter zwei Elefanten (Lastzügen, Anm. der Autorin) hängen: nicht hupen! Könnt' ja auch Ihr Kiwi-Maracuja-Frucht-Joghurt sein. Und der überholende Brummifahrer ist kein Hindernis, sondern ein Held – das kriechende Mahnmal einer hyperdynamischen Konsumgesellschaft.«[11]

In der Werbung werden die neuen Nahrungsmittelkreationen so angepriesen, als handle es sich nicht um Essen, sondern um Dinge, die wie Kaugummi und Zigaretten zwar ein Verhalten auslösen, aber nicht lebensnotwendig sind. Auf diese Weise lassen sich jährlich zweistellige Umsatzsteigerungen erzielen. Das gelang nicht mit den archaischen Lebensmitteln wie Milch, Butter und Käse, wie viele Molkereien erfahren mußten, auch die Firma Müllermilch in Aretsried, im bayerischen Schwaben. Wer an dieser Molkerei und anderen überlebenden Molkerei-Dinosauriern vorbeikommt, denkt nicht an Milch, sondern eher an eine Erdölraffinierie. »Als Theo Müller, der heutige Besitzer, den Betrieb 1970 von seinem Vater übernahm, machte der mit vier Mitarbeitern 1,5 Millionen Mark Umsatz ... Theo Müller verbannte Milch, Butter und Käse – die klassischen Molkereiprodukte – aus dem Programm und setzte statt dessen, wie andere erfolgreiche Firmen auch, auf supermarktgängige Desserts mit neuen Rezepturen.«[12]

Beim Schöpfungsakt solcher Desserts, Fitness-Cocktails und Schokoladenpuddings ist der Molkereimeister durchaus einem Modeschöpfer vergleichbar. Was der eine mit Wolle und Kashmir, Seide und Leinen kreiert – hier einen Ärmel extravagant aufbauscht, den Kragen mal ganz wegläßt oder den Rock zu einem Nierenschutz verkürzt –, womit er zu jeder Saison erneut die Kauflust der Kunden anstachelt, das macht der andere mit Molke, Milcheiweiß, sogenannter Fruchtzubereitung – die aus den Abfällen der Saftindustrie stammt – Frucht-Zucker oder Süßstoffen und einigen gekonnten Griffen in das Regal mit den chemischen Zusätzen. Bei so viel Kreativität ist der Lebensmitteltechniker längst zum *Food-Designer* avanciert, der Nahrungsmittel nach des Kunden Wünschen – der Marktakzeptanz – gestaltet. Zum Designermöbel nun passend die Designerspeise.

Und was wünscht sich der Kunde, zum Beispiel wenn er Durst verspürt? Marktanalysen fanden es heraus: Am meisten gelüstet es die Deutschen bei innerlicher Trockenheit nach Kaffee, Orangensaft, Mineralwasser oder Milch. Warum nicht einen Cocktail aus allen Komponenten, um eine möglichst breite Käuferschicht für den Durstlöscher zu interessieren? »Die Aretsrieder wählten als Grundstock für ihr Produkt zunächst 10 Prozent Milch. Statt Mineralwasser aber nahmen sie normales Wasser und peppten es mit Mineralien und Spurenelementen auf. Kaffee gaben sie in Form von purem Coffein dazu, Orangensaft als Konzentrat. Mit Traubenzucker, der sofort ins Blut geht, powerten sie ihre Kreation zum ›Energietonicum‹. Um Kalorien abzuspecken, verwendeten sie zwei

Süßstoffe: Acesulfam und Aspartam. Mit Zitronensäure steigerten sie die Haltbarkeit. Dazu packten sie eine komplette Tagesdosis Vitamin A, C und E hinein. Den Geschmack korrigierten sie mit einer Palette naturidentischer Aromastoffe.«[13] Das Ergebnis war ›R'activ‹, ein Produkt, das inzwischen gut verkauft wird, die Flasche zu 99 Pfennigen im Supermarkt.

Nun gibt es kein Oben und kein Unten, kein Vorne und kein Hinten mehr, die einfachen und letzten Elemente der Erkenntnis, des Seins oder der Logik befinden sich alle auf der selben flachen Ebene und warten auf den großen Transformator und Kombinator. ... was nun als Eigenschaft gilt, wird nicht durch das innere Wesen des Dinges, sondern durch vorübergehende und ständig wechselnde Beziehungen oder Funktionen bestimmt.

PANAJOTIS KONDYLIS[14]

Phantasiegetränke wie »R'activ« sind noch leicht zu gestalten. Kniffliger wird es schon, wenn das kreierte Produkt spürbare Echtheit aufweisen muß, etwa weil das Nahrungsmittel in natürlicher Form jedem bekannt ist und der Geschmack gleichsam auf der Zunge liegt, oder weil es den Konsumenten von Kindheit an vertraut ist, wie etwa die Erdbeere im Erdbeerjoghurt. Doch das sei nicht so schlimm, denn der Grad der Echtheit ließe sich leicht messen, steht in der Fachzeitschrift ›Food Ingredients‹ zu lesen.[15]

Man müsse nur den Testpersonen zu verstehen geben, daß sich unter den vorgelegten Testspeisen nahezu perfekte Imitationen befänden. In Wirklichkeit sind alle Testspeisen Industrieprodukte, die nur geschmacklich variieren. Die Testpersonen solle man beauftragen, den Joghurt mit den echten Erdbeeren – der aber gar nicht dabei ist – herauszuschmecken. Dabei zeige sich, so das Blatt, daß manche der Kunstprodukte »echter« schmeckten als andere.

Somit erfährt der Hersteller, welches Aroma, welche Textur

und welches Mundgefühl der Verbraucher mit der Vorstellung von echten Erdbeeren verbindet. Mit solch einem Trick gelingt es, die Verbrauchervorstellung von einem Lebensmittel in chemische und physikalische Eigenschaften zu übersetzen, die jederzeit, unabhängig von Erntezeit und Sonnenschein, mit Hilfe der Technik und den Fläschchen aus dem Chemikalienschrank nachvollziehbar sind.

Der Hersteller produziert somit den Joghurt mit dem besten Erdbeer-Look, der besten Erdbeerillusion. Einiges darüber erfahren wir von der Zutatenliste, zu deren Entzifferung es angebracht ist, die Lesebrille mitzunehmen. Da finden wir als erstes Zucker, der am reichlichsten vertreten ist, oftmals stehen auch noch sogenannte technische Zucker aufgelistet wie Glukosesirup oder HFCS, was im Food-Deutsch »high glucose corn sirup« heißt. Es folgen modifizierte Stärke, Gelatine, natürliche und naturidentische Aromastoffe und die Fruchtzubereitung. Was sich hinter dem Phantasiewort »Fruchtzubereitung« verbirgt, braucht indes nicht mehr angegeben zu werden, denn es handelt sich hier bereits um ein fertiges Produkt. Ganz ähnlich bei der Tiefkühlpizza: Ob der Käse echt oder technisch »designed« ist oder die Gewürze in der Salami bestrahlt wurden, erfährt der Supermarktkunde nicht.

Die Fruchtzubereitung aber hat es in sich oder besser gesagt, hat kaum noch etwas in sich. Denn was im Mund die Illusion von frischen Früchten weckt, stammt aus den Preßrückständen, sprich Abfällen, der Fruchtsafthersteller. Da das strohige Zeug nicht nur trocken ist, sondern auch nach nichts mehr schmeckt, wird es mit Wasser, Zucker, Zitronensäure, Farb- und Aromastoffen aufgepeppt. Und ein paar echte Erdbeeren runden den Geschmack ab. Dann kommt der große Schöpfungsakt, auf den die Lebensmittelchemiker sehr stolz sind. Mit Hilfe von weiterer Zitronensäure, Kalziumphosphat und einem Dickungsmittel aus Algen verwandeln sich die aufgemischten Fruchtabfälle in knackige Fruchtstückchen. Jeder Wirtschaftsminister in Kriegszeiten wäre froh gewesen um diese Kunst, aus Abfällen und Algengelatine Früchte zu imitieren. Aber diese Erfindung wurde nicht aus der Not, sondern im schieren Überfluß geboren, um die Bequemlichkeit einer satten Bevölkerung zu bedienen.

An die 320 verschiedene Substanzen sind es, die in einer reif geernteten Erdbeere jenes unvergleichliche Aroma entstehen lassen. Lebensmittelchemiker haben indes festgestellt, daß bereits ein paar wenige hervorstechende Substanzen ausreichen, um uns die Geschmacksempfindung »Erdbeere« vorzugaukeln. Wollte man das Erdbeeraroma, das die deutsche Lebensmittelindustrie für Erdbeerjoghurt, Erdbeereis, Erdbeersahnetorte, Erdbeerdesserts und -cremes benötigt, aus Erdbeeren gewinnen, so reichte die gesamte Erdbeerernte dieser Welt nicht dafür aus.

Derart großtechnische Spielereien sind aber nur erste Fingerübungen für die Nahrungsmittel, die ins nächste Jahrtausend weisen. Diese postmodernen Kreationen sind nicht etwa eine Art Astronautennahrung. Es handelt sich dabei vielmehr um neuartige Lebensmittel, die aus Rohstoffen bestehen, die bislang in der menschlichen Ernährung nicht vorkommen oder die auf unkonventionelle Weise hergestellt oder von Chemikern synthetisiert werden. Die Fachleute in der Nahrungsmittelbranche sprechen von *Novel Food* und bekommen dabei glänzende Augen. *Novel Food* hat aber nichts mit *Nouvelle Cuisine* zu tun. Die wurde uns noch von Köchen serviert. *Novel Food* »bruzzeln« Ingenieure, Techniker, Biotechnologen und Genchirurgen. Die versuchen die Eigenschaften von Lebensmitteln so zu verändern, daß sie den Wünschen der Wohlstandsbürger im ausgehenden 20. Jahrhundert entsprechen. Die wollen essen, aber nicht dick werden.

Was Light-Fett mit Rhizinusöl gemeinsam hat

Unser gestiegener Lebensstandard und die damit einhergehende Neigung des Verbrauchers, sich etwas Ausgefallenes, etwas Besonderes zu leisten, wirkten also wie ein frischer Wind auf die Nahrungsmittelindustrie. Die schlaffen Segel ihres Handelsschiffes blähten sich und trieben es aus dem ruhigen Wasser heraus, in dem es bis Anfang der 80er Jahre dümpelte.

Eine weitere günstige Brise gesellte sich hinzu. Die Menschen in den Industrieländern sind cholesterinbewußt geworden. »Do you know your number?« ist seit einigen Jahren in den Vereinigten Staaten, zwischen New York und San Francisco ein geflügeltes Wort. Es heißt so viel wie: »Kennen Sie Ihren Cholesterinwert?« Auch in Deutschland fahren bereits mobile Cholesterinmeßstationen durchs Land, damit die Menschen erfahren, wie es um ihr Cholesterin im Blut steht. Fast jeder zweite Deutsche weist Cholesterinwerte auf, die – nach dem derzeitigen Stand der medizinischen Forschung – gefährlich erhöht sind. Denn die Betreffenden tragen damit ein erhebliches Krankheitsrisiko.

Daß Dicke häufiger als Dünne an Gicht und Gallensteinen, Bluthochdruck und Zuckerkrankheit leiden und viele Übergewichtige bereits vor dem 50sten Lebensjahr an Arteriosklerose sterben – jeder fünfte mit einem Übergewicht von zehn Kilo und jeder zweite mit einem Übergewicht von zwanzig Kilo-, hat sich auch bis in die Chefetagen der Nahrungsmittelkonzerne herumgesprochen. Was schließen kluge Manager daraus? Sie schließen messerscharf, daß diese Bauchlage der Nation neue Nahrungsbedürfnisse weckt – also neue Märkte schafft.

»Wir reden seit Jahren und sagen, daß die Menschen zu viel Fett essen und zu viel Nahrungsenergie aufnehmen«, erklärte Professor Klaus Paulus, Mitglied des Präsidiums der Deutschen Gesellschaft für Ernährung, auf einem Seminar, das die

DGE zur Information über neuartige Lebensmittel veranstaltete. »Wenn man das so lang hört, wird sich ein innovatives Unternehmen überlegen, wie kann ich das, was man immer predigt, in die Tat umsetzen. So begann der Trend etwa zu den Fett-Ersatzstoffen.«

Wie gierig der satte Wohlstandsbürger nach kalorienreduzierten Nahrungsmitteln greift, belegt die jährliche zweistellige Umsatzsteigerung der Süßstoffhersteller. Im Nährstoffgehalt veränderte Nahrungsmittel machen heute bereits rund acht Prozent aller Lebensmittel aus. Davon entfällt mehr als die Hälfte auf Imitate altbekannter Nahrungsmittel, die in ihrem Fett- oder Zuckergehalt reduziert sind, dem Verbraucher die Vorstellung von einem sorglosen Essen und Trinken vermitteln und ihm die ständige Angst vorm Dickwerden nehmen. Dazu gehören etwa süßstoffgesüßte Limonaden und Säfte, aber auch fettarme Margarine und Butter, leichte Salatsaucen, Speiseeis, Cremes und süße Desserts, die mit Süßstoff und kalorienarmen Fett-Ersatzstoffen hergestellt werden.

Fett-Ersatzstoffe, die heute zur Herstellung von Lebensmitteln verwendet werden, beruhen auf dem Prinzip, daß durch Zusatz von Geliermitteln der Wasser- oder Luftgehalt der Speisen erhöht wird. Dabei kann der Fettanteil gesenkt und die Kalorienzahl halbiert werden, ohne daß – etwa beim sommerlichen Eisnachtisch – die cremige Konsistenz verlorengeht, die der Eisschlecker so liebt. Solcherart Fettersatz steht fest auf dem Boden traditioneller Kochkunst. Unsere Großmütter schon erfanden – aus der Not geboren – die mit Speisestärke und Wasser »gestreckte Mayonnaise« oder die »einfache Buttercreme«, die mit Pudding verlängert wurde, wenn kein hoher Besuch angesagt war und die Familie unter sich blieb.

Für die großtechnische Herstellung von fettarmer Buttercreme und Mayonnaise und anderen fetthaltigen Lebensmitteln taugen Großmutters Rezepte allerdings nicht mehr. In den

Kochtöpfen der Industrie herrschen härtere Bedingungen. Hohe Temperaturen, starke Scherkräfte, Einfrieren und Auftauen, Säuren und Enzyme müssen die Lebensmittel unbeschadet überstehen. Diese technischen Anforderungen führten – vor allem in den Vereinigten Staaten – zur Entwicklung robuster Fett-Ersatzstoffe entweder auf der Basis von Stärke oder einer Mischung aus Milch- und Hühnereiweiß.

So werden die amerikanischen Kunstfett-Kreationen wie *Maltrin* aus Maisstärke, *Paselli SA* aus Kartoffelstärke, *N-Oil* aus Tapiokastärke und *Nutrifat C* aus einer Mischung aus verschiedenen Stärkespaltprodukten hergestellt. Für den Fett-Ersatzstoff *Simplesse*, der bald auch in Deutschland von den zuständigen Behörden für Speiseeis und Mayonnaise zugelassen werden dürfte, sowie für die Kunstfette *Trailblazer* und *Nutrifat PC* werden Milch- und Hühnereiweiß oder Molkeeiweiß verwendet. Der Trick bei diesen Fett-Ersatzstoffen auf Eiweißbasis ist ein Verfahren, das »Mikropartikulation« heißt. Dabei werden aus dem Eiweiß winzige Kügelchen geformt, die man auf der Zunge nicht einzeln wahrnehmen kann. Da sich die Kügelchen aber geschmeidig gegeneinander verschieben, erzeugen sie im Mund einen sahnig-cremigen Eindruck. Auch das Fett in Milch und Sahne liegt in Form winziger Kügelchen vor. Kuchenfüllungen und Saucen, Salatöle, Käserezepte, Brotaufstriche, Eisbecher und verschiedene Milchdesserts lassen sich – so die Hersteller – mit Fettersatz kalorienreduziert herstellen. Kalorienmäßig zu Buche schlagen beim eiweißhaltigen Kunstfett pro Gramm nicht neun Kilokalorien wie beim natürlichen Fett, sondern nur vier. Und die Fett-Ersatzstoffe auf Stärkebasis liefern – wegen des hohen Wasser- oder Luftanteils – sogar nur zwei Kilokalorien pro Gramm Kunstfett.

Allen diesen Kunstfetten, sowohl denen, die auf Eiweiß- als auch denen, die auf Stärkebasis hergestellt werden, haftet ein entscheidender Nachteil an: Sie lassen sich nicht hoch erhitzen. Sie eignen sich also nicht zum Backen, Braten und Fritieren. Novel-Food-Technologen der amerikanischen Firma Procter und Gamble kreierten daraufhin ein Kunstfett aus einem widerstandsfähigen, aber vollkommen unverdaulichen Saccharase-Polyester. Pate stand bei dieser Kreation als natürliches Vorbild das hitzestabile Jojobaöl, ein Wachs. Unter dem Namen *Olestra* wartet der neue Fett-Ersatzstoff in den Vereinigten Staaten auf die Zulassung durch die Nahrungsmittelbehörde. *Olestra* läßt sich hoch erhitzen, und die Herstellerfirma würde es deshalb gern zu 75 Prozent mit Bratfett mischen und den Fast-Food-Restaurants verkaufen. Außerdem ahmt *Olestra* das Gefühl, das sahnig-buttrig-cremige Speisen auf der Zunge erzeugen, am besten von allen Fett-Ersatzstoffen nach. Doch auf die menschlichen Verdauungsorgane wirkt es wie Rhizinusöl.

Weil das widerstandsfähige Öl nicht nur von den Darmbakterien verschmäht wird, sondern auch von den Mikroorganismen im Boden nicht abgebaut werden kann, bedeutet die Verwendung von *Olestra* in der Küche Umweltprobleme. Der damit belastete menschliche Stuhl müßte, nach herkömmlichen Richtlinien, als Sondermüll entsorgt werden.

Schlemmen mit Nahrungsillusionen

Damit Gesundheit, so werben die Hersteller und glauben die Verbraucher, geradezu trink- und löffelbar wird, werden Designer-Nahrungsmittel mit besonders aktuellen Nährstoffen aufgepeppt. So ist etwa jedes dritte Industrienahrungsmittel mit Vitaminen oder Ballaststoffen, wie Zellulose und Weizenkleie angereichert. Solcherart substituierte Speisen machen ein Drittel der modernen, im Nährstoffgehalt veränderten Nahrungsmittel aus.

Bestimmten bei der traditionellen Nahrungsmittel-Herstellung Genußqualität und Preis die Produktion, so heißt die derzeitige Strategie, nach der Nahrungsmittel produziert werden, »Veredelung« durch Änderung des Nährstoffgehalts.[16] Bonbons und Fruchtsäfte werden mit Vitaminen oder Mineralstoffen angereichert. Cola und Limonade präsentieren sich süßstoffleicht und das Bier verliert seine berauschende Potenz. Milch und Käse werden abgesahnt, schlichter Joghurt mit Müsliflocken zum Fitneßsnack »gepowert«. Kuchen aus Weißmehl, dessen Ballaststoffe bei der Herstellung entzogen wurden, wird nun mit Weizenkleie, Zellulose oder Faserstoffen aus Sojabohnen zum »Vollwertkuchen« umfrisiert. Eis und Buttercremetorte wird mit Fettersatz abgemagert.

Der Anteil solcher Imitate am gesamten Lebensmittelsektor nimmt rasch zu. Die Experten schätzen, daß bald jedes fünfte Lebensmittel in seinem Nährstoffgehalt von Menschenhand neu »gestylt« sein werde.

Entscheidend bei der Produktion von Illusionen ist, daß das Imitat genauso schmecken muß wie das gewohnte Original. Die mit Süßstoff gesüßte »Cola light« schmeckt aber anders als ihre zuckersüße Schwester. Denn Zucker ist nicht einfach nur süß, er erfüllt vielmehr eine Reihe anderer Aufgaben in Speisen und Getränken. Zucker gibt den Getränken Körper und ein angenehmes Mundgefühl.

In der Tat vermag Zucker Saures oder Bitteres auszugleichen. Er intensiviert oder ergänzt andere Geschmacksstoffe und rundet den Geschmack einer Speise ab. Zucker entwickelt beim Karamelisieren selbst Geschmackstoffe. Die Konsistenz von Speiseeis, die Klebrigkeit von Bonbons oder das Gelee in Marmeladen und Konfitüren entsteht durch den Zucker. Ein einziger Inhaltsstoff – Zucker – ist in der Lage verschiedenste Texturen zu erzeugen.

Darüberhinaus ist die Zuckersüße unser Maß für alles Süße und alle künstlichen Süßstoffe. Zucker ist das billigste Süßungsmittel überhaupt. Er löst sich vollständig, kann in verschiedenen attraktiven Formen auf den Tisch gestellt werden – als Kristallzucker, Puderzucker oder Würfelzucker. Reiner weißer Zucker verfärbt keine Speisen und hinterläßt keinen Nachgeschmack. Als brauner Zucker liefert er zusätzliches Aroma etwa in Tee und Kaffee.

Zucker läßt sich lange lagern, auch bei Raumtemperatur, ohne irgendwelchen Schaden zu nehmen. Er ist nicht giftig und leicht in größter Reinheit herzustellen. Zucker hat außerdem noch konservierende Wirkung. Er macht Marmelade haltbar, denn sein osmotischer Effekt reduziert den Wassergehalt, so daß schädliche Bakterien oder Schimmelpilze nicht wachsen können. In Fruchtjoghurts und anderen fruchthaltigen Süßspeisen ist es der Zucker, der die Struktur der Früchte erhält. Ohne ihn wäre das Fruchtmus nur noch strukturloser Matsch.

Ohne Zucker gäbe es nur mittelalterliche Flachkuchen. Das Konditorgewerbe hat sich um die Eigenschaften des Zuckers herum entwickelt. Zucker gibt Kuchen und Keksen Textur, und seine Löslichkeit und die Fähigkeit, Wasser selbst bei Raumtemperatur zu binden, machten sie angenehm mürbe. Er hält den Teig frisch und feucht und liefert den Hefepilzen Nahrung, die den Teig aufgehen lassen. Erst der Zucker verleiht dem Gebäck Farbe und eine appetitlich duftende Kruste.

Dieses Loblied auf die süßen weißen Kristalle stammt nicht etwa aus einer Werbeschrift der Zuckerindustrie. Sondern ganz im Gegenteil von der Konkurrenz, aus einer Zeitschrift des internationalen Süßstoff-Verbandes, dem ›Sweetner update‹.[17]

Süßstoffhersteller blicken neidisch auf die universellen Eigenschaften des Zuckers, die sie nachahmen müssen, wollen sie den Zucker ersetzen. Sie sehen sich deshalb vor einer riesigen Herausforderung. Denn den riesigen Absatzmarkt, den das vermeintliche Gesundheits- und Schlankheitsbewußtsein der Verbraucher garantiert, möchten sie sich erobern. Der Wohlstandsbürger will zwar weniger Kalorien zu sich nehmen, aber andererseits nicht auf die gewohnten Speisen und Getränke verzichten – auf süßen Kaffee und Cola, auf Kuchen, Eis und Marmeladenbrötchen.

Den Zucker einfach durch Süßstoff zu ersetzen ist, wegen der oben genannten Vorzüge des Zuckers, nicht möglich. Seine Fähigkeit, neben dem süßen Geschmack auch Textur, Volumen und ein angenehmes Mundgefühl, sowohl bei festen als auch bei flüssigen Speisen, zu erzeugen, macht es notwendig, nach chemischen Füllstoffen zu suchen, die den Körper, den Zucker erzeugt, ersetzen können.

Der Konsumentenwunsch, kalorienfrei süßen zu können, belebt nicht nur die Süßstoffindustrie. Hand in Hand mit der Entwicklung von Süßstoffen, vor allem seit es den hitzestabilen und somit zum Kuchenbacken verwendbaren Süßstoff *Acesulfam* von Hoechst gibt, steigt der Bedarf an Füllstoffen. Denn nur gemeinsam mit einem geeigneten Füllstoff können Süßstoffe den Zucker etwa in Backwerk ersetzen. Aber auch Getränke gewinnen Körper, ein besseres Trinkgefühl, wenn der fehlende Zucker nicht nur durch Süßstoff mit Wasser, sondern mit einem zusätzlichen Füllstoff ersetzt wird.

Im Tandem werden Süßstoffe und Füllstoffe in verschiedenen Teilen der Nahrungsmittelindustrie vordringen und klassische Nahrungsmittel »light« machen – im Bereich Backwaren und bei der Herstellung von Frühstücks-Getreideflocken, für die Herstellung von konfektionierten Süßigkeiten, für die Zubereitung von Speiseeis und Desserts aus Milchprodukten und natürlich in der Produktion von Fertiggerichten.

Wer Süßstoff sagt, meint Süßstoff plus Füllstoff. Süßen mit Süßstoff wird also immer mit zusätzlichen künstlichen Füllstoffen einhergehen. Damit aber nimmt die Chemie in unseren

Nahrungsmitteln weiter zu. Und so essen wir bald mehr Fremdstoffe als Nährstoffe.

In den Forschungslabors der Füllstoffhersteller haben alle heiße Ohren. Denn außer dem Füllstoff der Firma Pfizer, der *Polydextrose*, gibt es nichts Brauchbares, das mit dem expandierenden Süßstoffmarkt mithalten könnte. 1973 stieg die Polydextrose aus der Retorte und erhielt nach sieben Jahren, 1981, die Marktzulassung von der amerikanischen Gesundheitsbehörde FDA und wurde bald darauf auch von verschiedenen europäischen Ländern zugelassen. Die Firma Krafft (daher kommen die Krafft's Scheibletten) zog lediglich 1990 mit einer auf Käse abgestimmten Version der Polydextrose nach.

Alle bisher benutzten Füllstoffe in der Lebensmittelindustrie sind dem Zucker verwandte Moleküle. Etwa der dem Fruchtzucker entstammende Mannit oder der von Stärke abgeleitete Sorbit. Alle diese Zuckeralkohole schmecken süß und liefern nach ihrem Abbau im Darm auch Kalorien. Viermal so viel wie Polydextrose.

An der Entwicklung neuer kalorienfreier Füllstoffe arbeiten weltweit viele Firmen. Vielversprechend und am besten geeignet, die Bedürfnisse der Nahrungsmittelhersteller zu befriedigen, scheinen drei chemische Molekültypen zu sein: Polymere natürlicher Zucker, wie das Beta-Glucan-Oligomer der Firma Novo-Nordisk, spiegelbildliche Formen natürlicher Zuckermoleküle, wie die D-Tagatose von der Firma Biospherics und synthetische Polymere wie das Polyalkylen-Oxid-Polymer der Firma Dow. Doch bis wir uns diese Stoffe einverleiben dürfen, wird das Jahrtausend zu Ende gehen, prophezeien die Experten. Schwierige technische Hindernisse gilt es noch zu überwinden, und dann steht da noch der sich über Jahre hinziehende Zulassungsprozeß der Gesundheitsbehörde. Bis dahin steht allein Polydextrose zur Verfügung für kalorienarme süße Snacks und Fertiggerichte.

Polydextrose ist ein stark verzweigtes, aber dennoch wasserlösliches Riesenmolekül, das aus verzweigten Ketten aus Traubenzuckermolekülen aufgebaut ist. Der Chemiker nennt den Traubenzucker auch Glucose oder Dextrose. Polydextrose entsteht im Labor bei hoher Temperatur und in Anwesenheit von Katalysatoren. Die vielen Verzweigungen, die manchmal auch über Kreuz laufen, stellen die menschlichen Verdauungsorgane vor eine schwierige Aufgabe. Sie können mit diesem künstlichen Zucker-Molekül nichts anfangen. Und so geht die Polydextrose fast unverdaut durch den menschlichen Darm und nimmt auch alle Kalorien, die in den Traubenzucker-Molekülen stecken, wieder mit.

Fast alle. Denn den Darmbakterien gelingt es doch, die Polydextrose zumindest »anzuknabbern«. Bei der bakteriellen Verdauung entstehen flüchtige Fettsäuren, die über die Darmwand ins Blut und von da in die Leber gelangen, wo sie weiter verstoffwechselt werden. Pro Gramm Polydextrose entsteht somit rund eine Kilokalorie. Einzeln, also in unverzweigter Form, würde ein Gramm Traubenzucker rund vier Kilokalorien liefern. Mit Polydextrose im Tandem mit Süßstoff läßt sich also der Gehalt an Nahrungsenergie in Süßspeisen auf ein Viertel reduzieren. Dabei behindert die sperrige Verzweigung der Polydextrose nach Angabe der Hersteller zwar die Verdauungsenzyme, doch angeblich verhindert sie die Aufnahme von Vitaminen, Aminosäuren und anderen lebensnotwendigen Nahrungsbestandteilen nicht.

Allerdings gibt es ein Limit für die Verträglichkeit. Beim Verzehr von mehr als 90 Gramm Polydextrose am Tag streikt der Darm. Deshalb muß in den Vereinigten Staaten auf allen Produkten, die mehr als 15 Gramm Polydextrose enthalten, der Verbraucher vor einem möglichen Durchfall gewarnt werden. Sehr wahrscheinlich werden alle die noch in der Entwicklung befindlichen Füllstoffe mit diesem Nachteil behaftet sein. Es liegt offenbar in der Natur eines wasserlöslichen Füllstoffes, daß er, wenn er unverdaut in den Dickdarm gelangt, dort stark aufquillt und den Darm veranlaßt, viel Wasser abzugeben. Ein Prinzip, das man sich bei der Herstellung von Abführmitteln zu Nutze macht. Das läuft dem normalen Verdauungsvorgang entgegen. Denn im Dickdarm wird dem Darminhalt normalerweise Wasser entzogen.

In den Vereinigten Staaten ist Polydextrose für die Verwendung in Backwaren, Kaugummi, Keksen und Bonbons, für Salatsaucen, Gelatine und Puddings sowie für Tiefkühldesserts bereits zugelassen.

Postmoderne Landwirtschaft

Dergleichen Schwierigkeiten, wie sie durch künstliche, also synthetische Nahrungsmittel verursacht werden, dürften bei einer weiteren Sorte neuartiger Lebensmittel weniger vorkommen: bei den genetisch veränderten, meist gentechnisch hergestellten. Dabei handelt es sich stets um Tiere, Pflanzen oder Mikroben oder um Teile davon – also um Nahrungsbestandteile, die dem menschlichen Organismus meist vertraut sind. Statt durch langwierige züchterische Kreuzung werden sie im Schnellverfahren durch molekularbiologische Kreuzung – also gentechnisch – erzeugt.

»Die Gentechnologie ist die konsequente Fortentwicklung der klassischen Biotechnologie, an deren Anfang die Bier- und Weinherstellung, aber auch die Tier- und Pflanzenzüchtung steht«, erklärte Professor Klaus Jany, Leiter des Molekularbiologischen Zentrums an der Bundesanstalt für Ernährung in Karlsruhe. Eine beliebige Kombination von Genen läßt sich mit der Gentechnologie jedoch schneller erreichen als auf dem klassichen Weg der Kreuzung.

Durch molekularbiologische Kreuzung entstandene Organismen werden heute außer im medizinischen Bereich (z.B. zur Insulin-Herstellung) vor allem auf dem Agrar- und Lebensmittelsektor verwendet. So produzieren etwa gentechnisch veränderte Mikroorganismen mit großer Genauigkeit und hoher Ausbeute bestimmte Enzyme, Hormone oder Vitamine. Ein großer Gewinn für die Käseherstellung ist zum Beispiel die Kefirhefe (*Klyveromyces lactis*), der ein Kälbergen eingekreuzt wurde – das Gen für das Labenzym, das im Kälbermagen für die Milchgerinnung verantwortlich ist. Von alters her gewinnen Menschen für die Herstellung von Schnittkäse wie Emmentaler das Lab aus dem Verdauungssaft des Kälbermagens. Allerdings werden für den ständig wachsenden Käsehunger der Wohlstandsländer bald alle Milchkälber der Welt nicht mehr ausreichen, das notwendige Lab zu liefern. Das Lab der Kefirhefe – das Chymosin – ist frei von jeglichen Beimischungen, die den Käse-Reifungsprozeß beeinflussen können. Allerdings enthält es in geringem Maße Mikrobeneiweiß, das bislang im Käse nicht vorkommt.

Käsehersteller in verschiedenen europäischen Ländern, in den Vereinigten Staaten und Australien verwenden bereits das Mikroben-Chymosin für die Hartkäseherstellung. Mit den zuständigen Behörden in Deutschland und Frankreich jedoch verhandeln die niederländischen Chymosinhersteller noch immer – seit 1984. Rechtsunsicherheiten hinsichtlich gentechnischer Verfahren bedingen den schleppenden Fortgang der Verhandlungen. Darüber hinaus hat der Begriff »Gentechnik« in Deutschland einen schlechten Ruf. Der Mann auf der Straße wie der in den entscheidungsfindenden Behörden denkt – überspitzt formuliert – bei Gentechnik an Kälber mit zwei Köpfen und Monster, die aus dem Labor entweichen. Doch dafür braucht man nicht die Gentechnik zu bemühen. Monster aus Menschenhand weilen längst unter uns und gehören sogar zu den beliebtesten Nahrungsmitteln der Deutschen in West und Ost: Das Portionshähnchen oder Broiler ist eine solche züchterische Perversion. Würde das armselige Vieh nicht im zarten Alter von weniger als 40 Tagen geschlachtet, entwickelte es sich wegen seiner »Schnell-Wachs-Gene« zu einem außerhalb des menschlichen Schutzes nicht mehr lebensfähigen Monster.

Jenseits des großen Teiches unterscheidet die Ernährungsbehörde nicht zwischen züchterischem und molekularbiologischem Kreuzungsergebnis. Die amerikanische *Food and Drug Administration* (FDA) verabschiedete im Sommer 1992 die lang erwartete Erklärung dazu. Demnach erhalten gentechnisch veränderte Nahrungsmittel keinen Sonderstatus, sondern sollen künftig vor dem Gesetz genauso wie jedes andere Nahrungsmittel behandelt werden.

Eines der ersten molekularbiologisch »gezüchteten« Lebensmittel, das in die amerikanischen Supermärkte gelangte, ist die »Flavr-Savr«-Tomate – eine genchirurgisch »gestylte« Tomate, die reif geerntet werden kann und dennoch nicht gleich matschig wird. Handelsübliche Tomaten – wer stellt das nicht immer wieder fest – schmecken nicht mehr so wie früher. Der Grund: Weil sie lange Frachtwege überstehen müssen, werden die Tomaten grün gepflückt und reifen später nach, häufig werden sie dazu mit Äthylen begast. Bioingenieuren der Firma Calgene in Kalifornien ist es gelungen, das Tomaten-Gen zu bremsen, das für das Enzym Polygalakturonase verantwortlich ist. Polygalakturonase verursacht das Weichwerden reifer Tomaten. Das Gen wurde herausgeschnitten und spiegelverkehrt wieder eingepflanzt, wodurch es fast vollständig wirkungslos wurde.[18]

»Flavr-Savr«-Tomaten vererben das spiegelverkehrte Gen an ihre Nachkommen weiter, und so erhält man Tomaten, die erst gepflückt zu werden brauchen, wenn sie knallrot und schmackhaft sind. Denn sie bleiben mindestens 14 Tage unverändert frisch, lange genug für den Transport bis zum Kunden. Die für uns wichtigen Inhaltsstoffe bauen sich jedoch in dieser Zeit weiter ab.

In Europa jedoch dauern die Debatten über Für und Wider gentechnisch erzeugter Lebensmittel noch an. Wie die jetzige Version des Brüsseler Arbeitspapieres erkennen läßt, müssen wahrscheinlich künftig alle neuartigen – also auch gentechnisch hergestellte – Tomaten und andere Lebensmittel bei der EG-Kommission angemeldet beziehungsweise zugelassen werden. Gentechnische Veränderungen an Lebensmitteln beunruhigen die Menschen offenbar stärker als chemische Manipulationen, durch welche unsere Nahrung teilweise bereits ihre Eigenschaften, ein Lebensmittel zu sein, verliert. »Das Deprimierende an dieser Entwicklung ist nicht die Brutalität, mit der die Hersteller derartige Ersatznahrung auf uns loslassen, sondern die Bereitwilligkeit, mit der der Schund von den Konsumenten akzeptiert wird«, schrieb »Zeitschmecker« Wolfram Siebeck.[19]

Lebensmittel – Mittel zum Leben?

»Die Menschen essen und trinken Dinge, die nur noch durch den Packungsaufdruck mit dem ursprünglichen Naturprodukt verbunden sind, und wundern sich über Ernährungsprobleme.«[20] Hauptverursacher der Zivilisationskrankheiten, allen voran Übergewicht, Krebs, Herzinfarkt, grauer Star und offensichtlich auch der Alzheimer Krankheit und der Parkinsonschen Schüttellähmung sind deshalb in der Tat die industriell verarbeiteten Nahrungsmittel.

Drei Viertel seiner Nahrungsenergie nimmt der Bundesbürger durch Industrienahrungsmittel auf. Industriekost ist energiereicher – also mit mehr Kalorien beladen – als unverarbeitete Nahrungsmittel. Ein Gramm Industrienahrung liefert uns mehr als doppelt so viele Kalorien wie ein Gramm einer Speise aus Mutters Kochtopf.[21] Das liegt daran, daß Industriekost eine höhere Verdaulichkeit aufweist. Das heißt, daß in einer bestimmten Menge, etwa in einem Becher Fruchtjoghurt, mehr Kalorien stecken, als in einem selber hergestellten Fruchtjoghurt aus einfachem Joghurt mit hineingeschnittenen Früchten. Auch in einem Stück Wurst stecken mehr Kalorien als in einem gleichschweren Stück Schnitzelfleisch, das man sich selbst in die Pfanne legt. Die hohe Energiedichte der Industrie-Nahrungsmittel entsteht, weil Nahrungsmitteltechniker hochkalorische Zutaten verwenden – gleichsam Energiekonzentrate – die von allen Ballaststoffen und sonstigen Nährstoffen, die die Energiedichte natürlicher Rohstoffe vermindern, befreit sind. Wichtigste Werkstoffe der Industrieköche sind Zucker in verschiedenster Form, Weißmehl der feinsten Sorte sowie raffinierte und damit ihrer natürlichen Bestandteile entkleidete Fette.

Wer sich also statt eines Bissens gebutterten Vollkornbrotes das etwa gleichgroße Haselnußschnittchen Hanuta in den Mund schiebt, das stanniolverpackt für 35 Pfennige für die Wartenden vor der Supermarktkasse ausliegt, der ißt mehr als doppelt so viele Kalorien. Darüber hinaus wissen Hanuta-Esser, daß das süße Häppchen schneller geschluckt ist als ein Bissen Vollkornbrot. Kauarbeit ist kaum erforderlich. Und damit kommen wir zum zweiten Grund, weshalb Industrienahrung dick macht: Weil energiereiche Nahrungsmittel stärker verarbeitet, also bereits industriell »vorverdaut« sind, können sie von uns schneller zerkaut, hinuntergeschluckt und vom Darm weiter verarbeitet werden.

Damit aber veräppeln wir unseren angeborenen Sättigungsmechanismus. Denn der signalisiert nicht Sättigung, wenn wir uns genügend Kalorien zugeführt haben, das wissen diätelnde

Übergewichtler aus leidvoller Erfahrung, sondern wenn der Magen gefüllt ist. Ein gefüllter Magen und das Gefühl von Sattsein aber wird durch den Speichel und die Magensäfte erzeugt, die beim Kauen reichlich fließen. Die füllen den Magen zusammen mit den gekauten Speisen und lösen so ein wichtiges Regulativ für Sättigung aus.

Wenig Kauarbeit aber wird von der industriell zerkleinerten, raffinierten, konzentrierten und gekochten Kost verlangt. Die zergeht fast auf der Zunge. Bis damit der Magen gefüllt ist und Sättigung signalisiert, sind viel mehr Kalorien in den Magen hinab gerutscht, als es bei weniger verarbeiteten Speisen der Fall gewesen wäre. In diesen beiden Eigenschaften der Industriekost – der *hohen Kaloriendichte* und der *geringen Kauanregung* – liegt in der Tat eine wesentliche Ursache für Übergewicht und Fettsucht.

Ein weiterer Umstand, der das Gedeihen von Schmerbauch und Hendl-Friedhöfen, wie der Münchener ausufernde Leibesfülle umschreibt, begünstigt, ist die Bewegungsarmut des Wohlstandsbürgers. In den letzten hundert Jahren haben Maschinen immer mehr Arbeiten übernommen, womit die körperliche Aktivität erheblich zurückgegangen ist. Heute verrichten drei Viertel der Erwerbstätigen nurmehr eine Leichtarbeit. Ende des letzten Jahrhunderts war das nur ein Fünftel der Arbeitenden. Demgegenüber gehörten zwei Fünftel zu den Schwer- und Schwerstarbeitern, von denen es heute nur mehr ganze sieben Prozent gibt.[22]

Voller Bewunderung bleibe ich stehen, wenn ich Möbelträger bei ihrer Arbeit sehe. Schwere Gegenstände über winkelige Treppen tragen ist eines der letzten Refugien, in denen menschliche (männliche) Kraft erforderlich ist. Doch die Brotzeit, die die Möbelpacker essen, ist nicht etwa üppiger zusammengesetzt als die Brotzeit, die sich der Kranführer in die luftige Höhe mit hinaufnimmt oder der Pförtner in sein Häuschen, wo er, außer Auskunft zu geben, weiter nichts tut, als mit einem Knopfdruck die Schranke am Eingang zum Fabriksgelände hochschweben zu lassen.

Ob Leicht- oder Schwerarbeiter, sie verzehren noch immer das gleiche wie ihre Väter oder Großväter bei schwerster körperlicher Arbeit – Brot, Wurst und Bier. Oder sogar mehr davon als die Alten, weil wir es uns heute leisten können. »Der Bedarf an Nahrungsenergie liegt heute in den Industrieländern weit unter dem, was tatsächlich verzehrt wird«, sagt Claus Leitzmann. »Wir haben unsere Nahrung keineswegs an die veränderte Lebensweise mit geringer körperlicher Anstrengung angepaßt.« Doch nicht nur im beruflichen, sondern in allen Lebensbereichen machen Maschinen und technische Bequemlichkeiten Muskelarbeit überflüssig.

Doch das ist noch nicht alles. Es kommt noch etwas hinzu, das unsere Speckschwarten fett werden läßt. Wäre die verfeinerte Industriekost mit ihren versteckten Fetten und versteckten Zuckern nicht überall verfügbar und in anziehender Aufmachung zu meist geringem Preis erhältlich, so manche Kalorie bliebe ungegessen und bedrohte schließlich nicht unser Herz und unsere Gesundheit.

Unsere Gesundheit wird aber nicht nur von den überschüssigen Kalorien der Industriekost bedroht, sondern auch vom überreichlich darin enthaltenen Kochsalz. Der Wohlstandsbürger ißt auf diese Weise dreimal mehr Kochsalz, als sein Körper benötigt. Deshalb ist Bluthochdruck mit all seinen Folgen eine weitverbreitete Wohlstandskrankheit. In der Bundesrepublik leidet jeder Dritte über Vierzig an einem kochsalzbedingten Bluthochdruck. In den Ländern der Dritten Welt ist, so lange sich die Menschen traditionell ernähren, Bluthochdruck unbekannt. Mehr dazu im Kapitel ›Entfesselte Kalorien machen krank‹.

Zum Übermaß an Kalorien und Salz in den industriell gefertigten Nahrungsmitteln gesellt sich eine Armut an lebenswichtigen Inhaltsstoffen. Viele in den natürlichen Ausgangsprodukten enthaltene Nährstoffe, wie etwa Vitamine und Mineralstoffe, halten dem industriellen Be- und Verarbeitungsprozeß nicht stand und gehen verloren. Andere, wie die Vitamine und Mineralstoffe des Getreidekorns, werden vorsätzlich entfernt, damit das gewonnene Mehl haltbar und damit transportierbar wird.

Mangel im Überfluß

»Die Eingriffe in das natürliche Gefüge unserer Nahrungsmittel sind oft so weitgehend, daß der Bedarf an lebensnotwendigen Inhaltsstoffen, zumindest bei bestimmten Bevölkerungsgruppen, heute nicht mehr gedeckt wird. Zu diesen ›kritischen‹ Inhaltsstoffen zählen zur Zeit die Vitamine A, B_1, B_2, B_6 und Folsäure, die Mineralstoffe Kalzium, Kalium, Jod und Eisen sowie die Ballaststoffe«, erklärt Claus Leitzmann. »Besonders häufig findet sich solch eine Mangelversorgung bei Jugendlichen und auch älteren Menschen, die sich sehr einseitig ernähren.«

Hören Industriemanager und Lebensmittel-Technologen von Mangel, spitzen sie die Ohren und wittern einen Absatzmarkt. Denn Nahrungsmittel mit einem Vitamin- oder Mineralstoffmangel lassen sich ja bestens mit den fehlenden Stoffen anreichern. Und derart mit zusätzlichen Nährstoffen aus dem Chemikalienschrank aufgemöbelte Produkte lassen sich mit dem zugkräftigen Ettiket »gesund« vermarkten. Dieser unverantwortliche Umgang mit Nahrung führt dazu, daß Bonbons plötzlich ihr gesundheitsschädliches Image verlieren, weil sie Vitamine enthalten. Der gutgläubige und ahnungslose Konsument kauft die vitaminisierten Bonbons, in der trügerischen

Annahme, sich etwas Gutes zu tun. Und geblendet durch die schamlose Werbung stecken fürsorgliche Mütter ihren Kindern diese vermeintlich »gesunden« Schleckereien mit in den Schulranzen. »In der Werbebranche ist deshalb viel vom ›psychologischen Zusatznutzen‹ die Rede. Über Werbung werden Produkte emotionalisiert, Traumwelten geschaffen mit der Folge, daß die rationale Information in den Hintergrund tritt.«[23]

Auch in Fruchtsäften und Limonaden erweisen sich Vitamine und Mineralstoffe als absatzsteigernde Beigaben, wenn sie mit blumigen Worten angepriesen werden: »›vita Gold Orange‹, die goldrichtige Entscheidung; sympathischer Trinkgenuß in fruchtiger Fülle mit fünf wertvollen Vitaminen«, heißt es in einem Werbeprospekt, den mir kürzlich mein Getränkehändler zusteckte. Doch nicht nur Nahrungsmittel-Techniker und -Manager, auch Ernährungswissenschaftler sind fasziniert von den postmodernen Möglichkeiten, Nährstoffe nach Wunsch neu zu kombinieren – die einen hinzuzufügen und andere, wie etwa Fett und Zucker, wegzulassen oder durch kalorienarme Ersatzstoffe auszutauschen.

Auch Werner Kübler, Ernährungsmediziner an der Universität Gießen, begrüßt eine Anreicherung (Supplementierung) der Nahrungsmittel mit Nährstoffen, die beim Kochen in den Töpfen der Industrie zerstört werden oder verlorengehen.[24] Vitaminisierte Bonbons hält Kübler jedoch für einen »absoluten Mißbrauch« und »Etikettenschwindel«. Doch dagegen dürfte es in unserer pluralistischen Gesellschaft kaum juristische Handhaben geben, meint Kübler, der ebenfalls Präsidiumsmitglied der Deutschen Gesellschaft für Ernährung ist. Der Konsument bleibt auf sich gestellt. Er muß sich im Angebotsdickicht und im Dschungel der Werbesprüche selbst zurechtfinden.

Doch ganz verloren ist er nicht. Nicht alle Ernährungswissenschaftler sind dem Machbarkeitsrausch verfallen. Orientierungshilfe kommt von dem derzeitigen Präsidenten der Deutschen Gesellschaft für Ernährung, dem Münchener Ernährungswissenschaftler Günter Wolfram. Der hat für das postmoderne Nahrungsmittel-Styling nichts übrig und lehnt derartige Manipulationen bei Lebensmitteln strikt ab: »Wir brauchen kein Kunstfett und keine Vitamin- oder Mineralstoffkonzentrate«, erklärte der Wissenschaftler. »Und so lange ich Präsident der Deutschen Gesellschaft für Ernährung bin, werde ich dafür sorgen, daß das die offizielle Meinung der DGE ist.« (Wenn Sie, liebe Leserin, lieber Leser, das Buch in Händen halten, ist er bereits nicht mehr DGE-Präsident.) Eine Ausnahme macht der Forscher beim jodierten Speisesalz: »Das brauchen wir, das ist eine klare Situation, denn unsere Böden sind arm an Jod.«

Der Göttinger Ernährungspsychologe Volker Pudel spricht sich ebenfalls gegen neuartige, in ihren Nährstoffen veränderte Nahrungsmittel aus. Er hält die Industrie-Kreationen, die unter dem Marketingnamen »light« vertrieben werden, für eine schlechte Strategie zur Vermeidung von Ernährungsfehlern: »Light-Produkte dienen lediglich der Bequemlichkeit. Der Verbraucher glaubt, sein Ernährungsverhalten nicht umstellen zu müssen, weil bislang ungünstige Lebensmittel in der Light-Version negative Eigenschaften verlieren.« Und er fügt hinzu: »Sinnvoller und langfristig gesünder ist eine Umstellung auf natürliche Grundnahrungsmittel. Denn wer sich vollwertig ernährt, wird in der Regel weniger Probleme mit der Kalorienzufuhr haben.«[25]

Wer sich mit natürlichen Grundnahrungsmitteln ernährt, wird nicht nur keine Kalorienprobleme, sondern auch weniger Gesundheitsprobleme haben. Postmoderne Lebensmittel indessen sind nicht mehr Mittel zum Leben. Sie sind Produkte, die im Käufer eine Illusion wecken sollen – etwa fit zu sein,

»in« zu sein oder zur gehobenen Schicht zu gehören, die sich etwas leisten kann.

Für den Hersteller sind diese Lebensmittel eine Ware wie jede andere, nicht Mittel zur Erhaltung des Lebens der Mitmenschen. Lebensmittel werden heute produziert, um Marktprobleme zu lösen, nicht um die Bevölkerung zu ernähren. Und die vermeintliche Echtheit dieser Nahrungsmittel ergibt sich, frei nach Panajotis Kondylis, bloß aus der Unbedenklichkeitsbescheinigung der zuständigen Zulassungsbehörde.[26]

Die traditionelle Herstellerpraxis ist in der Nahrungsmittelerzeugung weitgehend verschwunden. Wie in der Architektur, Malerei, Musik oder Literatur werden heute auch Nahrungsmittel in ihre Einzelteile zerlegt und nach den Erfordernissen des Marktes – im Klartext: nach den Illusionen, die der Kunde zu kaufen bereit ist – neu zusammengefügt. Dabei aber wird vergessen, daß etwas, das vielleicht in der Malerei oder Musik machbar ist, bei Lebensmitteln nicht ohne schwerwiegende Folgen bleibt. Unser Körper ist in einer Jahrmillionen dauernden Evolution in Wechselwirkung mit seiner Nahrung entstanden. Diese Nahrung paßt auf die Funktionen unseres Organismus wie der Schlüssel ins Schloß.

»Der liebe Gott ist zwar im großen und ganzen gnädig«, sagte Ernährungsmediziner Werner Kübler, und meint damit, daß unser Körper so manches ausgleichen kann. Aber das befreit uns nicht von der Notwendigkeit, Nahrung zu uns zu nehmen, die uns sowohl mit Baustoffen als auch mit Funktionsstoffen versorgt, die zu unserem Körper passen.

Das gelingt in der Tat nur mit Nahrungsmitteln, die so wenig wie möglich und nur so viel wie notwendig verändert sind, um sie verzehrbar zu machen.

Nur entfesselte Kalorien machen dick

Gesundheit ist ein Geschenk,
das man sich selber machen muß.
BODO WERNER[1]

Die Herren um die Jahrhundertwende trugen Bauch. Leibesfülle galt damals noch was. Damit hob sich der Herr ab vom Hungerleider und zeigte, daß man sich täglich Sonntagsessen leisten konnte. »Zu ihnen zählten beispielsweise Privatiers und Zinshausbesitzer«, schreibt der Münchener Schriftsteller Herbert Schneider. »Diese Privilegierten traf meist ein erstklassiges Schlagerl, und näherte sich nun dem Trauerzug ein Neugieriger und fragte voll Teilnahme, was jenem denn gefehlt habe, dann antwortete man ihm rühmend, er habe sich zu Tode getrunken und gegessen. Und was sagt der Mann drauf? – ›Respekt.‹«

Und heute? Adam zieht sein Bäuchlein ein, wenn es darum geht, eine gute Figur zu machen. Und die Knöpfe des Zweireihers schließen sich diskret dort, wo sein Großvater über gespannter Weste eine dicke goldene Uhrkette trug. Wehe aber, wenn der gut getarnte Bauch im Sprechzimmer eines Arztes entblößt werden muß. Respektlos deklariert der Doktor zum Übergewicht, was einstmals als Zierde wohlhabender Männlichkeit gegolten hat. Und der Mann im weißen Kittel bringt den Genuß von Schweinshaxen, Leberkäs und Brathendl nebst den dazugehörigen Gläsern Bier in eine Verbindung mit so unappetitlichen Dingen wie Zuckerkrankheit, Gicht und Herzinfarkt. Als Vorboten dieser Krankheiten diagnostiziert der Mediziner erhöhte Blutfettwerte, zu viel Cholesterin, Zucker im Blut und hohen Blutdruck. Genuß und Tafelfreude werden plötzlich zur Sünde abgestempelt, zur Sünde wider die eigene Gesundheit.

Als Buße gibt der Doktor einige Kasteiungen auf, wie Diätmargarine statt Butter aufs Brot zu streichen, Magerquark statt Schweinsbraten oder Schlachtplatte, und abends soll der Patient Mineralwasser statt Bier trinken. Der Arzt erzählt noch etwas von Kalorien, Cholesterin und ungesättigten Fettsäuren und gibt einen Diätplan mit. Zu Hause wird die Frau zur Bußgehilfin. Am Frühstückstisch stehen von nun an Knäckebrot, Margarine und Schnittlauchquark statt Semmeln, Wurst und Käse. Die Frau Gemahlin kauft eine mit Teflon beschichtete Pfanne, in der es sich fettfrei braten läßt. In einer Liste werden – zur Kontrolle für den Arzt – die verzehrten Speisen eingetragen. So weit, so gut. Die Buße schlägt an. Der Hosenbund wird weit. Es kann sogar eine kleinere Konfektionsgröße angeschafft werden.

Dann aber kommt das Jubiläum in der Firma und die goldene Hochzeit der Schwiegereltern. Die Festivitäten gehen einher mit Umtrunk, kalten Platten und Festtagsmenü ohne Knäckebrot und Magerquark – und wieder auf den Geschmack gekommen, wird dann zu Hause auch mal eine Ausnahme gemacht. Auf einmal spannt er wieder, der Hosenbund.

»Ich will mich immer zurückhalten«, erklärt Herr M. seinem Arzt, der kritisch die Waage betrachtet. »Ich sag' zu meiner Frau: ›Komm, laß mal das Mittagessen ausfallen‹, aber dann kocht sie doch und sagt zu mir: ›Iß doch einfach weniger, nimm dir doch nicht so viel.‹ Wissen Sie, das geht nicht! Wenn ich dann anfange, und das schmeckt so gut, und die Schüsseln sind alle noch voll! In der Woche bekomme ich sowas auch nicht. Dann – ich meine, irgendwo ist meine Frau auch verrückt – hat sie immer noch ein zweites Stück Fleisch für mich in der Küche. Also, da kann ich nicht widerstehen.«[2]

Aber Widerstehen würde Herrn M. auch nicht weiterhelfen. Denn Kasteiung und Härte gegen sich selbst führen erst recht in Teufels Küche. Wie viele schon warfen Wurst und Braten zum Fenster hinaus, und die kamen doch über die Hintertreppe wieder herein. Heerscharen von Diätlern und Abmagerungswilligen bezeugen das aus leidvoller Erfahrung.

Eine gesunde und schlanke Figur wird nicht durch Unterdrückung des Nahrungstriebes erreicht, sondern, so paradox das klingen mag, durch's Essen. Der Herrgott hat uns die Lust am Essen geschenkt, damit sichergestellt wird, daß wir uns auch mit allen lebensnotwendigen Nährstoffen versorgen. Doch unser lustbetonter Nahrungstrieb stammt wie unser Stoffwechsel aus einer Zeit, da die Nahrungskalorien noch gefesselt waren. Eingebunden in Ballaststoffe kann sie unser Organismus nie ganz ausnutzen. Deshalb der göttliche Trick mit der Lust am Vielessen.

Doch dieser göttliche Plan wird in den Wohlstandsländern sträflich durchkreuzt. Denn wir haben nicht nur reichlich zu essen, sondern leisten uns vor allem eine Nahrung, die es in der Entwicklungsgeschichte des Menschen nie gegeben hat und für die unsere Stoffwechselmechanismen nicht eingerichtet sind – eine hochverdauliche Kost, die unser Verdauungssystem mit Kalorien überflutet.

Industriell bearbeitete Nahrungsmittel enthalten sehr viel mehr Nahrungsenergie (Kalorien), weniger Nährstoffe und kaum Ballaststoffe – bezogen auf die Nahrung, mit der sich der Stoffwechsel des Menschen in Co-Evolution über Jahrmillionen entwickelt hat, an die unser Organismus angepaßt ist. Wer viel in sich hineinstopfen konnte, war jahrmillionenlang im Vorteil. Denn dem Frühmenschen ging es nicht anders als den Tieren in freier Wildbahn. Er mußte tage- und wochenlang pirschen, bis er die Seinen mit einer Beute laben konnte. War ein solcher Fang gelungen, dann feierten alle ein Fest. Alles mußte aufgegessen werden, denn Kühlschränke gab es noch nicht und Pökeln und Einkochen waren noch nicht erfunden.

Noch heute feiern Eingeborenenstämme, die in ihren ursprünglichen Verhältnissen leben, Feste, wenn es etwas zu essen gibt. Und dann wird so lange gegessen, bis alles in den Bäuchen verschwunden ist. Jeder darf essen, so viel er kann. Genauer gesagt, er muß essen, so viel er kann, denn niemand weiß, wann der Tisch wieder reichlich gedeckt sein wird. Wehe dem, der nicht essen kann.

Für solche mageren Zeiten ist der menschliche Organismus bestens eingerichtet. »Doch der liebe Gott hat nicht daran gedacht, daß sein Menschengeschöpf so intelligent sein könnte und die Notzeiten einmal abschaffen würde«, sagte Professor Hans Ditschuneit, Mediziner und Experte für Fettstoffwechsel an der Universität Ulm. Dort besuchte ich den Wissenschaftler auf dem Oberen Eselsberg, wo die junge Medizinische Fakultät in Beton gegossen thront. Über verwirrende Gänge, Flure und Treppen gelangte ich schließlich in die Abteilung des Forschers. Dort ging die Spurensuche gleich weiter. Denn ich folgte dem Forscher auf verschlungenen Wegen durch den Stoffwechsel unseres Körpers. Der menschliche Körper sei für Zeiten des Überflusses schlecht ausgerüstet, meinte Ditschuneit: »Wir haben keinen Fühler in uns, der sagt: ›Du hast zu viel gegessen.‹ Vielmehr ist alles in uns darauf eingestellt, viel essen zu können. Wer Appetit hat ist gesund, und Dicke sind deshalb keine kranken Menschen.«

Sie können jedoch, wenn bestimmte erbliche Veranlagungen bestehen, bei der heutigen Ernährung krank werden und dadurch früher als andere Menschen eine Arteriosklerose bekommen und an Herzinfarkt oder Schlaganfall sterben. Bei den genetischen Anlagen hat die Natur die Menschen nicht mit gleichen Startchancen ausgestattet. Menschen mit großem Appetit und entsprechender Leibesfülle sind gefährdet, wenn in ihrer Familie bestimmte Stoffwechselkrankheiten vererbt werden, etwa wenn jemand in der Familie hohen Blutdruck aufweist, unter der Zuckerkrankheit (Diabetes) leidet oder wenn ein Eltern- oder Großelternteil einen Herzinfarkt oder Schlaganfall erlitten hat. Diese Krankheiten geben Hinweise dafür, daß auch andere Familienangehörige für diese Leiden, die letztlich zur Arteriosklerose führen, anfällig sein können.

Zeitbombe im Bauchspeck

Alle diese Krankheiten brechen aber nicht notwendigerweise aus. Auslöser für die Wohlstandsleiden ist der Bauchspeck. Je dicker der Bauch ist, um so größer werden die Fettzellen. Und da Fettzellen nicht ruhen, sondern vor allem beim Mann ständig Fettsäuren freisetzen, zirkulieren im Blut auch ständig Fettsäuren. Damit aber wird der Bauchspeck zur Zeitbombe.

Wann die bäuchliche Fülle ihre kritische Größe erreicht, läßt sich besser als mit der Waage mit dem Maßband bestimmen. Ist die Taille dicker als die Hüfte, liegt also beim Mann das Verhältnis aus Taillenumfang zu Hüftumfang über 1,0, ist die Gesundheit gefährdet. Ditschuneit rät einem solchen Patienten, dringend das Gewicht zu reduzieren. Frauen hingegen können zweierlei Fett aufweisen – physiologisch sinnvolles Fett und gesundheitsgefährdendes Fett. Das sinnvolle Fett sitzt auf Hüften, Po und Oberschenkeln und ergibt die von der Natur vorgesehene Idealfigur der Frau! »Dieses Fettgewebe besteht aus kleinen Fettzellen, die biochemisch anders sind als die am Bauch und kaum Fettsäuren freisetzen«, erklärte Ditschuneit. »Erst in der Schwangerschaft beginnen diese Fettzellen, ihr Fett zu mobilisieren. Denn es dient ausschließlich als Reserve für die Schwangerschaft.« Deshalb lassen sich diese weiblichen Fettpolster kaum durch Abmagerungskuren einschmelzen.

Professor Ditschuneit rät Frauen dann zum Abspecken, wenn Taille und Hüfte gleich breit geworden sind, also wenn ihre Figur statt einer Birne mehr einem Apfel gleicht, sich also der männlichen Körperform annähert und die Taillenweite geteilt durch Hüftweite eine Zahl größer als 0,7 ergibt. Dann besteht durch den erhöhten Anteil an zirkulierenden Fettsäuren im Blut Gefahr für die Gesundheit. Breite Hüften und dicke Oberschenkel hingegen bedeuten keinerlei Gefahr.

»Wer dicke Hüften, dicke Fuß- und Handgelenke hat, der wird zwar nicht beim Stuttgarter Ballett aufgenommen«, meint auch der amerikanische Adipositasforscher William P. Castelli aus Framingham, »doch der hat auch nicht die gefährliche Art der Fettsucht.«[3] Denn die sitzt ausschließlich im Bauchspeck.

Der Schmerbauch als Ergebnis eines gesunden Appetits könnte durchaus eine sinnvolle Investition sein, wenn diese Speckseiten als Reserve für den nächsten Winter dienten. Wer den Winter in spärlich beheizter Hütte bei Dörrobst und Sauerkraut verbringen mußte, für den war es gut, wenn er sich am Kirchweih- und Erntedankfest noch einen rechten Bauch anfuttern konnte. Das Fett gerade dieser Leibesregion steht nämlich wie ein innerlicher Schmalztiegel zum sofortigen Verbrauch bereit.

Die Bauch-Fettzellen sind dazu da, die Zellen im Körper ständig mit Brennstoff zu versorgen – mit Fettsäuren. Denn die Zellen können selbst Energie nur in Form von ATP (Adenosintriphosphat) speichern, das aber nur wenige Minuten ausreicht und immer wieder neu gebildet werden muß. Deshalb ist jede Zelle des Körpers auf die Zufuhr von Brennstoff aus dem Depotfett angewiesen. Ohne Fettsäuren-Brennstoff ist der »Ofen« aus.

So dringend wie jede Zelle Fettsäuren benötigt, so unverzichtbar braucht sie Sauerstoff für das innere Feuer. Deswegen können wir weder das Atmen abstellen noch können wir unser Herz anhalten, das den Sauerstoff mit dem Blut durch den Körper pumpt. Und genausowenig läßt sich der Fettsäurestrom aus dem Fettgewebe abschalten. »Aus dem Fettgewebe kommt ein ununterbrochener Strom von freien Fettsäuren«, erklärt Ditschuneit. »Wenn einer einen dicken Bauch hat, dann hat er große Fettzellen und dann ist dieser Fettsäure-Strom gewaltig.«

Wenn wir etwas Fettes essen, Wurst oder Buttercremetorte, dann essen wir Triglyceride. So heißen in der Sprache der Chemie die Fette. Das sind Glycerinmoleküle, an denen jeweils drei Fettsäuren hängen. Unser Verdauungssystem zerlegt im Dünndarm die Fette, damit sie durch die Darmwand ins Blut gelangen können. Dort werden sie sofort wieder zu Fettmolekülen zusammengebaut und in sogenannte Chylomikronen verfrachtet, eine Art »Omnibus«, der das Fett im Blutstrom transportiert. Denn Fett löst sich ja nicht in Waser und würde somit auch im Blut irgendwo kleben bleiben.

In den Chylomikronen-Omnibussen reisen die Fette zur Leber. Benötigt der Organismus augenblicklich Fett, so steigen unterwegs, durch Mithilfe von Enzymen, einige Fettmoleküle aus. Der Rest steigt in der Leber auf »Kleinbusse« um, sogenannte VLDL-Partikel (in der internationalen Fachsprache ist VLDL die Abkürzung für »very low density lipoprotein«). Diese fetthaltigen Eiweißpartikel – so die Übersetzung für Lipoprotein – transportieren die Fette zusammen mit Cholesterin von der Leber ins Fettgewebe.

Cholesterin ist im Gegensatz zu den Fettsäuren kein Brennstoff, sondern ein Baustoff. Den benötigt unser Körper zum Beispiel für alle Zellmembranen sowie für den Aufbau von Gallensäuren und verschiedener Hormone, wie den Sexualhormonen.

Auf dem Weg in die Fettdepots steigen aus den VLDL-Kleinbussen immer wieder Fettmoleküle aus, etwa wenn Muskelzellen Fettsäuren zur Verbrennung oder für ihren Stoffwechsel brauchen. In den Blutgefäßen hängen dafür fettspaltende Enzyme, die die Fettsäuren vom Glycerinmolekül abkoppeln. Dabei leeren sich die VLDL-Kleinbusse immer mehr und enthalten mehr Cholesterin als Fett. Die Forscher nennen diese cholesterinreichen »Kleinbusse« LDL-Partikel (das ist die internationale Abkürzung für low density Lipoprotein). Angekommen im Fettgewebe, steigen die verbliebenen Fette aus und machen es sich in den Fettzellen bequem

Da aber die verschiedenen Zellen im Körper ständig Fett benötigen, kommen Hormone, wie etwa das Streßhormon Adrenalin, und holen das Fett aus den Fettzellen, wobei Enzyme das Fett wieder in Glycerin und Fettsäuren zerlegen.

Da Fettsäuren sich im Blut alleine nicht fortbewegen können, benutzen sie ein kleines Eiweißmolekül, das Albumin, als Motorroller und »brausen« zu den Zellen im Körper. Dort »lungern« bereits viele andere Fettsäuremoleküle herum – vor allem bei dicken Menschen – und warten auf Einlaß in die Zelle.

Wenn aber etwa eine Muskelzelle keinen Bedarf an Fettbrennstoff hat, weil sie sich nur wenig bewegt, müssen die Fettsäuren unverrichteter Dinge wieder abziehen. Ins Fettgewebe aber dürfen sie nicht mehr zurück. Das nimmt nur Fett auf. Also »fahren« die Fettsäuren mit ihrem »Albumin-Motorroller« zur Leber. Dort verbinden sie sich wieder mit Glycerin zu einem kompletten Fettmolekül und reisen im LDL-Kleinbus zurück ins Fettgewebe.

Dort scheuchen Hormone die Fettsäuren bald wieder auf, und die »brausen« erneut auf ihren »Albumin-Motorrollern« zu den Zellen. Immer wieder und immer wieder, unaufhaltsam wie unser Atem und unser Herzschlag, strömen Fettsäuren durch das Blut aus dem Fettgewebe zu den Zellen und ziehen unverrichteter Dinge zur Leber und von da aus zurück ins Fettgewebe, von wo der Kreislauf wieder beginnt – ununterbrochen, Tag und Nacht. Und wenn der Bauch bei jemandem sehr dick ist, strömen im Blut Fettsäuren und Fett in einem gewaltigen Ausmaß.

Dieser ständige Umlauf von Fett läßt den Cholesteringehalt im Blut ansteigen. Denn für den Fett-Transport von der Leber zum Fettgewebe brauchen vor allem dicke Menschen einen großen »Fuhrpark« an cholesterinhaltigen Kleinbussen.

Die transportieren nicht nur Fett, sondern versorgen darüber hinaus die Zellen im Körper mit dem Baustoff Cholesterin. Jede Zelle trägt Antennen, sogenannte Rezeptoren, die den Bedarf an Cholesterin signalisieren. Der »Kleinbus-Fahrer« erkennt den Bedarf und »betankt« die Zelle mit Cholesterin. Bei reichlichem Cholesterinangebot von draußen drosselt die Zelle ihre eigene Cholesterinproduktion.

Wenn wir geboren werden, tragen unsere Zellen viele Cholesterin-Rezeptoren. Die nehmen aber, bedingt durch das reichliche Cholesterinangebot im Blut des Wohlstandsbürgers – weil er zu dick ist – im Laufe des Lebens ab. Denn wenn viel Cholesterin vorliegt, brauchen die Zellen weniger Antennen zum Anlocken cholesterinhaltiger Kleinbusse. Die Zellen erwachsener Wohlständler weisen nur noch 75 Prozent der ursprünglichen Cholesterin-Rezeptoren auf.

Das heißt aber, wenn die Zellen weniger Cholesterin-Rezeptoren tragen, nehmen sie weniger Cholesterin aus dem Blut auf und produzieren mehr eigenes Cholesterin. Demzufolge deckt beim erwachsenen Wohlstandsbürger, anders als beim Kind, die Cholesterin-Eigenproduktion den Bedarf. Eine erhöhte Cholesterin-Eigenproduktion bedeutet aber wiederum, daß weniger Nahrungs-Cholesterin verbraucht wird, also weniger Cholesterin aus dem Blut durch die Zellen aufgenommen wird. Die LDL-Kleinbusse werden ihre Cholesterinfracht nicht los. Damit steigt der Cholesteringehalt im Blut an.

Der Cholesterinspiegel des Erwachsenen wird also bereits durch die Ernährung in der Kindheit – über die Reduktion der Cholesterin-Rezeptoren – mitbestimmt. Das ist möglicherweise ein Grund, weshalb mit Muttermilch ernährte Kinder in späteren Jahren seltener einen Herzinfarkt erleiden als die, welche mit industrieller Babynahrung ernährt wurden.[4]

Hoher Fettverzehr steigert aber nicht nur den Cholesteringehalt des Blutes, er bringt auch den Kohlenhydratstoffwechsel zum Entgleisen. Wenn die Zellen unseres Körpers zwischen drei verschiedenen Brennstoffen wählen können, zwischen Fettsäuren, also den Bausteinen der Fette, Glukose, den Bausteinen der Kohlenhydrate und Aminosäuren, den Bausteinen der Eiweißstoffe, dann greifen sie zuerst zu den Fettsäuren.Wenn also genügend Fettsäuren vorhanden sind, »verheizen« die Zellen zuerst die Fettsäuren. Bei unserer Kost, die immer Fettsäuren nachliefert, zumal Dicke noch reichlich aus dem Bauchfett dazulegen, werden Fettsäuren und immer wieder Fettsäuren verbrannt.

Kohlenhydrate, genauer gesagt, die Glukose, bleibt liegen. »Deshalb hat jeder Dicke«, so Ditschuneit, »eine gestörte Glukosetoleranz. Wenn wir ihm Glukose geben, dann steigt sein Blutzucker an und es dauert gewaltig lang, bis er wieder runter geht. Die gestörte Glukosetoleranz führt, wenn es schlimm wird, zum Diabetes mellitus – der Zuckerkrankheit.«

Glukose, das Kleinholz im Stoffwechsel

Glukose ist der Baustein, aus dem alle Kohlenhydrate unserer Nahrung bestehen. Und in Glukose-Bausteine werden sie – der Zucker in den Süßigkeiten ebenso wie die Stärke im Brot – wieder zerlegt. Nur so kann unser Körper die Kohlenhydrate aufnehmen und verwerten.

Die Glukose ist dabei dem Holz vergleichbar. Die Zellen nutzen die Glukose sowohl als Brennstoff zur Energiegewinnung als auch als Baustoff für die Struktur vieler anderer Stoffe. Der Name »Kohlenhydrate« kommt aus dem Griechischen (hydros heißt Wasser) und bedeutet: Mit Wasser angereicherte Kohlenstoff-Atome.

Wenn Marathonläufer am Abend vor ihrem großen Lauf Berge von Spaghetti verschlingen, tun sie nichts anderes als leichtverfügbaren Glukose-Brennstoff anhäufen. Wer zum Beispiel einen Kachelofen mit Holz und Kohle heizen will, tut nichts anderes, er schneidet sich Holzscheite klein, um am nächsten Morgen damit rasch ein Feuer entfachen zu können. Die großen Moleküle der Spaghetti-Stärke werden durch das Verdauungssystem in leicht »verheizbare« Glukose umgewandelt. Die speichert der Körper dann in Form von Glykogen. Das steht den Muskelzellen gleichsam als »Kleinholz« zur Verfügung. Damit kann der arbeitende Muskel rascher »Feuer entfachen« und Energie gewinnen als mit Fettsäuren. Etwa 400 Gramm Glykogen kann unser Körper normalerweise speichern. Hat der Körper seinen Energiebedarf gedeckt und die Glykogen-Speicher aufgefüllt und wird darüber hinaus keine Glukose als Baustoff für Zellbestandteile benötigt, wandelt er die Glukose in Fett um und lagert dieses Fettgewebe ab.

Glukose wird den Zellen als Glykogen zur Verfügung gestellt, weil im Blut eine erhöhte Glukosekonzentration gefährlich ist. Im Blut darf die Glukosemenge nur in einem bestimmten engen Bereich variieren. Der normale physiologische Bereich liegt zwischen 70 und 120 Milligramm Glukose pro Deziliter Blut. Ist zu wenig vorhanden, wird Glukose aus dem Stoffwechsel bereitgestellt. Enthält das Blut zu viel Glukose, muß sie entfernt werden. Denn eine Erhöhung der Blutglukose hat schwere gesundheitliche Folgen mit tödlichem Ausgang.

An der Regulation des Blutzuckerspiegels sind verschiedene Hormone beteiligt. Eines wirkt direkt blutzuckersenkend, das Insulin. Menschen, die an einem Insulinmangel, dem Typ-I-Diabetes leiden, geraten deshalb, wenn sie nicht behandelt werden, ins Koma und sterben.

Enthält unser Blut viel Glukose, dann »bugsiert« das Insulin die Glukose zu den Zellen. Die signalisieren ihren Bedarf durch spezielle Antennen, sogenannte Insulinrezeptoren. Das Insulin dockt an diesen Rezeptoren an und wirkt so auf die Einschleusung der Glukose in die Zelle ein.

Essen wir etwas Zuckersüßes, dann steigt der Blutzuckerspiegel sprunghaft an. Bereits nach wenigen Minuten läßt sich im Blut ein steiler Anstieg der Glukose messen. Aber schon nach einer halben Stunde fällt der Glukosewert wieder ab, wobei er nach einer Stunde sogar unter den Ausgangswert sinkt. Das liegt an einer überschießenden Insulinausschüttung, zu der der Haushaltszucker die Bauchspeicheldrüse anregt, weil hohe Glukosegipfel gefährlich sind und rasch geglättet werden müssen. Das geschieht durch Insulin, das den Zucker aus dem Blut schafft.

Am überschießenden Insulin liegt es auch, daß sich nach einer süßen Mahlzeit rasch wieder Hunger einstellt. Denn wenn der Körper viel Insulin ins Blut abgibt, wird auch viel Glukose weggeschafft. Das aber erzeugt Hunger. Menschen, die häufig Süßigkeiten essen, haben ständig Appetit und müssen »zwischendurch« etwas verzehren. Meist sind das ebenfalls leicht erreichbare Süßigkeiten wie Kekse, Kuchen oder Schokolade. Und diese erzeugen wieder Hunger. Somit befindet sich der Süßschlecker in einem Teufelskreis: Er ißt nicht viel, aber er ißt ständig etwas, was ihn nicht sättigt, sondern erneut Hunger erzeugt. Nach einer stärkehaltigen Speise hingegen, also nach dem Essen von Brot oder Spaghetti, steigt der Blutzucker nur etwa halb so hoch an wie nach Zuckerverzehr und fällt dann auch wieder ab, aber diesmal nicht unter den Ausgangswert. Stärke veranlaßt die Bauchspeicheldrüse nicht zu einer überschießenden Insulinausschüttung. Noch geringer ist die Insulinausschüttung beim Verzehr von Stärke, die noch in ihrer natürlichen Verpackung vorliegt, das heißt, zusammen mit Ballaststoffen wie Zellulose, Lignin oder Pektin. Deshalb steigt der Glukosespiegel im Blut nach dem Verzehr von Vollkornbrot, Haferflocken oder Obst weniger stark an als nach Schokolade.

Am geringsten steigt der Blutzucker an nach dem Verzehr von nicht erhitzten Getreideerzeugnissen. Der Blutzucker bleibt danach über zwei, drei Stunden auf einem leicht erhöhten Niveau bis alle Stärke aus den Ballaststoffen herausgelöst ist, etwa nach einem Müsli-Frühstück aus gekeimten Getreidekörnern, eingeweichtem Getreideschrot oder aus eigenhändig gequetschten Haferflocken (die im Handel erhältlichen Haferflocken wurden erhitzt). Die Glukose aus der Stärke tritt dabei »tröpfchenweise« ins Blut über.

Das ist eine der wichtigen Funktionen der Ballaststoffe, daß sie die Nährstoffe – wie hier die Glukose – ganz allmählich freigeben. Der Stoffwechsel wird dadurch nicht überflutet, und Überreaktionen werden vermieden.

Durchschnittlich nimmt der Bundesbürger 13 Prozent seiner Nahrungskalorien in Form von Haushaltszucker zu sich.[5] Damit überstrapaziert er seinen steinzeitlichen Stoffwechsel, der den Haushaltszucker überhaupt nicht »kennt« und außerdem an eine langsame Freigabe der Glukose aus ballaststoffreicher Nahrung angepaßt ist. Wird die Bauchspeicheldrüse veranlaßt, ständig Insulin im Übermaß auszuschütten, bleibt bereits nach kurzer Zeit, schon nach sechs Wochen, der Insulinspiegel auch im nüchternen Zustand erhöht.[6] Ist viel Insulin vorhanden, bilden die Zellen nur noch wenige Insulinrezeptoren aus. Denn es herrscht Überfluß an Insulin. Tragen die Zellen aber nur wenige Insulinrezeptoren, dann wird weniger Insulin gebunden und auch weniger Glukose in die Zellen eingeschleust und verbrannt. Die überschüssige Glukose wird statt dessen in Fett umgewandelt und in die Fettzellen für schlechte Zeiten eingelagert. Denn die Betriebsanleitung für unseren Stoffwechsel stammt aus Not- und Hungerzeiten. Da diese aber in den Wohlstandsländern vorerst vorbei sind, akkumuliert sich das Fett in den Depots um Bauch und Taille und wird zu allem Übel noch über den Blutkreislauf in ständigen Umlauf geschickt.

Im Stoffwechsel hängt alles zusammen

»Vermehrte Fettproduktion führt also zu einer Fettsäure-Überschwemmung. Das führt zu einer gestörten Zuckerverwertung und damit zu hohen Insulinwerten«, faßte Ditschuneit das Stoffwechselgeschehen zusammen und schilderte, was weiter passieren kann.

»Zusätzlich kommt es durch das Herunterregulieren der Insulinrezeptoren der Zellen zu einer Natrium-Rückresorption. Der Natriumspiegel steigt an. Das führt zu einer Hypertonie (zu hohem Blutdruck). Und da der Körper ununterbrochen auf Fettsäure-Verbrennung eingestellt ist, bleibt es nicht aus, daß das Endprodukt der Fettsäure-Verbrennung, die Ketone, ansteigen. Der Körper versucht, diese über die Nieren zu eliminieren. Das heißt, daß die Nieren damit vermehrt in Beschlag genommen sind. Damit können sie weniger Harnsäure ausscheiden. Und somit steigt auch noch die Harnsäure an.«

Auf diese Weise gerät bei den Dicken, weil sie einen großen Appetit haben und ihnen das Essen immer schmeckt, der Stoffwechsel mit der Zeit völlig aus dem Ruder. Die Ärzte sprechen vom »metabolischen Syndrom«, das man gut und gern auch »Wohlstands-Multikrankheit« nennen könnte. Je nach erblicher Veranlagung und den natürlichen Schwächen des einzelnen in der Regulation des Stoffwechsels, tritt eine der Krankheiten stärker hervor als andere. »Bei dem einen geht es mehr in Richtung Hyperlipidämie – also erhöhte Fettsäuren im Blut –, andere bekommen früher einen Diabetes mellitus, beim Dritten dominiert die Hypertonie, der Bluthochdruck, bei anderen ist es mehr die Urikämie, das heißt, es ist vermehrt Harnsäure im Blut, die dann zur Gicht führt«, sagte Ditschuneit. »Doch das Ganze muß zusammen gesehen werden. Denn letztlich führt alles das zur Arteriosklerose. Daß wir heute so viele und so früh, also schon bei jüngeren Menschen, Arteriosklerosen haben, liegt am Übergewicht.«

Die beiden Weltkriege waren ein unfreiwilliges Großexperiment, das gezeigt hat, daß ein enger Zusammenhang zwischen Arteriosklerose und Ernährung besteht. »Fehlt das kalorische Überangbot, oder kommt es sogar zum Zwang der unterkalorischen Ernährung, wie im Krieg und in der Nachkriegszeit, dann fehlen Übergewicht, nichtinsulinbedürftiger (Typ-II-) Diabetes, Bluthochdruck und Arteriosklerose«, erklärte Deutschlands Diabetespapst, Professor Ernst Friedrich Pfeiffer, der ebenfalls an der Universität Ulm lehrt und forscht. »Schon die Einführung der Lebensmittelmarken bewirkte bei den von der Arteriosklerose bedrohten Typ-II-Diabetikern einen dramatischen Rückgang von Herzinfarkt und Schlaganfall in den kriegführenden Ländern Europas während der beiden Weltkriege.«[7]

Indessen nahm die Zahl der Herzinfarkte in den Ländern mit guter Lebensmittelversorgung nicht ab, wie z.B. in den Vereinigten Staaten. Eine kalorienarme Ernährung, wie sie für Notzeiten typisch ist, enthält wenig Fett, jedoch vergleichsweise viel Ballaststoffe und Stärke. Völker, die traditionsgemäß nur wenig Fleisch, also auch weniger Fett verzehren und eine Kost bevorzugen, die reich ist an komplexen Kohlenhydraten, wie Reis, Mais, Hülsenfrüchte sowie Gemüse und Obst, weisen meist niedrige Cholesterinspiegel und Blutfettwerte auf. Dazu gehören neben den Chinesen und anderen Populationen des ostasiatischen Raumes die Japaner, die ihren Energiebedarf nur zu 20 Prozent durch Fett decken, also nur halb so viel Fett essen wie wir. Aber auch bei den Völkern ums Mittelmeer überwiegt eine fleisch- und fettarme Kost.

Meist sind es klimatische Bedingungen, die in den verschiedenen Gegenden die Zusammensetzung der Grundnahrungsmittel bedingen. So ist der mediterrane Raum Europas durch den Ackerbau und damit durch die Grundnahrungsmittel Brot, Wein und Öl geprägt. Während in Mittel- und Nordeuropa die Viehzucht dominiert und so Fleisch- und Milchprodukte neben Brot die zentrale Rolle spielen.[8]

Die Menschenmäster der Nation

»Der Verzehr von stärke- und zuckerhaltigen Nahrungsmitteln, denen durch industrielle Bearbeitung die Ballaststoffe ganz oder teilweise entzogen wurden, begünstigen die Entwicklung der Fettsucht«, schreibt der Würzburger Ernährungsmediziner, Professor Heinrich Kasper. »Ein Meiden solcher Produkte, insbesondere von Zucker und kleiearmen Getreideprodukten (also Weißmehlen), wäre folglich die sinnvollste Maßnahme zur Therapie, aber insbesondere zur Prophylaxe des Übergewichts.«[9]

Dafür, daß eine ballaststoffreiche Kost weniger Fett ansetzen läßt, gibt es verschiedene Gründe. Im Gegensatz zu den ballaststoffleeren, zuckerhaltigen und fettreichen Industrienahrungsmitteln erfordern ballaststoffreiche Lebensmittel längeres Kauen. Dadurch sind wir rascher satt. Denn langes Kauen löst eine reichliche Speichel- und Magensaftproduktion aus, wodurch der Magen zusätzlich gefüllt wird. Außerdem verweilt ballaststoffreiche Nahrung länger im Magen und läßt somit nicht so rasch erneutes Hungergefühl aufkommen.

Das Sättigungsgefühl, das ein komplexes Geschehen ist, beruht aber sicher nicht nur auf der Magenfüllung. Wahrscheinlich, so vermutet der Würzburger Ernährungsmediziner, tragen dazu auch der Kontakt der Speisen mit der Mundschleimhaut bei sowie Geschmacks- und Geruchsempfindungen. Wer schlingt, verleibt sich also mehr Nahrung ein, als einer der langsam und genüßlich ißt. Extremes Schlingen ist Trinken. Machen Sie ein Experiment. Trinken Sie zum Beispiel eine Flasche zuckergesüßte Cola oder Limonade (0,33 Liter-Flasche), die etwa 160 Kilokalorien enthält. Innerhalb von ein bis zwei Minuten sind die 160 Kilokalorien in Ihrem Bauch verschwunden. Um die gleiche Kalorienmenge in Form von Obst aufzunehmen, müssen Sie zwei Äpfel (300 Gramm) oder eine Banane (160 Gramm) essen.[10] Das erfordert einiges an Kauarbeit und längeren Mundkontakt. Ich bin sicher, daß Sie sich danach gesättigter fühlen als nach dem süßen Trunk. Denn Kalorien alleine machen nicht satt.

Daß der Zucker in der Industrienahrung wesentlich zu einer überkalorischen Ernährung und damit zum Anwachsen des Bauchspecks beiträgt, zeigt auch ein Versuch an 51 Personen. Diese verzehrten während fünf Monaten keinerlei zuckerhaltige Speisen und Getränke. Die Kalorien, auf die sie bei der zuckerfreien Ernährung verzichteten, durften und sollten sie durch andere Nahrungsmittel ersetzen. Obwohl sich die Versuchsteilnehmer daran hielten, hatten sie am Versuchsende – also nach fünf zuckerfreien Monaten – durchschnittlich anderthalb Kilogramm an Gewicht verloren.[11]

Industriell gefertigte Nahrungsmittel, von Wurst über Käse, Ketchup, Pommes frites, Fertig-Pizza und Fruchtjoghurt zu Pudding, Keksen, Kuchen und Schokolade sind Kalorienbomben. Doch nicht nur bezüglich des hohen Kaloriengehalts, sondern auch wegen der Durchschlagskraft dieser Kalorien. Während unser Körper aus einer ballaststoffhaltigen Nahrung nur einen Teil der Kalorien gar nicht verwerten kann, schluckt er die Kalorien aus der ballaststoff-freien Industrienahrung zu 97 Prozent.

Als im letzten Jahrhundert die junge Ernährungswissenschaft entdeckte, wie wichtig die Nahrungskalorien für die Gesundheit des Menschen sind, begrüßte man den billiger werdenden Zucker und das Weißmehl als willkommene Energielieferanten. Seinerzeit erhielten die Ballaststoffe ihren »abfälligen« Namen. Denn man glaubte, und das bis vor wenigen Jahren, es handle sich dabei lediglich um nutzlosen Ballast. Noch in ›Dr. Oetkers Schulkochbuch‹ aus den 60er Jahren unseres Jahrhunderts steht im Kapitel über ›Gerichte aus Getreideerzeugnissen‹ zu lesen: »Dunkles Mehl, sogenanntes Vollkorn, ist infolge seines Gehalts an Keimen, Schalenbestandteilen und Randschichten zwar reicher an Eiweiß, aber auch gleichzeitig schwerer verdaulich und schlechter ausnutzbar.«[12]

Hohe Ausnutzbarkeit der Nahrungsenergie wünscht sich der Schweinemäster. Erlauben Sie mir bitte diesen Schwenk, da der Schweine-Stoffwechsel dem des Menschen ähnlich ist. Ein Landwirt, der Schweine mästen will, verabreicht den potentiellen Schinkenlieferanten eine besonders kalorienreiche und hochverdauliche, weil ballaststoffverminderte Kost. Der Anteil an Ballaststoffen ist dabei so bemessen, daß die Kalorien zu rund 80 Prozent ausgenützt werden können. Demgegenüber sind die ballaststofffreien Industrienahrungsmittel, deren Kalorienanteil der menschliche Organismus zu 97 Prozent ausnutzt, geradezu Super-Mastfutter.

Dazu gehört auch der Alkohol. Der ergibt in Form von Bier, Wein und Schnaps, gleichsam als »flüssiges Brot«, acht Prozent der Tageskalorien der männlichen Bevölkerung in der Bundesrepublik. Der Körper »saugt« 95 Prozent der Alkoholkalorien für die Energiegewinnung auf und nur fünf Prozent verlassen ihn wieder in Schweiß, Atemluft und Harn.[13]

Schweine bekommen bei einer zu hohen Verdaulichkeit des Futters Magengeschwüre. Denn der magensäure-puffernde Effekt der Ballaststoffe geht dabei verloren. Das Schwein verträgt eine Nahrung mit zu wenigen Ballaststoffen nicht. Wir vertragen die zwar auch nicht, doch wir leisten uns dafür einen kostspieligen Gesundheits-Reparaturbetrieb. »Der verschlingt«, so der Münchener Fettstoffwechselforscher, Professor Peter Schwandt, »jährlich 97 Prozent der Kosten unseres Gesundheitssektors. Für das Verhindern von Krankheiten, die Prävention, geben wir indessen nur erbärmliche drei Prozent aus.«[14]

Wie eine verkehrte Ernährung ins Geld gehen kann, ist an den Operationskosten nach einem Herzinfarkt abzulesen. So erleiden in den Vereinigten Staaten jährlich anderthalb Millionen Menschen einen Herzinfarkt. Bei rund 300 000 Überlebenden wird danach eine sogenannte Bypass-Operation durchgeführt. (Ein Bypass ist eine »Umgehungsstraße« am Herzen, die den Blutstrom um das infarktgeschädigte Blutgefäß herum leitet.)

Der Kostenaufwand für eine solche Operation liegt in Deutschland zwischen 25 000 und 45 000 Mark, die von der Solidargemeinschaft der Krankenversicherten für die Sanierung von Luxuskrankheiten aufgebracht werden müssen. Doch unerschrocken, als litten wir noch wie in früheren Jahrhunderten Mangel an Nahrungsenergie, werden die Kalorien in den Fertiggerichten immer noch besser ausnutzbar. Durch verschiedene lebensmitteltechnische Methoden, etwa das Extruderverfahren – eine Art High-Tech-Fleischwolf – wird die Stärke aus Reis, Mais und Kartoffeln etwa für die Herstellung von Kartoffelchips, Pommes frites, Suppen, Saucen, Brot und anderem Gebäck derart fein zerkleinert, daß sie in unserem Verdauungstrakt schneller aufgenommen und abgebaut werden kann als das bei herkömmlicher küchentechnischer oder handwerklicher Verarbeitung der Fall ist. Beim Verzehr dieser technisch veränderten Stärke gelangt rasch Glukose ins Blut und erzeugt einen Insulinanstieg, wie er sonst nur durch Süßigkeiten ausgelöst wird.[15]

Ein ähnlicher Effekt entsteht durch die Zugabe von Backhilfsstoffen, etwa von Enzymen, die die Stärke teilweise abbauen – was eigentlich erst allmählich in unserem Dünndarm geschehen sollte. Das Verdauungsenzym Amylase, aus Pilzen zum Beispiel, wird dem Mehl beigegeben, damit Backwaren – Brot und Kekse – recht resch und knusprig werden. Die großtechnische Industriebäckerei stiehlt uns also nicht nur durch die Weißmehlherstellung die uns gesund erhaltenden Ballaststoffe aus dem Getreide. Mehr noch. Sie übernimmt sogar noch einen Teil unserer Verdauungsarbeit. Dadurch verliert die Stärke, die in natürlicher Form günstig auf das Insulin und damit den Fettstoffwechsel einwirkt, ihre guten Eigenschaften und wird dem Zucker immer ähnlicher.

Und auch das Fett aus den Industrienahrungsmitteln ist leichter verdaulich, als wenn wir es uns am eigenen Herd »laienhaft« ins Essen rühren. Das bewirken Emulgatoren, die in vielen Industrienahrungsmitteln zur Stabilität beitragen. Sie erhöhen die Verdaulichkeit von Fett, also die Ausnutzung der Fettkalorien. Unser körpereigener Emulgator für Fett ist die Galle. Menschen, die zu wenig davon haben, vertragen fettige Speisen demzufolge nicht gut.

Die Cholesterin-Saga

»Dicke sind heute zu bedauern«, sagte Ditschuneit, der selber gerne kocht. »Dicke essen gern und überall wird zu essen angeboten.« Doch das überall verfügbare Essen besteht nicht wie in grauer Vorzeit aus Wurzeln und Früchten des Waldes, und es besteht nicht einmal aus ballaststoffreichem Vollkornbrot.

Es ist nicht allein der große Appetit, der den Dicken zum Verhängnis wird, sondern die industriell gefertigte, ballaststoffarme, fettreiche und mit Emulgatoren versetzte Nahrung, die einmal zum Übermaß reizt und zum anderen zu viele Kalorien liefert, die unseren steinzeitlichen Stoffwechsel entgleisen lassen. Innerhalb der letzten 200 Jahre ging der Ballaststoffverzehr vor allem in den Industrieländern drastisch zurück. Besonders rasch in unserem Jahrhundert, nämlich um vier Fünftel.

Spätestens seit der Erfindung der Landwirtschaft vor rund 10000 Jahren sind die verschiedenen Getreide die Haupt-Ballaststoff-Lieferanten des Menschen. Sie enthalten je nach Kornart zwischen fünf und zehn Prozent Ballaststoffe. Die Nahrung der Weltbevölkerung (in Nahrungskalorien) besteht noch immer zu zwei Drittel aus Getreide – wie Reis, Mais, Weizen, Hirse, Dinkel, Hafer, Gerste, Roggen oder Buchweizen.

Beethoven und seine Zeitgenossen verspeisten die Hälfte ihrer Nahrung in Form von Brot, Grütze und Mehlsuppe. Solche Speisen machten auch bei unseren Groß- oder Ur-Großeltern um die Jahrhundertwende noch ein Drittel der Nahrung aus.[16]

Selbst das ›Dr. Oetker Schulkochbuch‹ aus den 60er Jahren unseres Jahrhunderts enthält noch 62 Getreiderezepte – etwa für Hirsebrei und Hafergrütze, Grünkern-Klöße, Semmelknödel und Buchweizen-Bratlinge, Mehlschmarren und Reisauflauf. [17] In der Ausgabe von 1987 hingegen existiert ein Kapitel »Gerichte aus Getreideerzeugnissen« überhaupt nicht mehr. Lediglich unter der Überschrift »Kartoffeln und Nährmittel« sowie unter »Aufläufen« sind noch insgesamt zwölf Rezepte für Gerichte aus Getreide zu finden.

Für etwas, das von der Bevölkerung nicht mehr gegessen wird, gibt es keine Rezepte mehr. So erleben wir gerade mit, wie ein Kochbuch in der Tat die Ernährungssituation einer historischen Epoche widerspiegelt. In der industriellen Wohlstandsgesellschaft bestehen nur mehr 20 Prozent der Nahrung aus Getreide.[18]

Doch nicht nur durch den rückläufigen Getreideverzehr vermindert sich der Ballaststoff-Anteil in unserer Nahrung. Vielmehr essen wir das wenige Getreide, das in unserem Speiseplan noch verblieben ist, in einer ballaststoff-verarmten Form. Denn Keim und Randschichten des Getreidekorns, in denen die Ballaststoffe enthalten sind, werden beim Mahlen des Korns zum großen Teil entfernt. Damit verliert das Getreide außerdem einen Großteil anderer lebenswichtigen Inhaltsstoffe – fast 90 Prozent Vitamin B_1, nahezu 80 Prozent Vitamin B_2 und rund 30 Prozent Vitamin E. »Das weitgehende Entfernen der Ballaststoffe beim Mahlen von Getreide ist daher ein schwerwiegender Eingriff in das natürliche Nahrungsgefüge.«[19]

Zwei Drittel aller Getreideprodukte bestehen heute aus Mehlen mit einer Type unter 550 und aus poliertem Reis – also aus Mehlen mit einem niedrigen Ausmahlungsgrad und damit niedrigem Ballaststoff-Gehalt. Fast ein Drittel werden aus Mehlen mittleren Ausmahlungsgraden hergestellt und nur sieben Prozent aus Vollkornmehlen oder Mehlen mit einem hohen Ausmahlungsgrad, der über 1600 liegt.

Die Mehltype gibt den Gehalt an Mineralstoffen an, die sich in den Ballaststoffen, also im Keim und in den Randschichten des Getreidekorns, Kleie genannt, befinden. Die gebräuchlichste Mehltype 405 besagt also, daß der durchschnittliche Mineralstoffgehalt dieses Mehls 405 Milligramm pro hundert Gramm Mehl beträgt. Dieses Mehl hat neben Mineralstoffen auch Spurenelemente verloren. Mehl der Type 405 enthält rund 80 Prozent weniger Kalium als das Getreidekorn selbst, 66 Prozent weniger Kalzium, 41 Prozent weniger Eisen und 73 Prozent weniger Zink. Dagegen enthält Weizenmehl der Type 2000 mit viel Kleiegehalt 2000 Milligramm oder zwei Gramm Mineralstoffe pro 100 Gramm Mehl.

Da wir Wohlstandsverwöhnten auch kaum mehr Bohnen, Linsen oder dicke Erbsensuppe essen und das Gemüse bis auf das obligate Salatblatt durch Fleisch, Wurst, Eier und Käse ersetzen, ging der Ballaststoff-Anteil in diesem Jahrhundert noch weiter zurück – innerhalb der letzten einhundert Jahre von 100 Gramm am Tag auf 19 Gramm. [20] Das ist ein reichliches Drittel weniger als unser Ballaststoff-Mindestbedarf, den die Deutsche Gesellschaft für Ernährung mit 30 Gramm am Tag angibt.

Unsere gesamte Nahrung ist in der Tat äußerst verarmt an Ballaststoffen. Bezogen auf die Nahrungskalorien besteht sie zu 40 Prozent aus ballastsofffreiem Fett, zu 20 Prozent aus ballastsoffarmem Getreide, 20 Prozent aus Zucker, zehn Prozent ist Fleisch, und die restlichen zehn Prozent teilen sich Alkohol, Gemüse und Obst. Daß wir damit unseren steinzeitlichen Stoffwechsel überstrapazieren, liegt auf der Hand. Denn der ist an die Überflutung mit Nährstoffen, sei es durch Glukose oder Fett, nur schlecht angepaßt. Viel lieber wickelt er »verpackte« Nahrung aus ihrer Ballaststoff-Umhüllung aus.

Bereits geringes Eingehen auf die archaischen Zwänge, in denen unsere Physiologie steckt, zeigt, wie anpassungsfähig unser Organismus dennoch ist. So steigt der Blutzucker-Spiegel nach einer süßen Mahlzeit weniger steil an, wenn der Zucker zusammen mit Ballaststoffen verzehrt wird – etwa in einem Vollkornkuchen oder als Teil einer Mahlzeit, die bereits ballaststoffreiches Gemüse enthält.[21] Damit bleibt die überschießende Insulinreaktion aus, die, so Pfeiffer, die maßgebende Ursache für die Fettsucht ist: »Ohne Hyperinsulinismus kommt kein Übergewicht zustande. Und es kann auch ohne Hyperinsulinismus nicht aufrecht erhalten werden.«

Durch den bremsenden Einfluß, den die Ballaststoffe auf das Insulin haben, lassen sich selbst bei Menschen, die bereits zu hohe Blutfett-Werte aufweisen, die Blutfette und die Zahl der cholesterinhaltigen »LDL-Kleinbusse« vermindern und damit der Cholesterinwert senken. Besonders gute Cholesterin-Senker sind lösliche Ballaststoffe, wie sie im Haferkorn und in dicken Bohnen vorliegen, sowie das Pektin, das vor allem im Obst vorkommt.[22]

Lange Zeit glaubten die Ernährungsmediziner, man brauche nur die beim Mehlmahlen entfernte Weizenkleie, die nun der Apotheker als »Heilmittel« verkauft, über den Joghurt oder eine Suppe zu streuseln und der Ballaststoffmangel wäre ausgeglichen. Aber isolierte Weizenkleie hat nicht den cholesterinsenkenden Effekt wie die Ballaststoffe, die sich im natürlichen Verband in Getreide oder in Obst und Gemüse befinden. Auch vermag isolierte Weizenkleie nicht das Hungergefühl zu mindern, was indes ballaststoffreiche Kost sehr wohl bewirkt.[23]

Das Ausmaß, in dem der Körper das mit der Nahrung verzehrte Cholesterin aufnimmt, hängt nicht nur vom Cholesteringehalt des Nahrungsmittels ab. Eine ballaststoffreiche Nahrung – daran zu erkennen, daß man mehr kauen muß – läßt, bei gleicher Menge an gegessenem Nahrungscholesterin, den Cholesterinwert weniger hoch ansteigen als hochverdauliche Industriekost.[24] Wer also zu seinem Omelett aus drei Eiern noch Speck in die Pfanne legt und zum Nachtisch Käse oder Buttercremetorte verzehrt, bei dem schlägt allein das Cholesterin der Eier – das Cholesterin im Speck, in Käse und Buttercreme nicht mitgerechnet – stärker zu Buche als bei einem, der sich Schnittlauch unter die Eier rührt, einen bunten italienischen Salat und Vollkornbrot dazu ißt und sich zum Nachtisch etwa Pflaumen mit Zimt und Joghurt serviert.

Nach dem Zweiten Weltkrieg, 1947, lag der Cholesterinwert bei 20- bis 40jährigen Männern und Frauen in Deutschland bei 165 Milligramm pro Deziliter Blut (mg/dl). Heute »haben drei Viertel aller Deutschen zwischen 25 und 69 Jahren Cholesterinwerte über 200 mg/dl. Nur noch 18 Prozent der Männer ab 40 Jahren haben die erwünschten Cholesterinspiegel von 200 mg/dl oder darunter. Bei den Frauen finden sich solche günstigen Cholesterinwerte gar nur noch bei sieben Prozent der Frauen im Alter über 50 Jahren.«[25] Diese Zahlen entstammen der noch laufenden großen Deutschen Herz-Kreislauf-Präventionsstudie (DHP), an der mehr als 355 000 Menschen im Alter zwischen 25 und 69 Jahren teilnehmen.[26]

Der Grund für die überhöhten Cholesterinwerte ist nicht in erster Linie das Cholesterin aus der Nahrung. Denn Cholesterin wird in überwiegendem Ausmaß vom Körper selbst produziert. Ein gesunder Mensch, der sich gemischt ernährt mit Nahrungsmitteln pflanzlichen und tierischen Ursprungs, produziert rund 80 Prozent seines Cholesterins in seinem Körper. Außerdem holt sich der Organismus bei einer ballaststoffreichen Kost aus dem Darm die aus Cholesterin entstandenen Gallensäuren zurück und wandelt sie wieder in Cholesterin um. Dieses »Recycling« können Ballaststoffe verhindern. Bei der hochverdaulichen Industriekost hingegen gewinnt unser Körper auf diese Weise einen beachtlichen Anteil an Cholesterin zurück.

Da nur 20 Prozent unseres Cholesterins aus der Nahrung stammen, »geht es also gar nicht so sehr darum, wieviel Cholesterin man mit der Nahrung aufnimmt, sondern vielmehr darum, wie hoch der Fettanteil in der Nahrung ist«, sagte Mitinitiator und Sprecher der Deutschen Herz-Kreislauf-Präventionsstudie, der Biochemiker Professor Dr. Hans Hoffmeister in einem Interview.[27] »Denn das aufgenommene Fett, insbesondere das tierische Fett und die pflanzlichen Hartfette, stimulieren die körpereigene Cholesterinsynthese. Das zu viele Fett und das falsche Fett sind also die für die Cholesterinspiegel im Blut entscheidenden Faktoren, welche noch wichtiger sind als die Cholesterinzufuhr selbst.«

Damit hat also die wegen ihres Cholesteringehalts viel geschmähte Butter das Kainsmal verloren. Doch vermutlich wird trotz besseren Wissens der einmal aufgebaute Popanz von der vermeintlich »gesünderen« Margarine bestehen bleiben. Denn leider geht es bei der Butter-Margarine-Diskussion nicht so sehr um die Gesundheit des Menschen als vielmehr um Marktanteile. Die müssen gehalten oder erweitert werden und dafür braucht man Käufer, und die lassen sich – das haben Studien gezeigt – mehr von schönen Bildchen und kernigen Worten als von Wissen beeindrucken.

Wie tief der Popanz von der vermeintlich ungesunden Butter oder Sahne bereits in der Bevölkerung steckt, zeigte mir ein schöner Maientag in einem Ausflugslokal vor den Toren Münchens. Es war Erdbeerzeit. Und die Ausflügler bestellten fast einmütig Kaffee mit Erdbeerkuchen. Der war, wie das die starrhalsige deutsche Gastronomie öfters zelebriert, nur mit Schlagsahne zu haben. Auf den Tischen leuchteten bald überall rote und weiße Farbtupfer. Nach einer Weile war das Rot verschwunden und nur noch Weiß zu sehen. Das waren nicht etwa nur die leergegessenen Teller. Nein, auf vielen der Teller war die Schlagsahne liegengeblieben. Der Erdbeerkuchen mit dem zuckersüßen Gelee wurde gegessen, die cholesterinverdächtige Sahne verschmäht. Fixiert auf das Symptom des erhöhten Cholesterins, vergessen auch viele Mediziner, daß es nicht das verzehrte Cholesterin ist, das den Cholesterinspiegel im Blut erhöht, sondern daß es die fehlenden Ballaststoffe und die vielen Fett- und Zuckerkalorien sind, die zusammen in vielfältigen Wechselwirkungen miteinander stehen. Deshalb »muß Ernährung als Ganzes betrachtet werden«, schreibt Kasper.[28]

Statt dessen aber greifen die Doktores einen einzelnen Stoff heraus, eben das Cholesterin, und versuchen ihn in monokausaler Kurzsichtigkeit zu manipulieren. Hier der erhöhte Cholesterinwert des Patienten, da cholesterinhaltige Schlagsahne und Butter. Also, das versteht doch jedes Kind, müssen Schlagsahne und Butter weg.

Da aber Stoffwechsel nicht kinderleicht zu verstehen ist, geraten die Mediziner bei gertenschlanken oder gar untergewichtigen Patienten, die erhöhte Cholesterinwerte aufweisen, an die Grenzen ihres Halbwissens. Den Schlanken fehlt das Fett, das bei den Dicken die Cholesterinsynthese anheizt. Was tun?

Verzweifelt traktieren viele Ärzte diese Patienten mit cholesterinsenkenden Medikamenten, ungeachtet der Tatsache, daß dabei gerade die Cholesterinfraktion des Blutes gesenkt wird, die das sogenannte »gute«, vor Arteriosklerose schützende HDL-Cholesterin enthält.[29]

Eine ballaststoffreiche Nahrung hingegen senkt die Zahl der cholesterinhaltigen »LDL-Kleinbusse«, das »gute« HDL-Cholesterin aber kaum.[30]

Aber statt ballaststoffreicher Hafergrütze oder Bohnensuppe und Gemüse anstelle von Wurst sowie cholesterinsenkendem Obst zum Nachtisch »verordnen« die meisten Ärzte cholesterinfreien Brotaufstrich, Würste, die statt Schweinefett Pflanzenöl enthalten, künstliche Fettersatzstoffe, Margarine statt Butter und Eidotter-Ersatz aus raffiniertem Pflanzenöl und Lecithin. Was soll denn das? Daß unsere natürliche Nahrung neben den Ballaststoffen noch weitere bereits eingebaute und kostenlose Cholesterinsenker enthält – davon wird im nächsten Kapitel die Rede sein –, hat sich noch nicht bis in die Arztpraxen herumgesprochen.

Und selbst unser Gesundheitsminister scheint davon nichts zu wissen. Wenn er sich, statt mit immer neuen und wirkungslosen Kostendämpfungsgesetzen, mehr mit unseren Lebensmitteln befaßte, würde er bald erkennen, wo sich mehr einsparen ließe. So aber mästen sich weiter Ärzte, Krankenkassen und Nahrungsmittelindustrie gleichermaßen am Bauchspeck des Patienten, ohne diesen zu kurieren. Die ärztliche Ernährungsberatung hat vielmehr dazu geführt, daß gleichsam in wechselseitiger Stimulation zwischen Ärzteschaft und der Werbung der Nahrungsmittelhersteller, viele Deutsche heute das künstliche Industriefett Margarine als die bessere Butter ansehen. Und ärztlich verordnet, wächst auf dem Teller der Deutschen der Berg an industriell verarbeiteten Lebensmitteln immer weiter an. Auch wenn diese – vor allem in Deutschland – mit dem Begriff »Diät« verklärt werden, bleiben sie Industrienahrungsmittel mit all ihren Nachteilen.

Es gibt heute keinen ernährungsphysiologischen Grund dafür, ein Nahrungsmittel, an dessen Zusammensetzung sich der Mensch über Jahrtausende angepaßt hat, wie das Milchfett, also die Butter, durch ein künstlich hergestelltes, technisches Fett, wie die Margarine es ist, zu ersetzen. In Kriegszeiten war es die Not, die die Menschen dazu gezwungen hat.

Margarine, die Notbutter

Ein Beispiel sei herausgegriffen, um zu zeigen, daß die derzeitigen Industrieerzeugnisse nicht als ständige Nahrung, bestenfalls als Nahrungsmittel-Ersatz für Notzeiten geeignet sind. Lebensnotwendige ungesättigte Fettsäuren wie die Linolsäure kann unser Organismus ausschließlich in einer und nur in dieser chemischen Konfiguration für die Synthese anderer Körperstrukturen verwerten: in der cis-Konfiguration. Das heißt, die Kohlenstoffkette, aus der die Fettsäure aufgebaut ist, macht an einer bestimmten Stelle einen u-förmigen Knick.

Bei der Herstellung von Margarine aber werden die Pflanzenöle, damit sie nicht mehr als Öl, sondern in fester, also streichbarer Form vorliegen, technisch bearbeitet. Dabei passiert es – und davor ist kein Margarineherstellungs-Verfahren bislang geschützt –, daß bis zu 30 Prozent der ungesättigten Fettsäuren vom u-förmigen Knick in einen z-förmigen Knick »umschnappen«. Sie springen von der cis- in die trans-Konfiguration, wie der Chemiker sagt.

Von diesem kleinen Unterschied aber hängt es ab, ob die Fettsäure noch für die Aufgaben im Stoffwechsel taugt oder nicht. Die trans-Fettsäuren sind nicht etwa giftig. Auch im Milchfett, in der Butter, können bis zu fünf Prozent trans-Fettsäuren vorliegen, die von den Bakterien im Kuhmagen erzeugt werden. Unser Körper kann aber die ungesättigte Linolsäure in der trans-Konfiguration nicht wie eine cis-Linolsäure verwerten, sondern nur wie eine gesättigte Fettsäure. Durch den trans-Fettsäuren-Anteil in der Margarine essen wir also mehr gesättigte Fettsäuren, die ja viele Menschen gerade durch Margarineessen vermeiden wollen.

Das ist aber noch nicht alles. Gleichzeitig steigt auch der Bedarf an unveränderten ungesättigten Fettsäuren. Denn die trans-Linolsäure zum Beispiel verdrängt, weil sie der cis-Linolsäure bis auf den kleinen Unterschied so ähnlich sieht, diese aus ihrem Stoffwechselweg, den sie wegen ihres z-Knicks zwar nicht gehen, aber dennoch blockieren kann.[31]

Das Kochsalz-Verwirrspiel

Ein anderes Beispiel zeigt, daß industriell erzeugte Nahrungsmittel bestenfalls Genußmittel sind, aber nicht als ständige Nahrung dienen können. Industriell erzeugte Nahrungsmittel sind in erster Linie dafür hergestellt, daß sie gut transportierbar und lagerbar, also haltbar sind. Um Lebensmittel haltbar zu machen, benötigt man Kochsalz.

Auch unser Organismus braucht Kochsalz, also Natriumchlorid. Ganz ohne Kochsalz kommt es zu Störungen im Stoffwechsel. Je nach klimatischen Bedingungen und körperlichen Aktivitäten schwankt der Kochsalzbedarf des einzelnen. »Unter den Lebensbedingungen in der Bundesrepublik ist für den Erwachsenen eine Kochsalzzufuhr von fünf Gramm pro Tag ausreichend.«[32]

Der Bundesbürger aber verzehrt, da der größte Teil seiner Nahrung industriell bearbeitet ist, im Durchschnitt doppelt so viel – etwa zehn Gramm – Kochsalz am Tag. »Davon stammen mehr als die Hälfte aus verarbeiteten Lebensmitteln«[33] – also aus Käse, Wurst, Konserven, Brät. Aber auch viele Mineralwässer enthalten reichlich Natriumchlorid, wie auf dem Etikett abzulesen ist.

Brot und feine Backwaren wie Kekse und Kuchen tragen zu gut einem Drittel der Kochsalzzufuhr des Bundesbürgers bei. Beim Brotbacken dient das Salz nicht nur als Gewürz, sondern als technischer Hilfsstoff. Während des Teigrührens quellen die Getreide-Eiweißstoffe zu einem netzartigen Gelee auf, das das Wasser im Teig festhält. Das aber gelingt nur optimal, wenn ausreichend Salz vorhanden ist.

Der Kochsalzüberschuß in den Industrienahrungsmitteln wäre vielleicht gar nicht so schlimm, wenn nicht die industrielle Bearbeitung darüber hinaus noch zu einem Kaliumverlust in unseren Lebensmitteln führte – zum Beispiel rund 80 Prozent bei der Herstellung von Mehl der gebräuchlichsten Type 405.[35] Wir nehmen also nicht nur zu viel Natrium auf, sondern gleichzeitig zu wenig Kalium, das der Stoffwechsel mindestens in gleicher Menge wie das Natrium benötigt.

Die industrielle Bearbeitung der Lebensmittel führt dazu, daß in unserer Nahrung Natrium und Kalium heute in einem

Verhältnis von drei zu eins vorliegen. Auf drei Teile Natrium kommt ein Teil Kalium. Die Nahrung unserer steinzeitlichen Ahnen hingegen, von denen wir unsere Stoffwechselmechanismen geerbt haben, weist ein Kalium-Natrium-Verhältnis von sechzehn zu eins auf.[36] – Das muß man sich einmal auf der Zunge zergehen lassen, um zu begreifen, wie weit wir uns von dem entfernt haben, woran letztlich unser Stoffwechsel angepaßt ist.

Dem Kalium kommt im Stoffwechsel eine Schlüsselrolle bei der Blutdruckregulation zu. Werden gesunde Personen künstlich kaliumarm ernährt, steigt bei ihnen der Blutdruck an. Und er steigt noch weiter an, wenn sie zusätzlich Kochsalzinfusionen erhalten.[37] Das stark verschobene Kalium-Natrium-Verhältnis in der Nahrung der westlichen Industrieländer dürfte demnach eine wichtige Ursache für die Wohlstandskrankheit Bluthochdruck sein. In der Bundesrepublik (alte Bundesländer) leiden etwa 10 Millionen Menschen an zu hohem Blutdruck. Ein Drittel davon ist erblich belastet mit einer Salzunverträglichkeit.

Ein hoher Blutdruck ist nicht etwa eine natürliche Alterserscheinung. Epidemiologische Untersuchungen, wie die erste internationale Salzstudie »Intersalt«, an der 10 000 Menschen aus 50 Ländern teilgenommen haben, zeigen, daß Naturvölker, die sich traditionell ernähren, nicht an Bluthochdruck erkranken, auch nicht im Alter.

Martin Middeke, der Leiter der Ambulanz für Hochdruck- und Nierenpatienten an der Medizinischen Poliklinik der Universität München, sieht nur einen Ausweg aus dem Dilemma: »Meiden Sie vorgefertigte Lebensmittel.«[38]

In der Tat normalisiert sich bereits bei vielen Menschen, die an hohem Blutdruck leiden, etwa bei Zuckerkranken, bei familiär mit hohem Blutdruck belasteten oder älteren Menschen in vielen Fällen der Blutdruck durch eine kochsalzarme und gleichzeitig kaliumreiche Kost. Jüngste Untersuchungen weisen darauf hin, daß eine kaliumreiche Ernährung im Kindesalter bereits vor Bluthochdruck schützen kann.

Zur Ernährung frage nicht den Arzt

Daß sich das »metabolische Syndrom« und alle dazugehörigen Krankheiten wie Bluthochdruck, Zuckerkrankheit, Gicht und Gallensteine, die alle Wegbereiter der Arteriosklerose sind, über so viele Jahre innerhalb der Bevölkerung so ungehindert ausbreiten konnten und lediglich mit einem riesigen Medikamenten- und Geräteaufwand behandelt, aber nicht geheilt werden, hat seinen Grund nicht zuletzt in der schlechten Ausbildung der Ärzte im Fach Ernährungsmedizin.

Obwohl es die Ärzte sind, bei denen die meisten Menschen in Fragen der Ernährung – so zeigte es die erste Nationale Verzehrsstudie der Bundesrepublik – zuallererst Rat und Hilfe suchen, wissen Herr und Frau Doktor über die Ernährung des Menschen kaum Bescheid. Und vom Kochen, der Essenszubereitung, also der Umsetzung der Ernährungsempfehlungen in die Praxis, verstehen sie noch weniger. Das ist mit ein Grund, weshalb die Industriewerbung ein so leichtes Spiel mit uns hat.

»Trotz der allgemein anerkannten Bedeutung der Ernährung für die Gesundheit der Bevölkerung fehlt das Fach Ernährungsmedizin in der deutschen Medizinerausbildung vollkommen«, klagt der Würzburger Stoffwechselmediziner Heinrich Kasper. »Auch wird die Forschung auf dem Gebiet der Ernährungsmedizin in der Bundesrepublik durch die offiziellen Stellen in hohem Maße vernachlässigt.« Jeder kann das bestätigen, der einmal in einem deutschen Krankenhaus gelegen hat. Die miserable deutsche Krankenhauskost mit Wurst,

Weißbrot und sauren Gurken spricht allen Erkenntnissen der modernen Ernährungswissenschaft Hohn. Professor Horst Kuhn von der Städtischen Krankenanstalt Bielefeld formulierte noch drastischer: »Das Essen in den meisten Krankenhäusern kann man geradezu als Cholesterin-Mastkur bezeichnen.«[39]

Eine Initiative am Klinikum Großhadern in München ist deshalb zu begrüßen. Dort betreut eine freiberuflich tätige Haushaltswissenschaftlerin (Ökotrophologin) seit 1991 übergewichtige und andere stoffwechselgestörte Patienten. Sie geht mit ihnen zum Einkaufen, das Essenzubereiten wie das Essen selbst werden praktisch geübt und theoretisch begleitet. Einige Krankenkassen, allen voran die Allgemeine Ortskrankenkasse (AOK) Bayern zahlen die Hälfte der Kosten für diese praxisnahe Ernährungsberatung.

Schlank ohne Waage und Kalorientabelle

Darüber hinaus haben viele Bürger längst zur Selbsthilfe gegriffen. So breitet sich in Deutschland und auch in anderen industrialisierten Ländern eine Kostform aus, die nachgewiesenermaßen die Menschen schlanker und gesünder erhält als die Industriekost, und das ohne Kalorienzählen. Die Rede ist von der vegetarischen Ernährungsweise.

Bereits neun Prozent der Bundesbürger bezeichnen sich als strenge oder zeitweise Vegetarier, wie eine repräsentative INFAS-Umfrage aus dem Jahre 1989 zeigte.[40] Demgegenüber waren es 1983 nur 0,6 Prozent der Bevölkerung zwischen 19 und 69 Jahren, die statt Fleisch und Wurst lieber Gemüse, Obst und Getreide verzehren. Eine wachsende Zahl an vegetarischen Gaststätten, Naturkost- oder Bio-Läden, Reformhäusern und fleischlosen Gerichten auf den Speisekarten von Kantinen und herkömmlichen Restaurants lassen auf steigende Beliebtheit der vegetarischen Kost schließen.

Doch vegetarisch ist nicht gleich vegetarisch: Die klassischen Vegetarier, auch Veganer genannt, verschmähen jedes vom Tier stammende Nahrungsmittel, also auch Milch und Eier. Die Laktovegetarier verzehren Milch und Milchprodukte, und die Ovo-Laktovegetarier lassen auch Hühnereier auf ihrem Speisezettel zu.

Helmut Rottka, Ernährungsmediziner an der Freien Universität Berlin, untersuchte erstmals mit wissenschaftlichen Methoden den Wert der vegetarischen Ernährung.[41] Als er Anfang der 80er Jahre zusammen mit dem Bundesgesundheitsamt in Berlin die erste kontrollierte Vegetarierstudie weltweit begann, war sein Ziel, die vielbeschworenen Vorteile der vegetarischen Ernährung wissenschaftlich zu untersuchen, also die Ideologie von den Tatsachen zu trennen, um schließlich der Bevölkerung eine praktikable und den Bedürfnissen unserer Zeit entsprechende Ernährungsform empfehlen zu können.

Vegetarismus versteht sich nicht nur als Ernährungsform. Die Ernährung ist vielmehr stets Teil einer Weltanschauung. Schon der griechische Philosoph Pythagoras, der Stammvater des europäischen Vegetarismus, gründete in Unteritalien eine nach strengen Regeln lebende politisch-religiöse Gemeinschaft – die Pythagoräer. Diese aßen kein Fleisch und opferten auch den Göttern keine Tiere. Seit diesen Anfängen zieht sich durch alle Jahrhunderte der europäischen Geschichte bis heute der Vegetarismus, der immer auch den Anspruch beinhaltet, eine »vernünftige Lebenskunst« zu sein.

Um diese weltanschaulich-philosophische Komponente des vegetarischen Lebens vom Nutzen abzutrennen, den eine Ernährung mit überwiegend pflanzlichen Nahrungsmitteln stiftet, verglich Rottka die Nährstoffversorgung von 372 Vegetariern mit einer Vergleichsgruppe von 354 Nicht-Vegetariern, die aber wie die Vegetarier ebenso »gesundheitsbewußt« lebten.

Die Vertreter der Vegetariergruppe ernährten sich seit mindestens fünf Jahren entweder rein vegetarisch, also veganisch oder ovo-lakto-vegetarisch, oder aßen sogar ein bis zweimal im Monat Fleisch oder Fisch. Die nichtvegetarische Vergleichsgruppe stellte ihren Speisezettel gesundheitsbewußt zusammen, trieb Sport wie die Vegetarier und schränkte sich ähnlich wie diese beim Genuß von Alkohol und Zigaretten ein.

Im geringen Körpergewicht der Vegetarier zeigt sich der Verzicht auf Fleischliches – und damit auf das versteckte tierische Fett –, aber auch der geringe Zuckerkonsum (fünf Prozent des bundesdeutschen Durchschnitts!) machte sich dadurch bemerkbar. Nur drei Prozent der Vegetarier lagen über dem nach der Broca-Formel berechneten Normalgewicht – also Körperlänge in Zentimetern minus 100. Demgegenüber sind 30 Prozent der bundesdeutschen Bevölkerung übergewichtig. Andererseits brachte ein Fünftel der vegetarisch lebenden Frauen und Männer nicht einmal 80 Prozent des Normalgewichtes auf die Waage.

Während Frauen hierzulande durchschnittlich rund 3000 Kilokalorien täglich verspeisen, begnügt sich die Vegetarierin und ebenso die gesundheitsbewußte Nichtvegetarierin mit 2000 Kilokalorien am Tag. Vegetarisch lebende Männer und sportliche Nichtvegetarier leben von durchschnittlich 2600 Kilokalorien am Tag und benötigen damit fast ein Drittel weniger als ihre postmodern essenden Geschlechtsgenossen.

Dabei essen sich die Vegetarier immer satt. Doch statt Fleisch und Wurst und kalorienreicher, aber wenig sättigender Industrienahrungsmittel verzehren sie frisches Gemüse – fast dreimal so viel wie der durchschnittliche Bundesbürger – und doppelt so viel frisches Obst. Auch von den Nährmitteln, wie etwa Nudeln, Haferflocken und Reis, nehmen sich die Vegetarier den Teller doppelt so voll. Der Ballaststoffanteil liegt damit bei 35 Gramm am Tag bei den Frauen und 44 Gramm bei den Männern. Das ist mehr als doppelt so hoch wie der bundesdeutsche Durchschnitt. Alkoholkalorien belasten die Energiebilanz der Vegetarier dagegen nur wenig. Vegetarisch essende Männer trinken nur jedes fünfte Glas Bier oder Wein im Vergleich zu den anderen Bundesbürgern.

Neben der Leibesfülle fehlt den Vegetariern weitgehend auch das Zivilisationsleiden Bluthochdruck. Der Blutdruck hält bei 98 Prozent der Fleischverächter einen Wert unter der kritischen Marke. Auch die gesundheitsbewußten Mischköstler der Vergleichsgruppe weichen davon nur wenig ab. Obwohl Vegetarier etwa gleichviel Butter essen wie der Rest der Republik, weisen sie keine erhöhten Blutfettwerte auf. Bei nahezu drei Vierteln der vegetarisch lebenden Männer und der Hälfte der Frauen lagen die Cholesterinwerte unter der kritischen Grenze von 200 Milligramm pro Deziliter (mg/dl). Die sportlichen Nichtvegetarier, die ebenfalls ihr Brot buttern, liegen mit 213 mg/dl nur leicht darüber. Innerhalb der bundesdeutschen Bevölkerung lebt jedoch jeder zweite mit einem erhöhten Cholesterinwert. An der Butter kann es demnach wohl nicht liegen.

Eine zweite Studie, die das Krebsforschungszentrum in Heidelberg durchführte, brachte ähnliche Ergebnisse. Am Neckar, wo die Teilnehmer der Studie 11 Jahre beobachtet wurden, stellte sich heraus, daß Vegetarier länger leben als die fleisch- und wurstessende deutsche Bevölkerung. Während des Beobachtungszeitraums starben nur halb so viele Vegetarier wie Menschen im Bundesdurchschnitt. Verglichen mit den Vegetariern sterben in der Normalbevölkerung zehnmal mehr an Lungenkrebs und doppelt so viele an Darmkrebs.[42]

Die Erkenntnis aus beiden Studien ist somit, daß eine gemüse- und ballasstoffbetonte Kost eine vernünftige und zeitgemäße Ernährungsweise darstellt. Die Berliner Studie sagt außerdem, daß wir durchaus nicht alle Vegetarier werden müssen, damit wir gesund bleiben. Die Befunde der nichtvegetarischen Vergleichsgruppe sind hier besonders aufschlußreich. Deren Vertreter essen auch Fleisch, trinken Alkohol aber maßvoller als die allgemeine deutsche Bevölkerung. Und sie stopfen sich nicht alle »Errungenschaften« der postmodernen Nahrungsmittelindustrie wahllos in den Mund. Sie leben gesundheitsbewußt, ohne sich zu kasteien.

Betrachtet man die Ernährung der nichtvegetarischen Gruppe, dann scheint es durchaus nicht schwer zu sein, gesünder zu leben. Die Nichtvegetarier verzehren lediglich ein Drittel weniger Fleisch als die Bundesbürger, dafür mehr Fisch. Doch nimmt man Fisch und Fleisch zusammen, so sind es 20 Prozent weniger tierisches Eiweiß als sich der Bundesbürger im Durchschnitt auf den Teller legt. Selbst die Wurst verkneifen sich die Gesundheitsbewußten nicht. Sie essen aber 20 Prozent weniger als der Rest der Deutschen, die Weltmeister im Wurstessen.

Vom Alkohol fließen nur 40 Prozent des Bundesdurchschnitts durch die Kehlen der gesundheitsbewußten Mischköstler. Jedoch im Verzehr von Butter, Milch und Käse unterscheiden sie sich nicht vom Rest der Bevölkerung. Hingegen schlagen sie sich nur ein Drittel der Eier, die im Durchschnitt hierzulande verzehrt werden, in die Pfanne oder den Kuchenteig. Und auch von den Speisefetten zum Braten und Backen verbrauchen sie nur ein Drittel des bundesdeutschen Durchschnitts. Nicht anders bei den Süßwaren, von denen sie nur halb so viel naschen.

Die Nahrung der gesundheitsbewußten Nichtvegetarier hat durchaus das Zeug dazu, die Ernährung der Nach-Postmoderne zu werden. Denn noch weitere gewichtige Gründe sprechen für eine gemüsebetonte, ballaststoffreiche Kost. Darüber mehr im nächsten Kapitel.

Ein Plädoyer für Kraut und Rüben

Kommt, von allerreifsten Früchten
Mit Geschmack und Lust zu speisen!
Über Rosen läßt sich dichten,
In die Äpfel muß man beißen.
JOHANN WOLFGANG VON GOETHE

»Der Patient erklärt seinem Arzt: ›Das Eieressen ruiniert mein Leben, aber ich kann es einfach nicht lassen.‹ In der Tat: 25 gekochte Eier, die der 88jährige im Laufe des Tages verspeiste, sind eine stolze Zahl – zumal er dies seit über 15 Jahren tat! Trotzdem befand er sich bei bester Gesundheit, ohne Zeichen einer Arteriosklerose, etwa eines drohenden Herzinfarktes. Noch überraschender waren seine Blutfettwerte. Die waren völlig normal. Und der Cholesterinwert betrug 200 mg/dl Blut (LDL 142 mg/dl und HDL 45 mg/dl).«[1]

Wie ist dieses medizinische Wunder zu erklären? Bei weiterer Untersuchung stellte sich heraus, daß der Organismus des Mannes lediglich ein Fünftel des gegessenen Cholesterins aus den Eidottern überhaupt aufnahm. Alles andere schied er wieder aus. Darüber hinaus verwandelte er doppelt soviel Cholesterin in Gallensäure, als das normalerweise der Fall ist.

Unsere Gesundheit steht, das verdeutlicht dieses Beispiel, wie ein Schusterschemel auf drei Beinen. Das eine Bein ist die ererbte Konstitution, das zweite das Alter und das dritte Bein ist die Umwelt, wozu auch die Nahrung gehört. Im Unterschied zum Schusterschemel kann die Gesundheit auch dann recht stabil stehen, wenn nur ein Bein und zwar das Erbanlagen-Bein des Menschen ausgesprochen gut ist. Wer gesunde Eltern und Großeltern hat, kann sich in seinem Lebensstil und in seiner Ernährung einige Extravaganzen leisten. »Ein Guter hälts aus«, sagt der Volksmund. Das sind dann die vielzitierten bis ins hohe Alter gesunden Raucher.

Ob der 88jährige Eier-Fan einen 100jährigen qualmenden Großvater hatte, ist nicht bekannt. Ein Kommentator der wissenschaftlichen Zeitschrift, in der dieser aufsehenerregende Fall beschrieben wurde, vermutet, daß besonders gute Erbanlagen den Mann bei bester Gesundheit halten. Aber es könnte durchaus auch sein, daß der Alte lebenslang eine Ernährung pflegte, die sich günstig auf seine tägliche Cholesterinmast auswirkte. Vielleicht aß der Mann zu seinen vielen Eiern auch viel Vollkornbrot. Daß sein Körper sich nur wenig Cholesterin einverleibte, spricht für einen reichlichen Ballaststoff-Verzehr. Und daß die Blutfettwerte des rüstigen Alten normal waren, deutet darauf hin, daß er die Eier nicht mit Speck aß und wohl auch sonst Wurst, Käse und anderen tierischen Fettquellen nur mäßig zusprach. Zum anderen wird nicht berichtet, ob der Mann nicht vielleicht ein Gourmet war und die Eier mit Spinat und Knoblauch verzehrte, mit Kresse, Schnittlauch oder mit Tomaten und Basilikum. Denn darin sind Stoffe enthalten, die das erhöhte Cholesterin daran hindern, eine Arteriosklerose zu verursachen.

Obst und Gemüse, Getreide, Hülsenfrüchte, Nüsse und Gewürze enthalten nicht nur lebenswichtige Vitamine, Mineralien und Spurenelemente, sie versorgen uns darüber hinaus mit Medizin. An die zehntausend (!) Pflanzeninhaltsstoffe – die Forscher nennen sie sekundäre Pflanzenstoffe – schützen uns vor Herzinfarkt, Schlaganfall und Krebs, vor Grauem Star und möglicherweise auch vor dem grausamen Gehirnleiden Alzheimer Krankheit. Diese pflanzlichen Stoffe bremsen darüber hinaus den gefährlichen Anstieg des Cholesterinspiegels, stärken das Immunsystem und halten Bakterien-, Viren- und Pilzinfektionen in Schach. Erst jetzt, zur Drucklegung dieses Taschenbuches, entdeckten die Wissenschaftler die Bedeutung der sekundären Pflanzenstoffe für unsere Gesundheit. Es sind die Stoffe, mit denen sich Pflanzen schützen, die auch uns als innere Apotheke dienen. Aufgrund ihrer chemischen Struktur unterscheiden die Forscher neun Gruppen: Carotinoide, Saponine, Glucosinolate, Polyphenole, Protease-Inhibitoren, Terpene, Phytosterine, Phytoöstrogene und Sulfide.

Wider die Verkalkung

»Wir marschieren mit der Cholesterinhysterie in die falsche Richtung«, erklärte mir der Stoffwechselmediziner Hans K. Biesalski. »Man kann durchaus etwas mehr Cholesterin essen, man muß sich nur sonst richtig ernähren.« Diese Ansicht treibt zwar derzeit noch so manchem seiner in der Ernährungsforschung ergrauten Kollegen den Schweiß auf die Stirn. Doch das hält den etwas fülligen Mainzer Forscher vom Institut für Physiologische Chemie und Pathobiochemie der Universität nicht ab, auf Frankreichreisen schon mal eine Meeresfrüchteplatte für zwei Personen zu verzehren. (Meeresfrüchte wie Austern, Miesmuscheln, Tintenfische, Hummer und Garnelen kommen im Cholesteringehalt dem Hühnerei sehr nahe.)

In der Tat ist es nach den Erkenntnissen der letzten Jahre nicht das Cholesterin an sich, das zur Arteriosklerose führt. Vielmehr beginnt der arteriosklerotische Prozeß dann, wenn die »LDL-Kleinbusse«, die das Cholesterin im Körper transportieren – um im Bild aus dem vorigen Kapitel zu bleiben –, »verrostet«, also oxidiert sind. Als Oxidationsschutz hat der Organismus ein Arsenal von Hilfstruppen, die sofort zur Stelle sind, wenn sich die erste Spur von Rost blicken läßt. Zu diesen Hilfstruppen gehören die Enzyme Katalase, Superoxid-Dismutase und Glutathion-Peroxidase mit dem Zentralatom Selen sowie die Vitamine E, C und Beta-Carotin.

Diese eigentlichen Aufgaben der Vitamine in unserem Körper wurden erst jetzt erkannt und werden weltweit erforscht. Bisher dienten als Meßlatte für den Vitaminbedarf die klassischen Vitaminmangelkrankheiten – Leiden wie Skorbut, das früher die Seefahrer befiel, bevor sie Sauerkraut und Kartoffeln als Vitamin-C-Spender mit aufs Schiff nahmen, oder Nachtblindheit, eine schwere Vitamin-A-Mangelkrankheit, an der heute noch Millionen von Kindern in den Entwicklungsländern erkranken. Das ist aber nur die halbe Wahrheit über die Vitamine.

In den letzten Jahren entdeckten die Forscher, daß einige Vitamine nicht nur Mangelkrankheiten verhindern. Vielmehr schützen Stoffe wie Vitamin E, Vitamin C und das als Vorstufe für Vitamin A bekannte Beta-Carotin im Stoffwechel vor schädlicher Oxidation. Der Vitaminbedarf des Menschen wird deshalb von den Experten neu überdacht. »Es geht heute nicht alleine darum, daß wir Vitamin-Mangelkrankheiten verhindern,« sagte der Arzt und Biochemiker Helmut Sies von der Universität Düsseldorf, vielmehr gelte es den Stoffwechsel zu unterstützen. »Viele Körperfunktionen verlaufen erst dann optimal, wenn der Blutspiegel der antioxidativ wirkenden Vitamine wie Vitamin E und Vitamin C sowie Beta-Carotin höher liegt als bisher als notwendig angesehen wurde.«

Wir könnten allesamt gesünder sein, wenn wir unserem Körper geben würden, was er braucht. Um Mangelschäden zu vermeiden, versucht sich unser Organismus zunächst mit Ersatzmechanismen zu behelfen und über Wasser zu halten. Das geht über viele Jahre mehr recht als schlecht, bis der Mangel sichtbar wird. Aber er wird nicht als Vitaminmangel sichtbar, sondern als Arteriosklerose, Krebs, Grauer Star oder Alzheimer Krankheit. Das Fehlen frühzeitiger Warnsignale macht es so schwer, eine verborgene Mangelversorgung mit Vitamin C, E und Beta-Carotin rechtzeitig zu erkennen.

Beta-Carotin hatte man bislang nicht als Vitamin erkannt, sondern lediglich als Vitamin-A-Vorstufe betrachtet, denn aus einem Molekül Beta-Carotin entstehen zwei Moleküle Vitamin A. Doch wie man heute weiß, werden nur etwa 15 Prozent Beta-Carotin aus unserer Nahrung für die Vitamin-A-Synthese verbraucht. Der Rest schützt vor der Oxidation durch Radikale. In roten, orangen, gelben und grünen Früchten und Gemüsen kommen noch weitere rund 600 Carotinoidfarbstoffe vor. Etwa ein Dutzend davon ist bislang als wichtiger Oxidationsschutz für den Menschen entdeckt worden.

Radikale auf dem Vormarsch

Oxidieren und Rosten sind keine Erfindungen unseres Blechzeitalters. Alle atmenden Organismen, wie der Mensch, verbrauchen Sauerstoff und führen damit Oxidationen im Stoffwechel durch. Das Lebenselixier Sauerstoff ist aber gleichzeitig ein hochgiftiges Gas.

Als in der frühen Geschichte des Lebens auf unserer Erde einige Algen damit angefangen hatten, Sauerstoff zu produzieren, starb der größte Teil der damaligen Erdbewohner aus. Für die an sauerstofflose Lebensbedingungen angepaßten Organismen wirkte Sauerstoff tödlich. Sauerstoff dürfte demnach die erste globale Umweltverschmutzung auf unserem Planeten gewesen sein.

Diese planetare Ausrottung haben nur Organismen überlebt, die Zeit hatten, Mechanismen zu entwickeln, die vor dem giftigen Sauerstof schützen. Diese Mechanismen haben sich im Laufe von Jahrmillionen so perfektioniert, daß die atmenden Lebewesen den zwar giftigen, aber auch äußerst nützlichen Sauerstoff sogar in ihre Zellen hereinlassen und dort zur Energiegewinnung nützen. Mit Hilfe von Sauerstoff werden mit hoher Energieausbeute Fettsäuren, Glukose und Aminosäuren verbrannt. Dabei entstehen außerdem Kohlendioxid und Wasser.

Eine normalgewichtige deutsche Frau, die täglich rund 2000 Nahrungs-Kilokalorien verbrennt, benötigt dazu rund 700 Gramm Sauerstoff. Das ergibt nach 70 Jahren die gewaltige Menge von 17 Tonnen Sauerstoff. Da es im Leben nie so exakt zugeht wie in einem Ingenieurbüro auf dem Reißbrett, treten bei der zellulären Sauerstoffverbrennung Verluste auf. Etwa zehn Prozent des eingeatmeten Sauerstoffes wird nicht ordnungsgemäß zu Kohlendioxid und Wasser verbrannt: So entstehen in einem Menschenleben aus dem eingeatmetem Sauerstoff 1,7 Tonnen Peroxid-Radikale.

Normalerweise nimmt ein Molekül Sauerstoff bei der Oxidation zu Wasser vier Elektronen auf. Nimmt das Sauerstoffmolekül aber nur eines auf, dann entsteht ein unvollständiges und damit chemisch aggressives Molekül – ein Superoxid-Radikal. Nimmt der Sauerstoff nur zwei statt vier Elektronen auf, entsteht ein Wasserstoff-Peroxid-Radikal. Unter Einwirkung von Licht kann außerdem aus Sauerstoff der zwar nicht radikale, aber äußerst reaktionsfreudige Singulett-Sauerstoff entstehen.

Ein Beispiel für ein Sauerstoffradikal, das heute jeder aus der Umweltdiskussion kennt, ist das Ozon. Dieses dreiatomige Sauerstoffmolekül ist deshalb radikal, weil es leicht in ein stabiles Sauerstoffmolekül und in ein unstabiles Sauerstoffradikal zerfällt, dem ein Elektron fehlt.

Das fehlende Elektron macht den Sauerstoff »aggressiv«. Der versucht nun rasch, wieder einen ausgeglichenen Zustand zu erreichen, und entreißt deshalb anderen Molekülen das ihm fehlende Elektron. Jetzt reagiert das bestohlene Molekül genauso wie vorher der aggressive Sauerstoff. Damit ist die schönste Kettenreaktion angezettelt. (Noch anschaulicher wird diese Reaktion, wenn man sich die radikalen Moleküle als Handtaschenräuber vorstellt, die in den Großstädten auf Mopeds am Bürgersteig entlang fahren und den Passanten die Taschen entreißen. Würde jetzt der so Bestohlene seinerseits dem nächsten Vorüberkommenden die Tasche entreißen und dieser so fort, dann gäbe das eine Kettenreaktion, wie sie chemische Radikale nicht anders ausführen.)

Wenn es sich bei den »bestohlenen« Molekülen um Bestandteile von Zellstrukturen handelt, etwa die Zellmembran oder gar die Erbsubstanz, kommt es zu Schäden in der Zelle. Die Erbsubstanz – also das DNS-Molekül – jeder Zelle unseres Körpers wird pro Tag etwa zehnmal durch solche Radikalenübergriffe verletzt. Damit die Verletzung sich nicht zum Schaden auswächst, »eilen« sofort verschiedene Reparaturtrupps zum Unfallort: die Enzyme Glutathion-Peroxidase, Katalase oder Superoxiddismutase. Darüber hinaus enthalten alle Zellmembranen von Tieren und Pflanzen alpha-Tocopherol, besser bekannt als Vitamin E, das die empfindlichen Fettsäuren in den fettreichen Zellmembranen vor einer Zerstörung durch Sauerstoffradikale schützt.

»Da von diesen Fettsäuren Beweglichkeit und Funktionsfähigkeit der Membranen abhängt«, erklärte der Radikalenforscher Sies, »wieseln Vitamin-E-Moleküle wie Schäferhunde in einer Schafherde zwischen den Fettsäuremolekülen der Membran herum. Ein Vitamin-E-Schäferhund ›betreut‹ dabei zwischen 300 und 1000 Fettsäure-Doppelbindungen.« Greift ein Sauerstoffradikal die Doppelbindung einer ungesättigten Fettsäure an, stürzt der »Vitamin-E-Schäferhund« herbei und übernimmt den radikalen Sauerstoff. Dem eilt nun seinerseits aus der Zellflüssigkeit (Zytoplasma) ein Vitamin-C-Molekül zu Hilfe und übernimmt den radikalen Sauerstoff. Unter Verbrauch von Vitamin C wird Vitamin E wieder hergestellt. Ohne Vitamin C wäre das Vitamin E zerstört worden.

Zusammen mit Vitamin E und Vitamin C »kämpfen« auch Beta-Carotin und andere Carotinoide gegen die gefährlichen Sauerstoffradikale. So wird etwa der gelbe Fleck auf unserer Netzhaut nicht durch Beta-Carotin, sondern durch die gelben Carotinoide Zeaxanthin und Lutein vor Lichtschäden – also vor dem Angriff von Singulett-Sauerstoff – geschützt.

Beta-Carotin schützt vor allem die Haut vor dem schädlichen Einfluß der UV-Strahlen. Ein Skiwochenende bei Sonnenschein im Hochgebirge kann die Beta-Carotinspeicher der Haut vollständig leeren. »Nach dem Skifahren häufig auftretende Erkältungskrankheiten werden offenbar durch einen akuten Beta-Carotinmangel begünstigt«, vermutet Sies. Untersuchungen an Labortieren haben gezeigt, daß alle antioxidativ wirkenden Vitamine sowie Beta-Carotin die Infektionsabwehr verbessern. Makrophagen zum Beispiel, jene gefräßigen Immunzellen, die im Blut gleichsam an vorderster Front eingedrungenen Krankheitskeimen auflauern und sie vernichten, brauchen 50mal mehr Vitamin C als andere Zellen, weil sie Sauerstoffradikale als Abwehrwaffe verwenden.

Wie eine Amöbe umfließt der Makrophage die schädlichen Keime und nimmt sie in sich auf. Verschiedene Enzyme im Inneren der Freßzelle töten daraufhin die Beute mit Hilfe von Sauerstoffradikalen, die eigens dafür erzeugt werden. Und damit der Schuß jedoch nicht nach hinten losgeht und der Makrophage sich durch die Radikale selbst zerstört, hält er in seinem Zytoplasma sogenannte Radikalenfänger bereit – etwa Vitamin C und Beta-Carotin. Gilt es viele Krankheitserreger abzuwehren, steigt somit der Verbrauch an diesen beiden Vitaminen.

Sauerstoffradikale entstehen nicht nur ständig im Stoffwechsel, sondern auch durch Strahlung, durch Medikamente und durch Umweltschadstoffe. Ein einziger Zug aus der Zigarette überflutet zum Beispiel die Lunge mit Billionen freier Radikale!

Wenn Gefäße »Rost« ansetzen

Daß die Biochemiker erst in den letzten Jahren auch in der lebenden Zelle Radikale entdeckt haben, die dem Chemiker schon lange vertraut sind, liegt an der Kurzlebigkeit und dem schwierigen Nachweis von Radikalen im lebenden Organismus. Das ist auch der Grund dafür, daß man erst in jüngster Zeit festgestellt hat, daß nicht ein hoher Cholesterinwert allein die Arteriosklerose verursacht, wie man bislang annahm. Vielmehr kommt es erst dann zu den arteriosklerotischen Ablagerungen, die die Blutgefäße letztlich vollkommen verschließen können, wenn die LDL-Kleinbusse, die das Cholesterin im Körper transportieren »verrosten«. Genauer, wenn die ungesättigten Fettsäuren, die einen Teil der »Karosserie« ausmachen, durch Radikale peroxidiert werden. Zum Schutz vor Radikalen »fahren« stets sieben bis maximal zehn Vitamin-E-Schäferhunde mit.[2]

Die LDL-Kleinbusse sind in unserem Körper ständig unterwegs. Sie transportieren Triglyceride von der Leber ins Fettgewebe – sehr viele, wenn der Mensch einen dicken Bauch hat – und sie beliefern die Zellen mit dem Baustoff Cholesterin. Auf ihrem Weg aus dem Blut durch die Arterienwand etwa zu den feinen Muskelzellen, die die Blutgefäße umgeben, kann es passieren, daß die LDL-Kleinbusse von Sauerstoffradikalen peroxidiert werden.

Damit solche Peroxidationen keinen Schaden anrichten, patroullieren im Blut und in der Arterienwand und überall im Körper stets Beta-Carotin- und Vitamin-C-Polizisten. Entdecken sie einen peroxidierten LDL-Kleinbus, dessen Vitamin-E-Schäferhunde des Radikalenangriffs nicht mehr Herr werden (denn die »Hunde« können nur sieben bis maximal zehn Angreifer abwehren), dann springen die »Polizisten« dazwischen, unterbrechen die Kettenreaktion, die durch die Radikale angezettelt wurde, und stellen den nicht-oxidierten Zustand wieder her.

Fahren aber zu wenige »Hunde« mit, weil die Vitamin-E-Versorgung des betreffenden Menschen schlecht ist, und fehlen darüber hinaus Beta-Carotin- und Vitamin-C-Polizisten, bedingt durch Mangelernährung oder nährstoffarme Industriekost, oder werden zu wenige bereitgestellt, weil sie anderweitig gebraucht werden, weil vielleicht in der Nähe im Gewebe eine Infektion abläuft oder durch Zigarettenrauch die Arterienwand mit Milliarden von Radikalen überflutet ist, dann bleiben die LDL-Kleinbusse in ihrem peroxidierten Zustand.

Peroxidierte LDL-Kleinbusse sind aber untauglich, ja geradezu gefährlich für ihre Umgebung. Denn sie peroxidieren andere Zellbestandteile. Deshalb werden peroxidierte LDL-Kleinbusse auf der Stelle ausgemustert. Makrophagen kommen herbei und machen kurzen Prozeß: Sie verschlingen, wie sie gewöhnlich Bakterien verschlingen, die »verrosteten« LDL-Kleinbusse.

Aber die peroxidierten LDL-Kleinbusse lassen sich nicht so leicht verdauen wie Bakterien. Der Makrophage bläht sich auf und verwandelt sich in eine sogenannte Schaumzelle. Erst wenn HDL-Hilfstruppen (HDL ist die Abkürzung für das englische *high density lipoprotein*) herbeieilen und das unverdauliche Cholesterin aus dem LDL-Kleinbus »ausbauen« und mitnehmen, verwandelt sich die Schaumzelle zurück in einen Makrophagen.

Kommt es zu Verletzungen in der Arterienwand, dann eilen Geschwader von LDL-Kleinbussen herbei, um Cholesterin für eine rasche Reparatur zu liefern. Solche Verletzungen können entstehen etwa durch Turbulenzen des Blutes an Abzweigungen, durch zu hohen Blutdruck oder weil die Zellmembranen zu wenig Vitamin-E-Schäferhunde aufweisen oder zu wenige ungesättigte Fettsäuren, weshalb die Zellmembranen starr und brüchig werden.

Kommt es dann zur Peroxidation der LDL-Kleinbusse in der Arterienwand, weil die Beta-Carotin- und Vitamin-C-Polizisten dem Ansturm der peroxidierten LDL-Kleinbusse nicht gewachsen sind, eilen wiederum Makrophagen herbei. Die ziehen die »rostigen« LDL-Kleinbusse aus dem Verkehr. Aber sie werden selbst dabei zu Schaumzellen.[3]

Solche Schaumzellen können schon bei Kindern auftreten. »Es fängt an mit dem zwölften Lebensjahr, daß wir Schaumzellen in der Arterienwand sehen. Aber die ersten Schaumzellen sind teilweise noch reversibel, denn das HDL kann das Cholesterin wieder abtransportieren«, sagte Professor Hermann Esterbauer von der Universität Graz, der auf europäischer Seite wesentlich zur Aufklärung des arteriosklerotischen Prozesses beigetragen hat. »Wenn sich natürlich im Übermaß Schaumzellen bilden, dann wird es gefährlich. Ich glaube, es ist die Quantität, die hier ausschlaggebend ist.«

Wenn zu viele Schaumzellen entstehen, die nicht mehr durch HDL-Hilfstruppen regeneriert werden können, sterben sie ab. Abgestorbene Schaumzellen setzen die peroxidierten Fettsäuren aus den LDL-Kleinbussen frei und die peroxidieren nun die Fettsäuren in der Arterienwand. Dadurch entstehen Schäden.[4] Die müssen repariert werden. Das führt dazu, daß erneut für die Reparatur Cholesterin in LDL-Kleinbussen herangebracht wird. Ein sich selbst erhaltender Prozeß ist damit in Gang gekommen. Der Cholesterinwert steigt.

Durch die Schäden werden auch andere Reparaturzellen des Blutes angelockt, etwa Thrombozyten zum Abdichten der Löcher in der Arterienwand. Diese Blutgerinnungszellen lagern sich ab und es entstehen regelrechte Flickstellen. Dieser Flickprozeß kann sich über Jahre hinziehen. Die Flicken werden immer dicker, Kalzium lagert sich ein und die Flickstellen werden hart und steif. Bleibt die Versorgung mit Vitamin E, Vitamin C und Beta-Carotin schlecht, wachsen die Flicken mit den Jahren und es kommen immer neue hinzu.

Tierexperimente zeigen, daß es durch einen Mangel an Vitamin E und C zu diesen arteriosklerotischen Veränderungen in den Blutgefäßen kommt. Häufige Flickstellen an der Gefäßwand vermindern schließlich die lichte Weite der Blutgefäße und begünstigen deren Verschluß. Handelt es sich um ein Blutgefäß am Herzen, eine Herz-Kranzarterie, erleidet der Betroffene einen Herzinfarkt. Wird indes ein Blutgefäß im Gehirn durch dicke Flickstellen undurchlässig, kommt es zum Schlaganfall.

Der raffinierte Ölschwindel

Epidemiologische Studien brachten die Forscher auf die Spur, die Ursache für die Arteriosklerose bei den fehlenden Vitaminen zu suchen. Als Experten der Weltgesundheits-Organisation (WHO) die großen internationalen Studien über die Herz-Kreislauf-Krankheiten auswerteten, stellte sich heraus, daß in Finnland und Schottland das Risiko, an einem Herzinfarkt zu sterben, sechsmal höher liegt als in Italien, der Schweiz und in Süd-Frankreich.

Da sich die Cholesterinwerte in diesen Bevölkerungsgruppen nicht dramatisch unterscheiden, vermuteten die WHO-Forscher, es müßte an anderen Nahrungsbestandteilen liegen.

Eine WHO-Studie mit dem Namen *Monica* (für moni*toring* ca*rdiosvascular disease*), an der 16 verschiedene europäische Studiengruppen teilnahmen, brachte es schließlich Ende der 80er Jahre an den Tag: Es besteht eine enge, fast 100prozentig inverse Korrelation zwischen dem Antioxidantiengehalt im Blut, vor allem an Vitamin E, und dem Auftreten von Herzinfarkten. Menschen mit niedrigen Vitamin-E-Werten im Blut starben früher an Herzinfarkt als andere mit einem hohen Vitamin-E-Spiegel. Die Beziehung erwies sich sogar als wesentlich enger als jene zwischen Herzinfarkt und hohem Cholesterinwert. Im Klartext heißt das: Vitamin-E-arme Industriekost ist ein höheres Herzinfarktrisiko als ein zu hoher Cholesterinwert.

»Die Theorie, daß ein hoher Cholesteringehalt des Blutes den Herzinfarkt begünstigt, bleibt bestehen, doch muß sie erweitert werden«, sagte der Vitaminforscher Fred Gey von der Unversität Bern, der für die Schweiz an der Studie teilnahm. Die Monica-Studie hat zwar gezeigt, daß ein erhöhter Cholesterinwert ein Risiko für die Arteriosklerose darstellt. Doch ein hoher Cholesterinwert ist nicht das einzige und schon gar nicht das wichtigste Risiko. »Das höchste Risiko haben jene«, erklärt der Grazer Biochemiker Esterbauer, »die hohe Cholesterinwerte und niedrige Antioxidantienspiegel haben. Das geringste Risiko ist bei niedrigem Cholesterin und bei hohen Antioxidantien gegeben. Alles andere liegt dazwischen.«[5] Eine gute Versorgung mit den Antioxidantien Vitamin E, C und Beta-Carotin kann, so Esterbauer, einen hohen Cholesterinspiegel kompensieren. »Umgekehrt kann der protektive (schützende) Effekt niedrigen Cholesterins durch gleichzeitig niedrige Antioxidantien zunichte gemacht werden.«[6]

Wer also meint, um seinen Cholesterinspiegel zu senken, müsse er seinen Salat mit einer Salatsauce anrichten, die durch Fettersatzstoffe »abgemagert« wurde, der schadet sich. Vielmehr solle man das beste und »jungfräulichste« Öl nehmen, das man bekommen kann, rät der Mainzer Ernährungsforscher Biesalski: »Optimal ist Olivenöl. Man sollte durchaus dafür etwas mehr ausgeben, schließlich erhält man für sein Geld auch ein hochwertiges Nahrungsmittel. Für eine Flasche Wein gibt man auch zehn Mark aus, aber Olivenöl hält länger.«

Olivenöl der ersten kalten Pressung, aber auch ohne Erhitzen gewonnenes Sonnenblumen- und Weizenkeimöl, weisen mehr Vitamin E auf, als für den Peroxidations-Schutz der darin enthaltenen ungesättigten Fettsäuren benötigt wird. Dieses zusätzliche Vitamin E steht dann unserem Körper als Antioxidans zur Verfügung. »Die äußerst reichlich vorhandenen mehrfach ungesättigten Fettsäuren im Distelöl sind dagegen nicht ausreichend oxidationsgeschützt«, erklärte der Forscher. »Denn die Pflanze produziert wenig Vitamin E. Aus diesem Grund reichern manche Hersteller ihr Distelöl mit dem Vitamin-E-reicheren Weizenkeimöl an.«

Nicht kaltgepreßte, also durch Erhitzen oder Raffination gewonnene Öle sind deshalb als Vitamin-E-Lieferanten nicht geeignet. Bei der Extraktion (Raffination) werden die Öle mit Lösungsmitteln wie Leichtbenzin, das auch in der Textilreinigung verwendet wird und vor allem aus Pentanen und Hexanen besteht, behandelt.[7] Dabei wird aus den Ölfrüchten oder -samen das reine Öl – also nur das Fett – gewonnen. Entfernt werden dabei Geschmacksstoffe, Vitamine und sekundäre Pflanzenstoffe. Lediglich zur Geschmackskorrektur wird diesem technischen Öl etwas kaltgepreßtes Öl zugefügt.

Ein großer Unfug war deshalb die Empfehlung, die vor einigen Jahren von Fettstoffwechsel-Experten ausgesprochen wurde: Zum Schutz vor Arteriosklerose solle man reichlich mehrfach ungesättigte Fettsäuren verzehren. Doch das war nur die halbe Wahrheit. Mehrfach ungesättigte Fettsäuren sind zwar ein hervorragender Arterioskleroseschutz, weil sie die Membranen aller Zellen elastisch halten, auch die der roten Blutkörperchen, die dadurch gut verformbar sind und somit die Fließeigenschaften des Blutes verbessern. Alle diese guten Eigenschaften kommen aber nur dann zustande, wenn die Zellmembranen ausreichend durch Antioxidantien wie Vitamin E oder Beta-Carotin geschützt sind.

Auch das an mehrfach ungesättigten Fettsäuren, vor allem an den Omega-3-Fettsäuren äußerst reiche Fischöl, das in Kapseln verpackt wird, hat seinen Oxidationsschutz verloren. »Die Wissenschaft ist sich heute darin einig, daß man Fischöl nicht in Form von Kapseln einnehmen soll, ohne ausreichende Antioxidantienzufuhr«, warnt Biesalski, »sonst passiert genau das Gegenteil.« Wer ungesättigte Fettsäuren in Form von Kapseln einnimmt in dem Glauben, sich etwas Gutes zu tun, der betrügt sich. Öle mit mehrfach ungesättigten Fettsäuren, die nicht ausreichend Vitamin E als Peroxidationsschutz enthalten, sind Vitamin-E-Räuber.

Diesbezüglich mußte auch die Empfehlung der Deutschen Gesellschaft für Ernährung. (DGE) hinsichtlich des Fettverzehrs ergänzt werden. Die DGE empfiehlt, man solle nur ein Drittel der Nahrungsenergie aus Fett beziehen und sich dabei je ein Drittel gesättigte, einfach ungesättigte und mehrfach ungesättigte Fettsäuren einverleiben. Wir verzehren aber vor allem Fett, das überwiegend gesättigte Fettsäuren enthält, wie tierisches Fett und pflanzliche Plattenfette zum Braten. Die gesättigten Fettsäuren benötigt der Organismus in erster Linie zum »Verheizen«. Da wir aber nicht mehr in kalten Wohnungen sitzen, aber auch wegen unserer bequemen Lebensweise wenig Muskelenergie benötigen, liegt dieser Fett-Brennstoff in unserem Bauchfett auf Halde und verursacht im Stoffwechsel die im vorhergehenden Kapitel geschilderten Schwierigkeiten.

Was wir indes dringend benötigen, sind mehrfach und einfach ungesättigte Fettsäuren. Diese Fettsäuren verwendet der Organismus überall im Körper für den Bau der Zellmembranen. Je mehr ungesättigte Fettsäuren sie enthalten, desto flexibler sind sie. Darüber hinaus aber benötigen wir vor allem die mehrfach ungesättigten Fettsäuren für die Synthese von Botenstoffen, wie Zellhormone und Signalstoffe, mit denen die Zellen unseres Körpers untereinander Informationen austauschen. Diese Botenstoffe sind Funksprüchen vergleichbar, mit denen unser Stoffwechsel letztlich gelenkt wird.

Damit Botenstoffe und Zellmembranen ihre Aufgaben optimal erfüllen können, dürfen die ungesättigten Fettsäuren nicht peroxidiert werden. Zum Schutz vor Peroxidation benötigt der Körepr Antioxidantien – also Vitamin E, C und Beta-Carotin. Deshalb hält Esterbauer die Fettsäure-Empfehlung der DGE nach den Erkenntnissen der Monica-Studie nicht für ausreichend. Vielmehr sollte man, damit der beabsichtigte Arterioskleroseschutz auch gegeben ist, mit den mehrfach ungesättigten Fettsäuren stets gleichzeitig auch mehr Antioxidantien aufnehmen, als das Öl für seinen eigenen Peroxidations-Schutz benötigt – das heißt, kaltgepreßte Pflanzenöle verzehren.

Einen Überschuß an Vitamin E haben neben kaltgepreßtem Olivenöl naturbelassenes (nicht raffiniertes) Sonnenblumenöl und ganz besonders reichlich Weizenkeimöl. Bei den Nüssen weisen Haselnuß und Mandel einen deutlichen Überschuß an Vitamin E auf. Weshalb diese auch länger lagerfähig sind als Walnüsse.

Ist Krebs ein Ernährungsleiden?

Nach dem Herzinfarkt ist Krebs in den industrialisierten Ländern die zweithäufigste Todesursache. »Ein Drittel bis die Hälfte aller Krebsfälle wird durch die Ernährung verursacht«, sagte der Würzburger Stoffwechselmediziner Heinrich Kasper, der maßgeblich an der Aufklärung des Dickdarmkrebses beteiligt ist. »An der Krebsursache sind weniger Umweltschadstoffe und chemische Rückstände aus Nahrungsmitteln beteiligt als vielmehr ein Zuviel und gleichzeitig ein Zuwenig an bestimmten Nährstoffen.«[8]

Weltweit diskutieren Forscher über die Zusammenhänge zwischen Krebs und Ernährung. Bei vielen Medizinkongressen werden Zusatzsymposien abgehalten, »denn man erhofft sich mit Nährstoffen eine harmlosere Therapie als mit ›Stahl und Strahl‹, sagte Ibrahim Elmadfa, Leiter des Instituts für Ernährungswissenschaft an der Universität Wien.[9] Vorerst bleibt, da Krebs außer bei sehr frühem Erkennen bislang nicht heilbar ist, nur eine vorbeugende Ernährung.

Die besteht zu zwei Dritteln aus pflanzlicher Kost. Denn die besitzt neben den antioxidativ wirkenden Vitaminen E, C, Beta-Carotin und dem Spurenelement Selen reichlich sekundäre Pflanzenstoffe, die vor Krebs schützen. Dabei ist es nicht notwendig, spezielle Obst- und Gemüsesorten zu essen. Für den Krebsschutz ist der Gesamtgemüseverzehr entscheidend.

In der Tat besteht zwischen Krebstod und Mangel an antioxidierenden Vitaminen in der Nahrung eine enge Beziehung, wie eine Studie an über 6000 Angestellten dreier Basler Firmen zeigte, die über elf Jahre beobachtet wurden. Unter den Studienteilnehmern, die geringe Blutwerte für Vitamin E, Vitamin C, Vitamin A und Beta-Carotin aufwiesen, starben deutlich mehr Personen an Krebs als in der Gruppe, die reichlich mit diesen Vitaminen versorgt war. Weltweit haben weitere epidemiologische Studien diesen Zusammenhang bestätigt.[10]

Besonders Vitamin A und Beta-Carotin greifen, wie Tierexperimente zeigen, direkt in die Krebsentstehung ein.[11] Die Wirkung von Vitamin C und E ist in diesem Zusammenhang mehr indirekt. Sie verhindern im Körper die Entstehung krebserregender Stoffe. Beta-Carotin kann durch seine Eigenschaft als Radikalenfänger die Reaktionskaskade von freien Radikalen oder von Singulett-Sauerstoff (s. S. 183) etwa an der Erbsubstanz, der DNS, unterbrechen. Die durch Peroxidation geschädigte Zelle kann somit wieder repariert werden.

Gelingt es nicht, die Zelle zu reparieren, dann kann sie sich zu einer entarteten Zelle entwickeln, aus der schließlich die Tumorzelle wird, die sich, wird das nicht verhindert, ungehemmt zu vermehren beginnt. Die Entwicklung einer geschädigten Zelle zur Tumorzelle durchläuft verschiedene Phasen, in denen Vitamin A blockierend und regenerierend eingreifen kann.[12] Wie antioxidativ wirkende Vitamine Krebs verhindern, zeigte sich am Magenkrebs. Gegenüber 1960 sterben heute bei uns nur etwa halb vo viele Menschen an Magenkrebs.

Das Magenkarzinom tritt selten auf bei Völkern, die reichlich Gemüse und Früchte essen. Sehr häufig starben hingegen bis in die 50er Jahre hierzulande – vor allem in Bayern – die Menschen an Magenkrebs. Der alte bayerische Spruch, »Gemüse und Kartoffeln sind erst dann genießbar, wenn sie durch den Magen der Sau gegangen sind«, zeigte hier seine gesundheitliche Konsequenz – vor allem, als der Wohlstand hinzukam und die Bevölkerung sich öfters das vielgeliebte »G'reicherts« (geräuchertes Schweinefleisch) zur Brotzeit leisten konnte, statt dem ewigen Sauerkraut, wie in bäuerlichen Zeiten.

»Noch in meiner Kindheit«, so erinnnert sich die pensionierte Studienrätin Hanna Walther aus dem Rupertiwinkel im Berchtesgadener Land, »kam bei den Bauern Sauerkraut täglich zweimal, also mittags und abends, auf den Tisch. Und diese Gepflogenheit war schon jahrhundertealt. In der mittelalterlichen Literatur kann man das bestätigt sehen, und Hans Sachs schrieb im Jahre 1560: ›Bayerland het die freyheit, ißt kraut mit löffeln alle zeit, all tag zwei kraut, macht ein jahr fleißig siebenhundert kraut, dazu dreißig.‹«[13] Sauerkraut und andere milchsauer eingelegten Gemüse, die reich an Vitamin C sind, haben dazumal, später zusammen mit Kartoffeln, die Menschen über den Winter gebracht. Denn Orangen und Zitronen gab es noch nicht allenthalben zu kaufen wie heute. Denen wird heute der rückläufige Trend des Magenkrebses zugeschrieben.

Vitamin C hat bei der Prävention des Magenkarzinoms, so die derzeitige Erkenntnis der Experten, eine ausschlaggebende Funktion. Eine gesunde Magenschleimhaut gibt in den Magen reichlich Vitamin C ab. Wird indes die Magenschleimhaut geschädigt – das geschieht vor allem durch kochsalzreiche Nahrung –, dann kann sie kein Vitamin C in den Magensaft abgeben. Fehlt aber Vitamin C, dann können nitrathaltige Speisen, wie etwa gepökelte und geräucherte Fleisch- und Wurstwaren, krebserregend wirken. Das Nitrat wird durch die Magenbakterien vom Stamme *Campylobacter pylori* in Nitrit verwandelt. Das reagiert mit Aminosäuren und anderen Aminen aus der Nahrung und es entstehen krebserregende Nitrosamine. Durch Vitamin C und E kann dieser letzte Reaktionsschritt verhindert werden.

Ist die Magenschleimhaut wie etwa bei einer chronischen Magenschleimhautentzündung (Gastritis) geschädigt, können die Nitrosamine in die Schleimhaut eindringen und dann in den Zellen krebsauslösend wirken.[14]

Daß die Engländer, die mit dem Hauptgang ihres traditionellen Frühstücks, »ham and eggs« – also gebratenem Schinken mit Eiern –, jeden Morgen eine geballte Ladung Nitrat verzehren, nicht schon längst an Magenkrebs gestorben sind, liegt wohl an der Zusammensetzung des englischen Frühstücks. Denn dabei fehlt neben Toast, Tee und Marmelade nie eine Vitamin-C-haltige Frucht – etwa Grapefruithälften zum Auslöffeln oder ein Glas Orangensaft. Es ist immer wieder erstaunlich, wie sich ernährungsphysiologisch sinnvolle Speisefolgen entwickelt und erhalten haben, lange bevor es darüber wissenschaftliche Erkenntnisse gab.

Auch bei der Entstehung des Dickdarmkrebses, an dem heute hierzulande mehr als doppelt so viele Menschen sterben als 1965, sind Nahrungsbestandteile beteiligt – sowohl fördernd als auch hemmend. Wie das Kolonkarzinom, so die Bezeichnung in der medizinischen Fachsprache für Dickdarmkrebs, entsteht, ist experimentell weitgehend aufgeklärt. Nahezu jeder Dickdarmkrebs beginnt mit sogenannten Polypen. Das sind Wucherungen der Darmschleimhaut.

Die Ursache für diese Wucherungen und deren Übergang in ein Krebsgeschwür liegt, das haben verschiedene epidemiologische und klinische Studien gezeigt, in der Ernährung.[15] In den westlichen Industrienationen leiden viele Menschen an Dickdarm-Polypen, wohingegen diese in den Ländern der Dritten Welt äußerst selten auftreten.

Ein Grund dafür ist der hohe Ballaststoffverzehr in diesen Ländern. So nehmen die Bantu-Neger täglich zwischen 60 und 100 Gramm Ballaststoffe auf. Das ist bis zu fünfmal so viel wie bei uns. Dafür essen wir mehr Fett. Hoher Fettverzehr bewirkt, daß die Gallenblase mehr Gallensäuren produziert. Diese gelangen auch in den Dickdarm, wo Darmbakterien die sogenannten primären Gallensäuren in sekundäre Gallensäuren umwandeln. Die wirken krebserregend. Doch das wäre noch nicht so schlimm, wenn die Nahrung reichlich Ballaststoffe enthielte. Denn die bakterielle Umwandlung der Gallensäuren weist ein pH-Optimum auf. Besonders viele sekundäre Gallensäuren entstehen im pH-Bereich. Im sauren Milieu hingegen, unter pH 6, fehlen sie fast ganz. Saure Verhältnisse aber herrschen im Dickdarm nur bei reichlichem Ballaststoff-Verzehr, weil die Bakterien die wasserlöslichen Ballaststoffe spalten und diese als Nahrung verwerten, wobei sie sich vermehren und reichlich Säuren produzieren.

Darüber hinaus haben die Ballaststoffe noch einen weiteren Krebs-Schutz-Effekt. Sie beschleunigen die Stuhlpassage durch den Darm, so daß sekundäre Gallensäuren, falls sie überhaupt entstehen, rasch beseitigt werden und kaum Kontakt mit der Darmschleimhaut bekommen. Mehr noch, Ballaststoffe vermögen auch die krebserzeugende Wirkung von übermäßiger Eiweißnahrung zu bremsen. Eiweißreiche Kost – also wenn viel Fleisch, Wurst und Käse verzehrt werden – führt dazu, daß Harnstoff im Darm freigesetzt wird. Die Darmbakterien spalten den Harnstoff zu Ammoniak, der die Darmschleimhaut reizt und zu Wucherungen anregt. Sind aber reichlich Ballaststoffe vorhanden, dann schützen diese die Darmwand vor dem scharfen Ammoniak. Überdies begünstigen Ballaststoffe das Bakterienwachstum. Bei einer dichten Besiedlung des Dickdarms mit Bakterien nützen diese den Ammoniak als Nahrungsquelle, wobei er abgebaut und somit unschädlich wird.

Selen- und Jodmangel, ein nordeuropäisches Schicksal

Bei der Umwandlung der Zellen der Darmschleimhaut in Krebszellen scheint das Spurenelement Selen eine entscheidende Schutzfunktion zu haben. »Besonders in China, wo in großen Gebieten die Selenversorgung unzureichend ist, wurden deutliche Korrelationen zwischen der Krebssterblichkeit und den Blut-Selenkonzentrationen beobachtet. Bei Populationen mit einer mittleren Selenkonzentration um 0,06 Mikrogramm pro Kubikzentimeter Blut liegt in diesen Regionen die Krebssterblichkeit sechsmal höher als bei Populationen mit Selenkonzentrationen um 0,2 Mikrogramm pro Kubikzentimeter Blut. In Regionen der USA mit hohen Selenkonzentrationen in Bodenproben wurde eine vergleichsweise niedrige Kolonkarzinomrate gefunden. Auch zeigen Patienten mit Kolonkarzinomen niedrigere Selenkonzentrationen im Blut als gesunde Kontrollen«, schreibt Kasper.[16]

Das Spurenelement Selen schützt die Erbsubstanz jeder Zelle vor Sauerstoff-Radikalen. In dem Schutz-Enzym Glutathion-Peroxidase sind vier Selenatome der eigentliche Wirkstoff, der Peroxidations-Schäden verhindert. Das schwefelähnliche Selen erhielt seinen Namen nach der griechischen Mondgöttin Selene, die von den Römern Luna genannt wurde. Erst 1957 entdeckte man, daß der Mensch Selen lebensnotwendig braucht. Und erst in jüngster Zeit erforschen Wissenschaftler die Funktion des Selens bei der Abwehr von Sauerstoff-Radikalen vor allem hinsichtlich der Krebsentstehung.

In Deutschland, England, Frankreich, Dänemark und Finnland ist die Versorgung mit Selen schlecht. »In den in Nordeuropa angebauten Getreiden und daraus hergestellten Lebensmitteln werden sehr niedrige Selengehalte gemessen«, schreibt H.-D. Ocker von der Bundesanstalt für Getreide-, Kartoffel- und Fettforschung in Detmold.[17] Dort wurde der Selengehalt im Brotgetreide 1988 und 1989 mit etwa 20 Mikrogramm pro Kilogramm ermittelt. Dabei macht es keinen großen Unterschied, ob das Getreide in Form von Weißmehl, etwa als Toastbrot, verzehrt wird oder als Vollkornbrot. Denn Selen ist, gebunden an das Getreideeiweiß, nahezu gleichmäßig im Getreidekorn verteilt. Beim Kochen und Backen ändert sich der Selengehalt kaum.

In 100 Gramm Toastbrot sind 1,8 und in 100 Gramm Vollkornbrot 2,1 Mikrogramm Selen enthalten. Brote, die Ölsaaten wie etwa Sonnenblumenkerne enthalten, weisen hingegen mehr als doppelt soviel Selen auf: 5,1 Mikrogramm pro 100 Gramm Brot. Der Grund dafür ist, daß die Ölsaaten meist aus den Vereinigten Staaten stammen, deren Böden höhere Selengehalte aufweisen. Da wir und andere nordeuropäische Länder bis in die 60er Jahre Brotgetreide aus den Vereinigten Staaten bezogen, enthielt unser Brot mehr Selen als heute. Der Selengehalt des amerikanischen Weizens ist mehr als zehnmal so hoch wie der deutschen Weizens: 28 und kanadischer sogar 105 Mikrogramm pro 100 Gramm.

Die Welt-Ernährungsorganisation FAO empfiehlt eine tägliche Selenzufuhr von 84 Mikrogramm. Mit dem Brotverzehr von durchschnittlich 210 Gramm Brot am Tag[18] ist davon nicht einmal ein Zehntel zu erreichen. Ähnlich ungünstig ist die Selenversorgung durch Obst und Gemüse, dessen Selengehalt dem von Getreide entspricht. Andere Selenquellen sind vor allem Fische und andere Meerestiere sowie Fleisch, hier besonders Innereien, und Eier. Fisch enthält 37 Mikrogramm pro 100 Gramm Frischgewicht, Krabben und Garnelen fast doppelt so viel. In 100 Gramm Fleisch sind etwa 6 Mikrogramm Selen, wohingegen Nieren pro 100 Gramm Frischgewicht etwa 140 und Leber 13 Mikrogramm Selen enthalten. Und mit einem Hühnerei verzehrt man etwa 5 Mikrogramm Selen.[19]

Wer sich also vorwiegend pflanzlich ernährt, sollte den geringen Selengehalt in den heimischen Acker- und Gartenfrüchten beachten. »Eingefleischte« Vegetarierinnen hingegen, die nicht nur das Fleisch in der Nahrung weglassen, sondern das tierische Eiweiß gezielt durch pflanzliches ersetzen und dafür reichlich Nüsse, Ölsaaten und Hülsenfrüchte essen, wiesen in einer Studie den gleichen Selenstatus auf wie die fleischessende Kontrollgruppe.[20] Da Selen sich vor allem an Eiweiß bindet, ist es in Nüssen reichlich enthalten. Außerdem stammen Nüsse und Ölsaaten, die im Handel angeboten werden, meist aus den mit Selen reichlicher gesegneten Vereinigten Staaten.

In vielen nordeuropäischen Ländern häufen sich die wissenschaftlichen Veröffentlichungen, die sich mit der schlechten Selenversorgung befassen.[21] Die tägliche Selenaufnahme der bundesdeutschen Bevölkerung liegt nach Ermittlungen der Deutschen Gesellschaft für Ernährung zwischen rund 40 (Frauen) und 50 (Männer) Mikrogramm.[22] Das ist etwa die Hälfte der FAO-Empfehlung.

Die Empfehlungen der Wissenschaftler, die die Wirkung des Selen bei der Krebsverhütung erforschen, liegen noch viel höher. Für einen optimalen Krebs-Schutz sollten täglich 250 bis 300 Mikrogramm Selen in biologischer Form, also an Nahrungsmittel gebunden, aufgenommen werden.[23] Dabei gelten bis zu 400 oder 500 Mikrogramm Selen am Tag als ungefährlich.[24]

Dem »jungen« Spurenelement Selen dürfte eine ähnliche gesundheitspolitische Bedeutung zukommen wie dem Jod, das durch die letzte Eiszeit vor allem in Mittel- und Süddeutschland aus den oberen Bodenschichten ins Meer gewaschen wurde. Bereits vor 100 Jahren entdeckten Forscher, daß der Jod-Mangel in unseren Böden zur Kropfbildung führt. Die Bundesrepublik Deutschland zählt zu den endemischen Kropfgebieten. Doch bis in unsere Tage hat es gedauert, bis sich die zuständigen Behörden entschlossen, durch eine Anreicherung von Speisesalz mit Jod dieses geo-biologisch bedingte Defizit auszugleichen.

Für den Erwachsenen empfiehlt die Deutsche Gesellschaft für Ernährung eine tägliche Jodzufuhr von 150 bis 200 Mikrogramm. Mit der Nahrung nehmen wir 30 bis 70 Mikrogramm Jod täglich auf – in Norddeutschland mehr, in Bayern weniger. Das Defizit von 100 Gramm sollte über das Speisesalz oder Jodid-Tabletten ausgeglichen werden. Jodiertes Speisesalz enthält 15 bis 25 Milligramm Jod pro Kilogramm, so daß bei einer tägliche Zufuhr von 5 Gramm Salz rund 100 Mikrogramm Jod verzehrt werden.

Die Selenversorgung hingegen hat bisher nur Finnland auf elegante Art und Weise gelöst. Finnland, dessen Böden noch weniger Selen aufweisen als die unseren, ist in den 80er Jahren dazu übergegangen, Selen in einer Blattdüngung den Pflanzen zuzusetzen. Diese Art der Düngung führt inzwischen zu einer ausreichenden Selenversorgung durch Brotgetreide.[25]

Derartige geobiologische Schwierigkeiten wie bei der Selenversorgung gibt es bei den Vitamin-Antioxidantien nicht. Die Versorgung mit Vitamin C, E und Beta-Carotin ist vor allem eine Frage der Nahrungsmittelauswahl. Vitamin-C-Lieferanten sind nicht nur Zitrusfrüchte, sondern auch alles einheimische Obst, viele Gemüse und besonders Sauerkraut und Kartoffeln. Nüsse, kaltgepreßte Pflanzenöle und jegliches Getreide beliefern uns mit Vitamin E.

Beta-Carotin ist vor allem im Gemüse enthalten. Obst – vor allem in den Sommermonaten, wenn Aprikosen, Beeren und Melonen reifen –, aber auch Butter und Milch tragen gleichfalls zur Beta-Carotinversorgung bei, doch vergleichsweise weniger als Gemüse. Rohe Karotten hingegen sind, im Gegensatz zur allgemein verbreiteten Meinung, schlechte Beta-Carotin-Lieferanten. Sie enthalten zwar viel davon, doch der Mensch kann es, wenn die Karotten roh verzehrt werden, nur zu neun Prozent herauslösen. Anders bei gekochten Karotten, da sind die Zellen aufgebrochen und geben das Beta-Carotin frei.

Eine minimale Grundversorgung an Vitaminen kann zwar die vitamintypischen Mangelsymptome verhindern, aber sie reicht oft nicht für die Erfüllung der vielfältigen Zusatzfunktionen, die das einzelne Vitamin im Körper ausübt. Hinsichtlich der Arteriosklerose- und Krebs-Schutzfunktion der antioxidativen Vitamine plädieren deshalb viele Forscher für eine erhöhte Zufuhr, die diesen Aufgaben gerecht wird. Im internationalen Konsens haben die Forscher deshalb die Mengen für die tägliche Zufuhr neu abgeschätzt. Demnach sollte man zwei- bis dreimal mehr Vitamin C aufnehmen als bisher empfohlen wurde: statt 75 Milligramm 100 bis 200 Milligramm pro Tag.

Für Vitamin E schlagen die Experten eine fünffach höhere Tagesmenge vor. Sie empfehlen statt der bisherigen 12 Milligramm Vitamin E am Tag 60 Milligramm und manche Forscher auch 100 Milligramm, wobei eine höhere regelmäßige Tagesdosis von 800 Milligramm Vitamin E von der WHO geprüft und für unschädlich erklärt wurde.

Der Grazer Biochemiker Hermann Esterbauer würde sogar noch höher gehen: »Wenn man einen Vitamin-E-Mangel verhüten will, dann reichen die 12 Milligramm sicherlich aus, wenn man aber der Arteriosklerose vorbeugen will, dann muß man die Zufuhr verzehnfachen.«[26] Diese Erkenntnis leitet der Forscher aus seinen Experimenten ab, bei denen er Vitamin E in Form von Kapseln verabreichte. Während Vitamin E aus der Nahrung vollständig aufgenommen werde, könne es der Körper aus Kapseln oder Tabletten, so der Forscher, nur zu 30 Prozent resorbieren. Je kleiner die auf einmal eingenommene Menge an Vitamin E, um so besser ist die Aufnahme, da unser Stoffwechsel an eine ständige kontinuierliche Zufuhr von Vitamin E aus der Nahrung angepaßt ist.

Für Beta-Carotin werden statt bislang zwei jetzt rund sechs Milligramm als tägliche Mindestmenge empfohlen und 15 Milligramm für alle lebensnotwendigen Carotinoide zusammen. Als erste offizielle Institution hat sich die Amerikanische Krebsgesellschaft der auf sechs Milligramm erhöhten Tagesdosis für Beta-Carotin angeschlossen.

Wer jedoch glaubt, er könne durch Vitamintabletten oder -kapseln das Gemüse ersetzen, der irrt. Vitaminpräparate sind immer nur eine Krücke. Kranke, deren Verdauungssystem betroffen ist, sollten die Lücken damit zu schließen suchen. Auch Menschen, bei denen Operationen durchgeführt werden, oder die Verbrennungen erlitten haben, sollten Antioxidantien einnehmen. Denn durch das zeitweilige Abklemmen von Blutgefäßen und anschließende Wiederdurchbluten kommt es zur

Bildung von radikalem Sauerstoff, wodurch der Operationserfolg gefährdet ist.[27]

Krankheiten, bei denen verstärkt Radikale auftreten, sind Grauer Star (Katarakt), Zuckerkrankheit, Offene Beine (Venöse Ulcera) oder ein ungünstiges Verhältnis von »schlechtem« (LDL)- zu »gutem« (HDL)-Cholesterin. Alle Menschen, die regelmäßig Medikamente einnehmen, starke Raucher und Alkoholiker haben einen erhöhten Bedarf an Antioxidantien, den sie nicht mehr allein durch die Ernährung decken können.

Erhöhter Bedarf an Antioxidantien besteht auch bei langem Aufenthalt in der Sonne, etwa beim Frühjahrs-Skifahren in großer Höhe, bei starker körperlicher Belastung durch Arbeit oder Sport. Die Nahrung sollte dann angereichert werden mit Vitamin C-, E- und Beta-Carotin-Präparaten.

Zur Dauerernährung sind diese Präparate aber nicht geeignet. Die Wissenschaft hat zwar lange Zeit geglaubt, unser Stoffwechsel sei wie ein Sack, in den man nur alles einwerfen müsse, was gebraucht wird, und dann sortiere sich das schon von alleine. Doch an den Ballaststoffen haben wir erst in jüngster Zeit gesehen, daß das ein falsches Bild war. Isolierte Weizenkleie wirkt nicht cholesterinsenkend, als Weizenkorn verzehrt hingegen schon.

Auch das Spurenelement Selen darf man, obwohl es in Nordeuropa nicht ausreichend zur Verfügung steht, nicht einfach schlucken, weil es auf noch nicht ganz erforschte Weise giftig wirkt. Man behilft sich deshalb bei der Tablettenherstellung mit der Bierhefe, die mit Selen angereicherte Nahrung erhält und das Spurenelement so in ihr Zelleiweiß einbaut, so daß unser Stoffwechsel die gewohnte Zusammensetzung, an die er angepaßt ist, vorfindet.

Oder die Wechselwirkung zwischen Kalzium, schwarzem Tee und Eisen. Wer hat denn bis vor kurzem gewußt, daß bei einem Frühstück mit Schinken und Wurst schwarzer Tee, aber auch Milch fehl am Platze seien? Das Kalzium in der Milch sowie das Tannin aus dem Schwarztee hindern den Körper daran, das Eisen aus den Fleischerzeugnissen aufzunehmen. Bei einer einseitigen Ernährung können sich diese Wechselwirkungen verhängnisvoll auswirken. Demgegenüber verbessert Eisen aus Fleisch die Ausnützung des pflanzlichen Eisens aus Obst und Gemüse, wenn es bei einer Mahlzeit gemeinsam verzehrt wird. Eisen ist ein lebenswichtiges Element, das von vielen Enzymen benötigt wird, vor allem von denen, die radikalen Sauerstoff abwehren. Es ist deshalb nicht verwunderlich, daß das heißeste Thema derzeit in der Ernährungswissenschaft *Bioverfügbarkeit* heißt – in der internationalen Wissenschaftssprache *Bioavailability* genannt. Kombinationen von Nahrungsmitteln, Chemikalien, Bearbeitungstechniken in der Nahrungsmittelindustrie und manches mehr beeinflussen die Verfügbarkeit der Nährstoffe für unseren Stoffwechsel, vor allem der Mikronährstoffe, zu denen die Vitamine, Mineralien und Spurenelemente gehören. Im Frühjahr 1993 fand erstmals in Deutschland, in Karlsruhe, der zweite internationale Kongreß über *Bioavailability* statt.

Die Fragen nach der Bioverfügbarkeit von Nahrungs-Inhaltsstoffen wird um so dringlicher, je mehr wir die Nahrungsmittel manipulieren, etwa Vitamine und Spurenelemente nachträglich zusetzen, weil sie bei der technischen Bearbeitung der Lebensmittel verlorengegangen sind. Die Interaktionen von reinen Spurenelementen oder Vitaminen, die nicht eingebettet sind in Zellstrukturen, etwa mit anderen Nahrungsbestandteilen, ist noch kaum erforscht. Deshalb ist die Aufnahme von Vitaminen, Mineralstoffen und Spurenelementen, selbst der ungesättigten Fettsäuren im natürlichen Verbund der Nahrungsmittel, wie in Gemüse, Obst, Nüssen, Fleisch, Milch, Öl und Getreide immer der Einnahme durch Pillen, Kapseln oder Tabletten überlegen.

Gemüse, das Stiefkind der deutschen Küche

Die Deutsche Gesellschaft für Ernährung (DGE) empfiehlt: Zwei Drittel der täglichen Kost sollten pflanzlicher Natur sein, also aus Obst, Gemüse, Kartoffeln, Hülsenfrüchten, Nüssen und Gewürzkräutern bestehen. Das bedeutet, daß die Deutschen ihren bisherigen Gemüseverzehr verdreifachen müßten.

Mit dreimal mehr Gemüse am Tag als bisher, dürften wir – so die Erkenntnisse der Wissenschaft – auseichend Beta-Carotin aufnehmen. »Das entspricht der Menge eines kleinen Salatkopfes oder eines mittelgroßen Rettichs.«[28] Für den deutschen Gemüsemuffel – wir stehen im Gemüseverzehr in der EG an vorletzter Stelle – offenbar recht viel.

»Der Bundesbürger verzehrt derzeit im Optimalfall, so die Nationale Verzehrsstudie, 200 Gramm Gemüse am Tag, also etwa 200 Gramm gekochte Möhren«, so Biesalski weiter. »Wenn wir bei diesen Möhren einen Mittelwert an Beta-Carotin annehmen, der bei sechs Milligramm pro Kilogramm liegt – das ist schon sehr hoch gegriffen – dann kommt man knapp auf ein bis zwei Milligramm Beta-Carotin am Tag.«

»Wenn wir darauf achten, daß wir mindestens einmal, besser noch zweimal am Tag, eine ausreichende Gemüsemahlzeit zu uns nehmen, dann haben wir hinsichtlich Beta-Carotin bereits eine protektive Ernährung«, so Biesalski weiter. »Der Schwerpunkt liegt dabei auf Kontinuität. Es nützt gar nichts, wenn wir einmal in der Woche einen Gemüseexzeß machen. Denn die durch Radikale in Gang gesetzten Prozesse laufen immer, 24 Stunden am Tag.« Biesalski schlägt vor, auch einmal eine ganze Mahlzeit mit Gemüse zu gestalten und in der Kartoffel ein Gemüse zu sehen, wie das andere Europäer von jeher tun.

Dazu ein Beispiel aus meiner Küche: Ich beginne mit einem bunten Salat, danach kommt ein Kartoffelgratin und zum Nachtisch, um mein süßes G'lust zu befriedigen, Obst. Zum

Beispiel, weil gerade August ist, als ich das schreibe, Brombeeren, die ich mit einer Creme aus frisch im Mixer pürierten Aprikosen überziehe. Viele Anregungen für eine vielfältige und phantasievolle Gemüseküche bieten Kochbücher der mediterranen und asiatischen Küche. Im Herbst 1996 erscheint mein eigenes Kochbuch.

Auch deutsche Köche der »Hohen Küche« haben längst über die Alpen und in die Kochtöpfe der Italiener geblickt. Bernd Flemming, Küchenchef im »Restaurant Français« des Steigenberger Hofs in Frankfurt, der Lehrjahre in Mailand verbrachte, widmet seine Kreativität auch ganz einfachen Nahrungsmitteln wie »Kartoffeln oder Schnibbelbohnen«. »Wenn man ein bißchen südlich denkt«, sagte er in einem Interview, »sich von innen heraus mit dem Produkt befaßt – dann kann man gerade mit den einfachen Dingen tolle Sachen machen.«[29]

Aber das spielerische Kreieren mit den verschiedensten Feld- und Gartenfrüchten, deren Anblick bereits auf dem Küchentisch ein sinnliches Erlebnis vermittelt, scheinen deutsche Esser wenig zu schätzen. Oder sitzt der Grund für die schwache Liebe zum Gemüse tiefer? Bedeuteten doch Mahlzeiten, die lediglich aus Kartoffeln und Gemüse bestanden – also ohne Fleisch auf den Tisch kamen –, für unsere Eltern und Großeltern, daß Schmalhans Küchenmeister war. Daß solche Traditionen und Meinungen vor allem in Essensangelegenheiten lange nachhalten, zeigte die Studie von Teuteberg und Neuloh an über 400 Familien aus dem Jahre 1979, die im Kapitel ›Trotz Freizeit keine Zeit zum Essen, Leben und Genießen‹ näher besprochen ist. Demnach entscheidet in 80 Prozent aller deutschen Haushalte die Frau, was gekauft, gekocht und gegessen wird. Drei Viertel dieser Frauen lernten das Kochen bei Mutter und Großmutter. Damit wird der mangelhafte Gemüseverzehr der Deutschen verständlicher.[30] Und last, but not least hat Gemüse zwangsläufig in einem Land ein schlechtes Ansehen, in dem Namen wie Wolf, Bär oder Hirsch noch daran erinnern, daß Fleisch von wilden Tieren den Mann stark macht.

Frisch auf den Tisch?

Wenn schon Gemüse, dann muß es schnell gehen. Trotz verkürzter Berufsarbeitszeit auf bald 35 Stunden pro Woche, soll die Essenszubereitung nur wenig Zeit kosten. Zeitersparnis dominiert in deutschen Haushalten über Geschmack und Nährstoffgehalt.

»Zur Zeit bevorzugen Verbraucher nur wenige ›bequeme‹ Arten und Zubereitungen von Gemüse und nehmen wenig Rücksicht auf das jahreszeitliche Angebot«, schreibt Professor Dietrich Fritz vom Lehrstuhl für Gemüsebau der Technischen Hochschule München in Weihenstephan.[31] Tomaten stehen deshalb mit weitem Abstand an der Spitze der Beliebtheit. Der Bundesbürger verzehrt davon – frisch und als Konserve – 14,7 Kilogramm im Jahr. Demgegenüber rangiert das deutscheste aller Gemüse, das Kraut, zwar auf dem nächsten Platz (wenn man die Zwiebeln ausläßt), aber mit 4,8 Kilogramm klaftertief darunter.

Obwohl von den 1000 Gemüsearten, die es auf der Welt gibt, mehr als 100 in Europa gedeihen, und davon etwa 60 auf unseren Märkten angeboten werden, haben sich die Deutschen die »praktische« Tomate als ihr Lieblingsgemüse erkoren. Am guten Geschmack kann es nicht liegen. Denn von den sieben Kilogramm frischen Tomaten, die der Bundesbürger im Jahr verzehrt, stammen ganze vier Früchte (350 Gramm) von heimischem Boden[32], die den Vorteil haben, vollreif geerntet zu werden. Der überwiegende Anteil der in Deutschland verzehrten Tomaten wurde unreif geerntet und hat lange Transportwege hinter sich.

Die deutsche Bevölkerung ißt also im Durchschnitt nicht nur sehr wenig Gemüse, sondert trifft auch eine sehr einseitige Auswahl. Darüber hinaus verzehrt der Durchschnittsdeutsche überwiegend Gemüse, das wegen langer Transporte einen verminderten Nährstoffgehalt aufweist.

Der größte Teil unseres Obst- und Gemüseangebotes – rund drei Viertel – stammt aus dem Ausland. Zusätzlich »steigt kontinuierlich der Absatz von Produkten, die außerhalb der mitteleuropäischen Erntezeit eingeführt werden, während der Inlandsanteil bei bestimmten Gemüsesorten abnimmt«. Im Jahre »1988 wurden in der Bundesrepublik 1,77 Mio. Tonnen Gemüse aus EG-Ländern und 2,69 Tonnen aus Drittländern angeboten. Bei Obst wurden aus EG-Ländern 1,26 Mio. Tonnen importiert, während aus Drittländern 10,33 Mio. Tonnen stammten. Wichtige Exportländer in Übersee sind: Südafrika (Äpfel), Kenia (Bohnen), Chile (Obst), Argentinien (Obst und Spargel), Australien (Obst und Zwiebeln) sowie Neuseeland (Obst).«[32]

Ausländische Feld- und Gartenfrüchte, die unreif geerntet, also im Stadium der sogenannten »technischen Reife« auf den Lastwagen kommen und lange transportiert werden, enthalten nicht nur weniger Geschmacksstoffe, sondern auch weniger Vitamine, Mineralstoffe und Spurenelemente als ausgereift geerntete Früchte.

Welche Stoffwechselvorgänge bei Transport und Lagerung ablaufen, ist selbst Ernährungsfachleuten nicht bekannt. Das ist nicht verwunderlich, denn für die »Nachernte-Physiologie«, so der wissenschaftliche Terminus, interessierte sich lange Zeit niemand. Bis in die 50er Jahre bezogen Gemüsehändler ihre Ware zu über 80 Prozent von einheimischen Erzeugern. Der Salat war frisch geschnitten, Tomaten kamen, wenn es Zeit dafür war, ohne Zwischenlagerung auf die Balkenwaage. Niemand machte sich Gedanken über Vitamin- und Nährstoffgehalte. »Das war auch nicht notwendig«, erklärt Professor Jürgen Weichmann vom Lehrstuhl für Gemüsebau der Technischen Universität München in Weihenstephan, »frische, rotreif geerntete Tomaten haben ihr volles Aroma und sind auch reich an Vitaminen.«

Welchen Vitamingehalt die weitgereisten Früchte aufweisen, läßt sich nicht sagen. Dafür gibt es kein Prüfverfahren. Allerdings kann der Zustand der Frucht als Richtmaß auch für den ernährungsphysiologischen Wert dienen. »Sind Obst und Gemüse artgerecht gewachsen, frisch, gesund – also ohne Krankheitsbefall – saftig und straff, dann weisen sie auch den sortentypischen Vitamingehalt auf«, erklärt Gemüseforscher Weichmann.

Durch Düngung zwangsernährt

Wichtig ist dabei, das Wörtchen »artgerecht« zu beachten. Durch Züchtung konnten schnellwachsende Sorten erzielt werden, die mit reichlicher Stickstoffdüngung rasch große, schöne und glatte Früchte ergeben. Ob aber diese Äpfel und Tomaten der »Handelsklasse A = aseptisch, schön, groß, saftig, keimgehemmt und duftneutral«, wie der »Zeitschmecker« Wolfram Siebeck einmal die EG-Produkte charakterisierte, auch die Nährstoffe enthalten, die wir, gemäß der Nährstofftabellen darin erwarten, darüber sagt keine Handelsklassen-Bezeichnung etwas aus.

»Mit Nitrat reichlich gedüngte Pflanzen sind arm an anderen Nährstoffen. Die gehen nicht im gleichen Maße mit dem Stickstoff mit«, sagte der Lebensmitteltechnologe Professor Ludwig Kotter von der Universität München.[33]

Daß deutsche Böden und bei unserem größten Gemüselieferanten Holland die Äcker Nitrat im Überschuß enthalten, ist kein Geheimnis mehr. Das Bundesgesundheitsministerium plant jetzt eine Nitrat-Höchstmengenverordnung zumindest für Kopfsalat.[34] Und die niederländische Regierung will ab dem Jahr 2000 ihren Landwirten beim Düngerstreuen mehr auf die Finger schauen.[35]

»Nitrat wurde im Gemüsebau in den letzten Jahren zu einem beherrschenden Stichwort. Viele Bemühungen zielen darauf ab, den Nitrataustrag ins Grundwasser so gering wie möglich zu halten.«[36] Baden-Württemberg ist das erste Bundesland, das seit November 1987 den Grundwasserschutz durch eine Landesverordnung ausführt und zumindest in Wasserschutzgebieten den Stickstoffgehalt des Bodens per Verordnung im Wasserhaushaltsgesetz vorschreibt.

»Durch Düngen werden dem Boden Stoffe wieder zugeführt, welche mit der Ernte der Pflanze entzogen wurden«, schreibt der Gemüseexperte Fritz. »Für die Pflanze ist es gleich, ob mineralisch oder organisch gedüngt wird, sie nimmt ihre Pflanzennährstoffe immer in Ionenform aus der Bodenlösung auf. Wichtig aber ist, daß diese – angepaßt an die Pflanzenentwicklung – zur rechten Zeit in der nötigen Menge vorhanden sind.«[37] »Da jedoch die meisten Gemüsearten ein Stickstoff-Überangebot in weiten Bereichen tolerieren, auf Stickstoff-Mangel jedoch sehr schnell reagieren, besteht in der Praxis die Tendenz einer aus Sicherheitsgründen erhöhten Stickstoff-Düngung.«[38] Genau das ist der kritische Punkt. In unserer modernen Intensiv-Landwirtschaft, die sich als eine »Pflanzenproduktion mit dem Ziel eines hohen Naturalertrages, bei Minimierung des Produktionsmitteleinsatzes« definiert, »hängen die Pflanzen am ›Tropf‹, also an einer Infusion wie der Patient im Krankenhaus«, erklärte Robert Dax, leitender Geschäftsführer der Bio-Marktgemeinschaft Gräfelfing. Der Landwirtssohn und »gelernte« Chemiker hat während seiner Tätigkeit am Chemischen Institut der Universität München die

Nährstoffaufnahme durch die Pflanzen wissenschaftlich erforscht.

»Die heutige Düngung in der Landwirtschaft ist eine Zwangsernährung, weil die Pflanze immer, wenn sie Wasser aufnimmt, auch Düngernährstoffe mit aufnehmen muß«, erklärte der Chemiker. »Im Gegensatz zur allgemeinen Annahme erfolgt die Aufnahme der Nährstoffe durch die Pflanze nicht passiv, sondern aktiv. Durch Ausscheidung bestimmter Stoffe macht sie sich die Nährstoffe verfügbar.« – »Pflanzen, die suboptimal mit Stickstoff gedüngt werden, haben ein eingeschränktes Sproßwachstum zugunsten des Wurzelgewebes«, erklärt Professor Ulrich Köpke vom Institut für Organischen Landbau der Universität Bonn. Die Pflanze entwickelt mehr feine Haarwurzeln, mit denen sie nach Nährstoffen »Auschau hält«.

Pflanzen im organischen Landbau, der sich definiert als »Pflanzenproduktion mit suboptimalem Einsatz von Dünger und Pflanzenschutzmitteln, wobei auf hohen Naturalertrag verzichtet wird«, durchwurzeln einen drei- bis viermal größeren Wurzelraum als herkömmlich stickstoffgedüngte Pflanzen.

Da der Sproß einer Pflanze, die mit weniger Stickstoff als heute allgemein üblich gedüngt wird, langsamer wächst, lagert er mehr Nährstoffe ein als die durch Überdüngung zwangsernährte und getriebene Pflanze. »Nur wenn man der Pflanze die Zeit läßt, die sie für ihre Entwicklung braucht, können sich Eigenschaften wie Geschmacks- und Nährstoffgehalt, so wie sie in der genetischen Anlage der Pflanze vorgegeben sind, auch ausprägen«, sagte Dax.

Deshalb lassen organisch produzierende Landwirte und Gärtner Feld- und Gartenfrüchte ausreifen. Das kommt aber nicht nur den Nährstoffen in den Pflanzen zugute, sondern auch das Nitrat ist in ausgereiften Pflanzen geringer. Denn sie haben das aufgenommene Nitrat weitgehend in Pflanzeneiweiß umwandeln können. Bei Kartoffeln, die vollreif geerntet wurden, ließ sich somit allein durch die Wahl des Erntetermins der Nitratgehalt halbieren.[39] Auch vermindert die Ernte am Nachmittag nach einem lichtreichen Tag den Nitratgehalt etwa bei Karotten und Roten Rüben. Nitrat, das wie alle Nährstoffe ständig auf dem Weg von den Wurzeln zu den Blättern unterwegs ist, sammelt sich in den Morgenstunden in der Knolle, weil während der Dunkelheit in der Nacht keine Assimilation stattfand. Bis zum Mittag haben die Blätter dann das Nitrat »aufgearbeitet«.[40] Nachschub findet nicht mehr statt, wenn die Feldfrüchte am Morgen oder am Tag vorher unterschnitten wurden. Das heißt, die Pflanzen verbleiben im Boden, aber die Wurzeln werden unter ihnen durchtrennt und erreichen keine weiteren Nährstoffe mehr.

Durch Nitratanalysen aus den Blättern läßt sich der Erntetermin sogar optimal bestimmen. Robert Dax, der einen guten Draht zu den Gemüseanalytikern in Weihenstephan unterhält, läßt rasch und kostengünstig für die organisch arbeitenden Gärtner und Bauern der Bio-Marktgemeinschaft die Nitratwerte ermitteln. »Wir konnten auf diese Weise letztes Jahr Rote Rüben mit einem Nitratgehalt von lediglich rund 500 Milligramm pro Kilogramm ernten«, berichtet er stolz. Das ist ein erfreulich niedriger Nitratgehalt, denn Rote Rüben sind Nitratsammler und enthalten üblicherweise zwischen 1000 und 4000 Milligramm Nitrat pro Kilogramm.[41]

Auch Kopfsalat wird immer eine gewisse Menge Nitrat enthalten, da wir ihn im unreifen Zustand verzehren. Denn ausgereifter Salat, der das Nitrat ganz umgewandelt hat, ist geschossener Salat, den niemand essen möchte. Doch durch eine Vergrößerung des Standraumes der Salatpflanzen vermindern Gärtner und Landwirte im organischen Gartenbau den Nitratgehalt. Zum Beispiel enthält Kopfsalat, wenn ihm 20 Prozent mehr Luft und damit Sonne zugebilligt werden, wegen der besseren Belichtung 30 Prozent weniger Nitrat.[42]

Daß damit der Flächenertrag und die Wirtschaftlichkeit geringer ist, machen sich die Konsumenten oft nicht klar. Sie sehen das billige Gemüseangebot in den Supermärkten und wundern sich, weshalb das »Grünzeug« aus der näheren Umgebung, etwa auf den Wochenmärkten oder in Bio-Läden, in denen organisch wirtschaftende Gärtner und Bauern anbieten, so viel teurer ist. Der Konsument übersieht, daß die Preise in den Supermärkten von den Handelsstrukturen der jeweiligen Ketten abhängen, die vor allem ausländisches Obst und Gemüse in großen Mengen einkaufen, das im unreifen, »technisch reifen«, also nitratreichen Zustand geerntet wurde und lange Transportwege hinter sich hat.

Wer sich also ganzjährig ausreichend mit Vitaminen, Spurenelementen und Mineralstoffen versorgen will, der sollte Obst und Gemüse aus heimischem und möglichst organischen Anbau bevorzugen. Im Rahmen des »Extensivierungsprogrammes« der Bundesregierung werden seit 1990 Landwirte und Gärtner bei der Umstellung ihrer Betriebe auf organischen Anbau finanziell unterstützt. Auch von Brüssel kommt Geld, denn der umweltzerstörende Irrsinn der landwirtschaftlichen Überproduktion hat sich endlich bis zu den EG-Bürokraten herumgesprochen.

Umstellungswillige und umgestellte Landwirte und Gärtner schließen sich meist aus Gründen der Überlebenssicherung einem der sechs in Deutschland existierenden Erzeugerverbände an. Diese beraten, betreuen und kontrollieren die Betriebe. Denn nur wenn alles mit rechten organischen Dingen zugeht, dürfen die Produkte die begehrten Siegel der Erzeugerverbände tragen. Zu den deutschen Erzeugerverbänden gehören: Demeter, Bioland, Biokreis, Naturland, Anog und Ecovin. Demeter, der älteste Erzeugerverband, besteht bereits seit 1924. Bioland wurde 1971 gegründet. Der Biokreis wurde 1979 in Ostbayern von Verbrauchern und Bauern ins Leben gerufen.

Im Verband Naturland haben sich 1982 Wissenschaftler und Erzeuger zusammengeschlossen. Die Arbeitsgemeinschaft naturnaher Obst-, Gemüse- und Feldfruchtanbau ANOG wurde 1962 gegründet. Und 1985 schlossen sich Winzer zum Bundesverband Ökologischer Weinbau zusammen, der seine Produkte unter dem Siegel *Ecovin* – zu deutsch Öko-Wein – verkauft. Alle diese Erzeugerverbände sind Mitglieder einer internationalen Organisation, der »International Federation of Organic Agricultural Movements« (IFOAM).

Neben der praktischen Seite einer naturnahen, damit nährstofferhaltenden, nitratarmen Obst- und Gemüseproduktion gibt es seit einigen Jahren an fast allen deutschen Universitäten, unter deren Dach sich eine Landwirtschaftliche Fakultät befindet, auch Forschung für den organischen Landbau.

Damit sind die Grundvoraussetzungen für eine optimale Nährstoffversorgung durch Obst und Gemüse gegeben. Jetzt fehlt nur noch das nährstoffbewußte Ernährungsverhalten des Verbrauchers.

Essen wie in Italien

Der Mainzer Ernährungsforscher Biesalski schlägt vor, man solle essen wie die Italiener und jede Mahlzeit in verschiedene »Teller« einteilen. Damit würde man bewußter, langsamer und auch weniger Kalorien essen als bei den hierzulande üblichen Alles-auf-einem-Teller-Mahlzeiten. Wer in Italien öfter zum Essen ausgeht, der kennt von der Speisekarte die Bezeichnungen »il primo piatto«, »il secondo piatto«, was oft auch mit »il primo«, »il secondo« abgekürzt wird und so viel heißt wie der erste und der zweite Teller.

»Zuerst hat man seinen Salatteller«, erklärt Biesalksi, »dann kommt meinetwegen ein Stück Fisch und danach eine Portion

Gemüse oder Kartoffeln. Dazu gehört Wasser, natürlich kann auch ein Glas Wein dazu getrunken werden. Und zum Schluß kann man etwas Obst essen.« Mit solchen obst- und gemüsebetonten Mahlzeiten solle man am besten im Sommer beginnen, wenn Feld- und Gartenfrüchte wohlfeil und schmackhaft zu haben sind, und die warmen Tage sowieso leichte Kost verlangen, rät der Ernährungsforscher. »Wer sich dann noch am Nachmittag hinsetzt und statt dem ›Doppelwopper‹ auf die Schnelle einen Salatteller verspeist, den man jetzt schon an jeder Ecke erhält – natürlich nicht mit dem fettreichen französischen, sondern mit dem leichten italienischen Dressing –, der hat damit bereits eine ausgewogene Ernährung.«

Diese Art zu essen solle man in den Winter hinüberretten mit der großen heimischen Auswahl an Grünkohl, Rotkohl, Sauerkraut und anderen Wintergemüsen wie Lauch, Rote Rüben, Möhren, Topinambur, Pastinaken, Sellerie, Winterrettich, Feldsalat, Gemüsezwiebeln und natürlich Kartoffeln und Hülsenfrüchte. »Zu diesen Gemüsen kann man auch verschiedene Getreide essen. Besonders inhaltsreich sind Getreidekeime.«

Getreidekörner sind eine lebende Vorratskammer. Sobald sie in Feuchtigkeit und Wärme kommen, beginnt sich der Keimling zu entwickeln. Und die kleine chemische Fabrik des Keimlings beginnt aus den Reserven, die für seine ersten Lebenstage im Getreidekorn stecken, Vitamine zu produzieren, vor allem Vitamin E und Vitamin C. Somit enthalten angekeimte Weizenkörner zum Beispiel 190 Prozent mehr Beta-Carotin, 116 Prozent mehr Vitamin E und 50 Prozent mehr Vitamin B_1.[43]

»Ganz wichtig ist auch Kresse«, betonte Biesalski. »Kresse sollte man vor allem in den Wintermonaten in großen Mengen verzehren. Gekeimte Kressesamen enthalten viel Vitamin C und viel Beta-Carotin.« Auf dem Fensterbrett gezogen – unproblematisch in einer der im Handel erhältlichen Keimschalen – ergibt Kresse einen schmackhaften Belag fürs Butterbrot oder mit ein paar Tropfen Essig und etwas Öl angemacht, einen rasch zubereiteten Salat, der immer zur Hand ist. Dieses selbstgezogene Grünzeug vom Fensterbrett weist bei reichlicher Lichtzufuhr eine optimale Vitamin-Ausstattung auf, die mit den Angaben in den Nährstofftabellen übereinstimmt. Denn der Weg von der Ernte bis in unseren Bauch ist nur kurz.

Zwei Argumente werden immer wieder vorgebracht, wenn es um eine gemüsebetonte Ernährung geht: Sie sei zu teuer und zu zeitaufwendig. Sicher muß man öfter einkaufen gehen und das Gemüse herrichten benötigt mehr Zeit, als wenn man ein Fertiggericht aus der Tiefkühltruhe in den Mikrowellen-Herd schiebt.

Doch das Zeit-Argument sticht nicht. Denn noch nie hatte eine breite Bevölkerung so viel freie Zeit zur Verfügung wie heute. Gehen Sie mal mit der ganzen Familie in Ihr Heimatmuseum und betrachten Sie dort die Kücheneinrichtung früherer Jahrhunderte. »Sie werden danach ihr kulinarisches Zentrum sehr lieb gewinnen«, schreibt Jeff Smith, Amerikas geliebter und bekannter Fernsehkoch und Autor, der seinen Landsleuten die amerikanische Geschichte patriotisch und humorvoll in Form von Kochrezepten demonstriert.

Kochen war in früheren Zeiten »reine Schinderei«, schreibt er in seinem unglaublich schönen Buch ›The frugal gourmet cooks american‹.[44] »Da du keinen Kühlschrank hattest, mußtest du jeden Morgen ganz von vorn beginnen. Da du kein fließendes Wasser hattest, mußtest du zum Brunnen traben. Da du auch keine Küchenhilfe, wie einen Mixer, hattest, mußtest du alles mit der Hand erledigen. Erdreiste dich also nicht noch einmal zu fragen, weshalb deine Ur-Großmutter nie eine berühmte Ölmalerin wurde. Sie hatte nur für eine Sache Zeit und nur für eine ... für's Kochen.«

Also, wer heute vorgibt, keine Zeit zum Kochen zu haben, der weiß nicht, wie reich an Zeit er ist. Es kommt lediglich auf eine sinnvolle Verwendung der Zeit an. Wer vier Stunden am Abend vor dem Fernseher sitzt, der kann leicht eine Stunde für Kochen und Essen erübrigen – für eine Sache, bei der es zum einen um ein großes Vergnügen, nämlich das Essen geht und zum anderen um nichts Geringeres als um unsere Gesundheit. Denn die hängt nicht ab von den Ärzten, nicht von unserem Einkommen und auch nicht von unserem Gesundheitswesen, sondern entscheidend von unserer Ernährung.

Und wenn sich zum Essenzubereiten die ganze Familie im »kulinarischen Zentrum« trifft, dann profitiert auch das Familienleben davon. Und die Kinder wachsen ganz von selbst in eine sinnvolle Ernährung hinein.

Otto, einen guten Bekannten, der ausgezeichnet zu kochen versteht, fragte ich einmal, wie er sich diese Kunst angeeignet habe. Er erzählte mir von der Zeit, als er als junger Mann im elterlichen Betrieb arbeitete: »Wenn wir, meine Eltern und ich, am Abend müde und hungrig heimkamen, übernahm jeder eine Aufgabe in der Küche. Mein Vater rüstete das Gemüse, meine Mutter kümmerte sich ums Fleisch, und ich fabrizierte die Sauce und den Nachtisch. Im Handumdrehen stand unser Essen auf dem Tisch.«

Warum lassen wir uns eigentlich diese schöpferischen Stunden familiärer Gemeinsamkeit von der Industrie nehmen? Ja, aus Bequemlichkeit. Aber was gewinnen wir damit? Krankheiten, körperliche und seelische.

Das Argument mit den höheren Kosten für eine gemüsereiche Ernährung sticht auch nicht. Denn die Deutschen haben 1991 für Nahrungsmittel nur knapp vier Prozent mehr ausgegeben als im Vorjahr, hingegen für Kosmetika, Sport, Kleidung und Möbel über zehn Prozent und für Autos sogar 18 Prozent mehr als im Jahr zuvor.[45] Wir müssen also, um uns gesund ernähren zu können, auf nichts verzichten, sondern nur die Prioritäten auf unserer Einkaufsliste ändern.

Evolution – Meßlatte für unsere Ernährung?

Du mußt stets auf eine Überraschung gefaßt sein,
eine ganz große Überraschung.

NIELS BOHR[1]

Wenn Sie, liebe Leserin, lieber Leser, bis hierher gekommen sind, werden Sie sich sicherlich die Frage stellen: Was ist denn nun die richtige Ernährung des Menschen, die, die uns nicht krank macht?

Darüber wird viel geschrieben und spekuliert. Mediziner und Forscher, aber auch »Heiler« und Scharlatane sowie andere, die sich dazu berufen fühlen, konstruieren Diäten, die Wohlstandskrankheiten wie Gicht und Gallensteine, hohen Blutdruck, Nierenversagen, Zuckerkrankheit, Herzinfarkt und Krebs – also die Geißeln der Postmoderne – verhindern sollen. Aber läßt sich überhaupt eine richtige Ernährung des Menschen ermitteln, hat nicht jeder von uns verschiedene Bedürfnisse? Der eine liebt es süß, der andere salzig, der Dritte ist ein Fleisch-Fan und der Vierte ein Nudel-Liebhaber.

Doch neben all diesen unterschiedlichen Gelüsten läßt sich sagen: Es gibt eine richtige, eine »artgerechte« Ernährung des Menschen. Denn der Mensch als »Tierart« hat sich wie alle anderen Tiere in einer langen Evolution an eine bestimmte Nahrung angepaßt. So wie wir eine artgerechte Ernährung für den Hund oder den Kanarienvogel kennen, gibt es diese auch für den Menschen.

Wollen wir die artgerechte Ernährung des Menschen auffinden, müssen wir tief hinuntersteigen in die Vergangenheit, um zu erfahren, mit welcher Nahrung sich unser Stoffwechsel zu seiner heutigen Funktionsweise entwickelt hat. Unsere Art zu essen, zu verdauen und zu verstoffwechseln ist durch eine Jahrmillionen dauernde Evolution vorgegeben. Einige unserer Enzymsysteme stammen sogar von den Anfängen des Lebens, das vor rund vier Milliarden Jahren auf der Erde begann. Diese Enzyme kommen in unseren Zellen genauso vor wie in einzelligen Bakterien. Mit den Säugetieren, die vor rund 200 Millionen Jahren auf dem Erdenrund auftauchten, haben wir noch sehr viel mehr gemeinsam, am meisten mit den Vertretern der Säugetierordnung der Primaten. Dazu gehören neben Halbaffen, Affen und Menschenaffen auch wir Menschen.

»Die ersten Säugetiere waren spitzmausgroße, nächtlich lebende Insektenfresser«, die sich wie unser Igel von fetten Schmetterlingslarven, Engerlingen, Käfern und Kerfen ernährten. Doch »nach dem Tod der Saurier hielten sich die Säuger nicht mehr nur mit Insekten auf. Innerhalb von nur 12 Millionen Jahren entwickelten sich fast alle lebenden (oder schon wieder ausgestorbenen) Säugetier-Ordnungen«, schreibt der Wissenschaftsjournalist Günter Haaf in seinem unvergleichlich schönen Buch ›Die neue Geschichte von Adam und Eva‹.[2] In ihrer Ernährung paßten sich die verschiedenen Säugetierordnungen an alles an, was ihnen vors Maul kam – vom Gras bis zum Großtierfleisch.

Bereits zu dieser Zeit und »noch im Schatten der Dinosaurier« lebten am Boden die insektenfressenden Ur-Ur-Ahnen des Menschen – die Stammväter der Primaten. Das waren eichhörnchenähnliche Tiere, deren Nachfahren sich in einer ökologischen Nische, im indonesischen Raum, bis auf den heutigen Tag erhalten haben. Die Spitzhörnchen, mit dem zoologischen Namen *Tupaia*, sind gleichsam »lebende Modelle« der Ur-Primaten.

Die kleinen Ur-Primaten wurden jedoch von den sich rasch vermehrenden Nagetieren bald nach dem Aussterben der Dinosaurier, vor etwa 65 Millionen Jahren, von ihren Futterplätzen am Boden verdrängt. Sie wichen aus auf Bäume und Büsche. Dort »durchliefen die Primaten in ihrem luftigen Lebensraum eine harte Überlebensschule«.[3] Aus den Pfoten wurden Greiffüße und -hände, die Augen dominierten bald über die Nase und wanderten von der Seite in die Gesichtsfront, wodurch räumliches Sehen möglich wurde. Die Tiere konnten so im Dickicht der Wipfel frische Triebe und reife Früchte rasch und sicher orten.

Die Anpassung an den neuen Lebensraum begünstigte aber nicht nur die Entwicklung eines leistungsfähigen Gehirns, das Augen und Hände koordinieren kann, sondern auch eines Stoffwechsels, der an die Pflanzennahrung in den tropischen Wäldern angepaßt ist. Die Insektennahrung reichte bald nicht mehr aus, als die Primaten sich in den Regenwäldern zu mehreren Familien, Unterfamilien und Arten weiterentwickelten und auch körperlich größer wurden. Pflanzliche Kost wurde für die Primaten zur Lebensgrundlage.[4] Das um so mehr, als sich im Miozän genannten Erdzeitalter, das vor 25 Millionen Jahren begann, die früchtespendenden Blütenpflanzen »stürmisch« entwickelten.

Möglicherweise haben die Primaten durch das Leben in den früchtereichen Wipfeln der Ur-Wälder die Fähigkeit zur Vitamin-C-Synthese verloren; denn dieses Vitamin war dort reichlich vorhanden. Weshalb wir heute darauf angewiesen sind, Vitamin C stets mit der Nahrung aufzunehmen.

Weitgehend bei Insektenkost blieben nur wenige Spezialisten unter den Primaten, wie das nachtaktive Fingertier (*Daubentonia madagascariensis*). Auf der Insel Madagaskar, die keine Spechte kennt, hat es eine ökologische Nische gefunden und so überlebt. Der Aye-Aye genannte Halbaffe spürt mit riesigen Augen und Ohren Insektenlarven auf, die etwa unter der Rinde von Bäumen verborgen sitzen, und angelt sie mit einem überdimensionalen knochigen Finger aus ihrem Versteck.

Hingegen dürften sich die Hominiden, die menschenähnlichen Primaten, während des Miozäns, also bis vor rund fünf Millionen Jahren, überwiegend von Früchten ernährt haben. »Damals sind wir programmiert worden. Darauf geht unsere Anatomie und unsere Physiologie zurück«, erklärt der Biochemiker und Ernährungsforscher Claus Leitzmann, »die Enzyme von damals und den Verdauungstrakt haben wir heute noch. So haben wir wie die Affen ein ausgesprochenes Gebiß um Früchte abzubeißen und zu zerkauen. Wir haben kein Raubtiergebiß mit Reißzähnen und genausowenig ein Wiederkäuergebiß mit Mahlzähnen.«

Darüber hinaus ähnelt unser Darm mehr dem der Pflanzen- als der Fleischfresser. Reine Pflanzenfresser wie Pferde oder Giraffen, die sich nicht wie Affen zusätzlich zur vegetarischen Kost Mäuse oder andere Kleintiere fangen, haben einen sehr langen Darm. Bei den Wiederkäuern hat sich dieser lange Pflanzenfresserdarm sogar zu verschiedenen Mägen ausgeweitet. Fleischfresser oder »Beutemacher«, wie die Katzentiere Löwe und Leopard, aber auch Hunde, haben hingegen einen äußerst kurzen Darm.

Das Verhältnis von Darmlänge zu Körperlänge ist für Pflanzenfresser größer als für Fleischfresser. Gemäß dieser Messungen steht der Mensch genau in der Mitte, wie auch das Schwein. Das heißt, wir sind wie das Schwein Allesfresser.

»Vermißt man jedoch den Menschen wie die Tiere, vom Kopf bis zum Steiß, und nicht wie es fälschlicherweise in allen Lehrbüchern steht, von Kopf bis Fuß, dann liegen wir bezüglich unserer Darmlänge nicht mehr in der Mitte zwischen Fleisch- und Pflanzenfressern, sondern eindeutig bei den Pflanzenfressern«, erklärt Leitzmann.

Zusätzlich weist ein Enzymdefekt auf unsere vegetarische Vergangenheit hin. Es fehlt uns ein Enzym, das reine Fleischfresser wie Hund und Katze besitzen: die Uricase. Deshalb kann beim Menschen bei überreichlicher und einseitiger Fleischernährung Gicht auftreten. Denn die bei der Fleischverdauung entstehende schwerlösliche Harnsäure wird nicht wie bei den Fleischfressern in leicht lösliches Allantoin umgewandelt. Somit kann es unter ungünstigen Bedingungen zur Ablagerung von Harnsäurekristallen in den Gelenken kommen.

Mit Fleischnahrung vom Affen zum Menschen

Trotz dieses Enzymmangels und seines vegetarischen Erbes hat sich der Mensch auf dem Wege seiner Entwicklung an Fleischkost angepaßt – ja, anpassen müssen. Nahrungsmangel war treibende Kraft.

Klimaveränderungen zu Beginn des Pliozän vor rund vier Millionen Jahren bedingten einen Rückgang der üppigen Regenwälder, in denen die Menschenaffen fast konkurrenzlos von Früchten lebten. Savannen und Steppen entstanden. In der Savannenlandschaft Ostafrikas – wo die Wiege der Menschheit stand – überlebten nur die Menschenaffen, denen es gelang, mit den neuen Lebensbedingungen zurechtzukommen. Sie waren unsere Vorfahren. So wurden vor rund vier Millionen Jahren die Karten unserer genetischen Ausstattung nochmals neu gemischt.

Klettern war nicht mehr gefragt. Das harte Leben in der Savanne trainierte vielmehr den bei einigen Menschenaffen bereits im Wald begonnenen aufrechten Gang. Damit konnte unser Ahnherr weiter übers Gelände blicken als seine Vorfahren. Auch bekam er die Hände frei zum Sammeln von Samen und zum Gebrauch von Steinen und Stöcken. Mit solcherart verlängertem Arm ließ sich allerhand machen, etwa Raubtiere von ihrer Beute vertreiben, aber auch Artgenossen erschlagen.

Durch die Erfindung dieser räuberischen Strategie gelang es einem Stamm des frühsteinzeitlichen Australopithecus, seinen karg gewordenen Speisezettel anzureichern: mit Fleisch von anderen Tieren und von seinesgleichen.

Hingegen starb der mit vegetarischer Kost weiterlebende Australopithecus-Ur-Mensch aus. Er verließ vor rund zwei Millionen Jahren das Erdenrund wieder. Und der »allesfressende Raubaffe« wurde zum Stammvater der Hominiden und letztlich des Menschen. Entgegen landläufiger Meinung dürften die frühen Hominiden noch keine Jäger gewesen sein. Sie stiebitzten vielmehr anderen Tieren die erlegte Beute, die etwa von Leoparden in den Wipfeln der Bäume versteckt wurde. Auch der Großwild jagende, heute ausgestorbene Säbelzahntiger ließ im Dickicht des Waldes Reste von Mammut oder Elefant bis zur nächsten Mahlzeit liegen. Die war hier zwar sicher vor Hyänen und Schakalen, die im offenen Gelände pirschen, nicht aber vor dem affenähnlichen *Homo*.[5]

Wie Funde aus der Olduwai-Schlucht in Ostafrika zeigen, leistete sich der Steinwerkzeuge herstellende *Homo habilis* vor zwei Millionen Jahren bereits ausgiebige Fleischmahlzeiten. Er war offensichtlich, nach den reichlich hinterlassenen Handäxten, Hammer- und Schabesteinen zu schließen, kein Jäger, sondern eher ein Metzger. Mit einem Schabestein schabte er das Fleisch von den Knochen und zerlegte Elefantenkadaver mit seinen Steinwerkzeugen. Mit Hammer und Handaxt konnte er Röhrenknochen und Schädeldecken der Tiere zertrümmern und gelangte so an das fettreiche Knochenmark und das Gehirn. Somit fand *Homo habilis* auch in den Savannen noch Nahrung, auch wenn Hyänen, Schakale oder Geier den »Tisch« etwa eines Löwen bereits abgeräumt hatten.

Fleisch war offensichtlich auch für den nachfolgenden *Homo erectus*, bei dessen Wohnstätten man die ältesten Feuerstellen vor rund 350 000 Jahren fand, ein wichtiges Nahrungsmittel. Darauf deutet auch die Lage der Wohnplätze hin. Die befanden sich vor allem strategisch günstig gelegen, in der

Nähe weiter Flächen, auf denen Büffelherden, Pferde und Antilopen grasten und Raubtiere ihre Beute schlugen. Mit der Jagd auf Großtiere aber dürfte *Homo erectus* sowohl im europäischen Neandertal als auch in Ostafrika, erst sehr spät begonnen haben – die Forscher vermuten erst innerhalb der letzten 100 000 Jahre.[6]

Welche Stellung tierische und pflanzliche Nahrung auf dem Speisezettel des *Homo erectus* hatte, ist schwer zu sagen. Knochenreste bleiben lange erhalten im Boden, Pflanzenreste hingegen weniger, so daß die Zahl der Knochenfunde von Tieren nicht notwendigerweise die Dominanz der Fleischmahlzeit anzeigt. Bei Werkzeugfunden wurden immer auch Kerne von Früchten sowie Nußschalen entdeckt, jedoch noch keine Werkzeuge zur Bearbeitung pflanzlicher Nahrung. Fischgräten fand man jedoch nie. Der Fisch dürfte demnach ein recht junges Nahrungsmittel des Menschen sein.

Cro-Magnon und der ausgestorbene Neandertaler scheinen, wie die verbesserten Werkzeuge belegen, viel Fleisch verspeist zu haben. Vor allem auch, weil die Population der Cro-Magnon-Menschen noch klein war und demgegenüber die Zahl der um sie her lebenden Tiere ausreichte, um den Nahrungsbedarf zu decken. Erst in jüngerer Zeit, kurz bevor die Menschen die Landwirtschaft entwickelten, wurde das Großwild knapp. Die Ursachen dafür dürften sowohl in der Jagd als auch in einer Klimaverschlechterung und dem Anwachsen der menschlichen Population gelegen haben. Die Menschen mußten sich nun anderen Nahrungsquellen zuwenden.[7] Aus dieser Zeit stammen auch die ersten Funde von Fischresten und Schalentieren, aber auch von Werkzeugen zur Pflanzenbearbeitung wie Reibsteine, Mörser und Stößel.

Die Analyse der Spurenelemente in verschiedenen Knochenfunden bestätigt die Vermutung, daß die Menschen zu mehr pflanzlicher Nahrung übergegangen waren. Der Vergleich der Spurenelement-Zusammensetzung in den Knochen zeigt, daß die Nahrung der Menschen vor Beginn der Landwirtschaft derjehnigen ähnlich gewesen sein muß, die noch von heute lebenden Jäger-und-Sammler-Kulturen verzehrt wird. Deren Knochen weisen ein ähnliches Verhältnis der Spurenelemente auf, wie die Knochen ihrer steinzeitlichen Vorgänger.[8]

Mit der Landwirtschaft änderte sich die Ernährung des Menschen grundlegend. Der hohe Fleischanteil der Nahrung, wie er einige Millionen Jahre üblich gewesen war, sank auf rund zehn Prozent. Pflanzen machten nun den Hauptteil der Nahrung aus. Diese einschneidende Veränderung hatte Auswirkungen auf den Körperbau.

Homo sapiens sapiens, der sich vor 30 000 Jahren noch reichlich von Fleisch ernähren konnte, war 15 Zentimeter größer als die späteren Menschen der landwirtschaftlichen Frühzeit. Auch in der Neuen Welt verlief die Entwicklung ähnlich. Die steinzeitlichen Indianer, die sich vor 10 000 Jahren von Großwild ernährten, waren beachtlich größer als die sich von der Landwirtschaft ernährenden Indianer jener Periode, kurz bevor die Spanier eintrafen. In den indianischen Skelettfunden aus jener Epoche erkennen die Forscher Zeichen schlechter Eiweißversorgung sowie Schäden durch wiederholte Infektionen, wie sie bei einer Eiweiß-Mangelernährung auftreten.

Heute erst sind wir in der westlichen Welt wieder fast so groß wie der Cro-Magnon-Mensch, seit sich die Eiweißversorgung sowohl der Amerikaner als auch der Europäer durch die industrielle Revolution verbesserte. Daß wir heute an Wohlstandskrankheiten leiden, liegt also nicht am Fleisch an sich, wie viele glauben. Vielmehr liegt es an dessen völlig anderer Beschaffenheit gegenüber dem »Steinzeitfleisch« und an der Zusammensetzung unserer Nahrung, die nicht mehr dem genetischen Programm unseres Stoffwechsels entspricht. Und last but not least liegt es an der mangelnden Bewegung, wodurch unser Stoffwechsel nicht optimal auf Touren kommen kann. Er »verrußt« wie ein Rennwagen im modernen Straßenverkehr. Doch das ist eine andere Geschichte. Bleiben wir bei der Ernährung.

Mehr Cholesterin als heute

Weil das archaische Fleisch anders zusammengesetzt war als unser Fleisch heute, kommt es in den Industrieländern zu Mangel, obwohl Überfluß herrscht. Wodurch dieser Mangel entsteht, zeigen vergleichende Untersuchungen an heute noch lebenden Jäger-und-Sammler-Kulturen.

Mehr als 50 solcher Kulturen sind bis heute erschöpfend erforscht worden, so daß ein Nahrungsgrundmuster für sie ermittelt werden konnte. Menschenkundler (Anthropologen) an der Medizin-Schule der Emory Universität in Atlanta, USA haben fünf überlebende Jäger-Sammler-Kulturen studiert – die westafrikanischen !Kung und ≠Kade sowie die San-Buschmänner der Kalahari und die Hadza in Tansania, die beide nicht nur jagen, sondern wie in archaischen Zeiten die Beute von Raubtieren stehlen oder deren »Tischreste« verzehren, und die philippinischen Tasaday, die erst durch Kontakt mit der westlichen Zivilisation zu guten Jägern wurden.[9]

Diese Kulturen leben ähnlich ihren steinzeitlichen Vorgängern in halbtropischen Gegenden. Ihre Nahrung besteht je nach Gegend zu 50 bis 80 Prozent aus pflanzlichen und zu 20 bis 80 Prozent aus tierischen Quellen. Damit haben sie in ihrer Ernährung grundlegende Gemeinsamkeiten mit unseren steinzeitlichen Ahnen. Sie ernähren sich noch immer, wie vor vier Millionen Jahren, von Wildtieren und von nichtkultivierten Wildpflanzen. Die Nährstoffzusammensetzung dieser Nahrungsmittel kann uns somit eine Basis für die artgerechte menschliche Ernährung liefern.

Daß artgerechte Nahrung nicht krank macht, zeigen die Vergleiche mit den Urvölkern. Bei denen kommen unsere chronischen Krankheiten kaum vor, selbst dann nicht, wenn die Menschen 60 Jahre und älter wurden. Es liegt also auch nicht am langen Leben, daß bei uns heute Alter fast gleichbedeutend ist mit Siechtum. Denn bereits junge Menschen in den westlichen Industrienationen weisen Symptome chronischer Krankheiten auf: wie hohen Blutdruck, Arteriosklerose, Gallensteine und Zuckerkrankheit. Die Jugendlichen der Jäger und Sammler zeigten alle diese Krankheitsbilder nicht.

Haupt-Fleischlieferanten sind vor allem pflanzenfressende Tiere, die in den weiten Savannen Afrikas grasen, wie etwa Büffel, Zebras, Antilopen. Deren Fleisch unterscheidet sich in seiner Nährstoffqualität grundlegend von dem, das wir in unseren Supermärkten kaufen. Das Fleisch von Schlachttieren enthält sehr viel mehr Fett als Wildfleisch. Denn Haustiere sind zum einen auf zartes – und damit fetthaltiges – Fleisch gezüchtet worden. Zum anderen bedingen die Bewegungsarmut und die regelmäßige Fütterung der Haustiere reichlichen Fettansatz, wie er bei Wildtieren nicht vorkommt. So weisen die wildlebenden Pflanzenfresser der afrikanischen Savanne, von denen 15 verschiedene Arten untersucht wurden, im Schlachtkörper knappe vier Prozent Fett auf. Unser Schlachtvieh hingegen enthält 30 und mehr Prozent Fett.[10]

Mehr noch. Auch die Fettzusammensetzung ist anders. Wildbret enthält pro Gramm Fett fünfmal so viel mehrfach ungesättigte Fettsäuren wie unser Schlachtvieh. Darüber hinaus enthält das Wildtier-Fett eine beachtliche Menge der so wichtigen Eicosapentaensäure, einer Omega-3-Fettsäure, die im Stoffwechsel wichtige Aufgaben erfüllt und dabei der Entstehung der Arteriosklerose vorbeugt. In heimischem Rindfleisch findet man davon nur mehr kaum nachweisbare Spuren. Der Cholesteringehalt von Wildfleisch dagegen unterscheidet sich – das haben die Forscher an 25 Wildtierarten untersucht – kaum von unserem Haustierfleisch. Unsere steinzeitlichen Ahnen aßen also weniger Fett als wir, aber genauso viel Cholesterin.

Das Fleisch moderner Schlachttiere enthält 75 Milligramm Cholesterin pro 100 Gramm. Da auch das Fleisch von Wildtieren etwa diesen Cholesteringehalt aufweist, hat sich unser Stoffwechsel an eine reichliche Cholesterinzufuhr angepaßt. Der von den Forschern abgeschätzte Fleischverzehr betrug rund 800 Gramm am Tag. Darin waren somit 600 Milligramm Cholesterin enthalten. Das ist doppelt so viel, wie uns heute die Ernährungsexperten »zubilligen«. Aber weil der Cro-Magnon-Mensch weniger Fett verzehrte, mußte sein Körper weniger eigenes Cholesterin produzieren. Außerdem hatte das wenige Fett, das er aß, eine nach den neuesten Erkenntnissen der Ernährungswissenschaft optimale Zusammensetzung!

Das Fett afrikanischer Wildtiere enthält 30 Prozent mehrfach ungesättigter Fettsäuren, 32 Prozent einfach ungesättigter Fettsäuren und 38 Prozent gesättigter Fettsäuren. Das ist ziemlich genau die Zusammensetzung des Nahrungsfetts, wie sie von der Deutschen Gesellschaft für Ernährung und den Fettstoffwechsel-Experten für eine sinnvolle menschliche Ernährung vorgeschlagen wird. Wenn man das pflanzliche Fett hinzurechnet, so ergibt sich für die Fettsäure-Zusammensetzung der steinzeitlichen Nahrung folgendes Verhältnis: 36 Prozent mehrfach und 40 Prozent einfach ungesättigter Fettsäuren stehen 24 Prozent gesättigter Fettsäuren gegenüber. Mehrfach ungesättigte Fettsäuren machten also ein Drittel aus, wohingegen einfach ungesättigte und gesättigte Fettsäuren gemeinsam zwei Drittel ergeben. In unserer heutigen Ernährung dagegen dominieren die gesättigten Fettsäuren.

Die reichliche Cholesterinzufuhr dürfte den Steinzeit-Menschen auch deshalb wenig geschadet haben, weil diese weiterhin viel Pflanzliches aßen. Damit verzehrten sie – gemäß der Abschätzung durch die Forscher – täglich 45 Gramm Ballaststoffe, mehr als doppelt so viel wie wir.[11]

Reichlich Grünzeug in der Steinzeit

Heutige Jäger und Sammler essen viele verschiedene Wildpflanzen und davon wieder verschiedene Teile – vor allem Wurzeln, Knollen, Bohnen, Nüsse und Früchte, von manchen Pflanzen auch die Blüten. Damit nehmen sie viele Vitamine, Mineralstoffe, Spurenelemente und sekundäre Pflanzenstoffe zu sich.

Wir nutzen von dieser Vielfalt – auf der Erde gibt es rund 250 000 verschiedene Arten von Blütenpflanzen – nur noch einen Bruchteil. Etwa 3000 meist Samen, Knollen oder Früchte spendende Arten hat der Mensch im Laufe seiner Geschichte genutzt. »Nur etwa 150 davon spielen heute eine kommerzielle Rolle. Und allein die vier Nahrungspflanzen Weizen, Reis, Mais und Kartoffeln liefern etwa die Hälfte der Welternte.«[12] Die moderne Landwirtschaft und Gärtnerei baut nur an, was sich wirtschaftlich und somit rentabel produzieren läßt. Getreide, das erst mit dem Beginn der Landwirtschaft zur Hauptnahrungsquelle der Menschen aufstieg, wurde von Jägern-und-Sammlern kaum verzehrt.

Die aßen dagegen an Vitamin C reiche Früchte und Knollen und verzehrten damit amTag rund 400 Milligramm von diesem Vitamin.[13] Das übersteigt alle modernen Empfehlungen um das Fünf- bis Zehnfache. Auch von Nährstoffen wie Eisen, Vitamin B_{12} und Folsäure, die weltweit zu den kritischen Nährstoffen gehören, dürften nach den Berechnungen der Forscher unsere steinzeitlichen Ahnen mehr bekommen haben als wir. Heute leiden nicht nur die Menschen in den Entwicklungsländern daran Mangel, sondern ganze Bevölkerungsgruppen auch bei uns – vor allem junge Frauen und alte Männer. Selbst bei Jägern und Sammlern mit weit überwiegender pflanzlicher Nahrung haben die Forscher eine ausreichende Versorgung mit Eisen, Vitamin B_{12} und Folsäure festgestellt.[14]

Da die Bedeutung von Vitamin E und Beta-Carotin für die Entstehung der modernen Wohlstandskrankheiten erst seit jüngster Zeit bekannt ist, wurden die Nahrungsmittel auf diese Vitamine noch nicht untersucht. Bei einem Essen jedoch, das reich ist an verschiedensten pflanzlichen Nahrungsmitteln, ist erfahrungsgemäß die Versorgung mit Beta-Carotin optimal. Auch Vitamin E dürfte ähnlich wie Vitamin C in großen Mengen verzehrt worden sein – mit Nüssen, Samen und gemeinsam mit den ungesättigten Fettsäuren im Fleisch.

Auch der Kalziumgehalt der archaischen Nahrung übertrifft weit die Empfehlungen der Ernährungsexperten, obwohl das Milchtrinken dazumal noch nicht üblich war. Cro-Magnon-Menschen mit ihren kräftigen Knochen verzehrten pro Tag rund 1600 Milligramm Kalzium.[15] Viele Menschen nehmen heutzutage nicht einmal die Hälfte davon zu sich. Die Deutsche Gesellschaft für Ernährung hat 1992 ihre Empfehlung für eine ausreichende Kalziumzufuhr von 800 Milligramm am Tag auf 1000 Milligramm erhöht.

Und der Natriumverzehr unserer Ahnen lag bei rund 700 Milligramm Natrium am Tag.[16] Damit betrug die Kalium-Natrium-Bilanz in der Programmierungsphase unseres Stoffwechsels 16 zu eins. Heute hingegen verzehren wir mit einem Teil Kalium drei Teile Natrium. Das ist, verglichen mit unseren steinzeitlichen Ahnen, 48mal mehr Natrium als Kalium.

Vorratshaltung mit Folgen

Die meisten vorindustriellen Gesellschaften, davon sind die Jäger-und-Sammler-Kulturen nicht ausgenommen, haben und hatten unter jahreszeitlich bedingter Nahrungsknappheit – also unter Hunger – zu leiden. Diese unfreiwillige »Null-Diät« steigerte sich alle paar Jahre auch zu verheerenden Hungersnöten.

Obwohl unsere steinzeitlichen Ahnen sicher weniger unter Nahrungsmangel zu leiden hatten als heutige Jäger und Sammler, denn Wildtiere und Wildpflanzen waren zu jener Zeit noch reichlicher vorhanden, haben sie doch hin und wieder Engpässe in der Nahrungsbeschaffung gehabt. Die Fähigkeit viel essen zu können, wenn Nahrung vorhanden ist, und die rasche Umwandlung von überschüssigen Kalorien in Fettgewebe dürften, so vermuten die Forscher, in dieser Zeit genetisch programmiert worden sein. Dicke waren überlegen.

Die Phasen der Mangelversorgung mögen aber auch dazu geführt haben, daß die Menschen andere Nahrungsmittel für sich entdeckt haben. Etwa das Getreide, das sich lange lagern läßt. Das daraus gebackene Brot ist wiederum eine Lagerform, nämlich des bereits aufgeschlossenen und verzehrfähigen Getreides, wie es im Getreidebrei vorliegt. Milch, anfangs von Ziege und Schaf, kam hinzu und wurde durch Käsen haltbar gemacht.

Was wir heute zu unseren Grundnahrungsmitteln zählen, Brot, Wurst und Käse, sind Lagerformen von Lebensmitteln, die der Mensch erst innerhalb der letzten 10 000 Jahre erfunden hat, um auch in mageren Zeiten etwas zum Beißen zu haben.

Das Haltbarmachen von Lebensmitteln begann mit der Landwirtschaft und wurde durch die Industrialisierung perfektioniert. Entwicklungen, die mit der Zunahme der Bevölkerung, Verstädterung und außerhäuslichen Berufsarbeit der Frauen einhergingen, schrien geradezu nach lagerfähigen und transportierbaren Nahrungsmitteln.

Doch innerhalb der letzten hundert Jahre hat dieser Trend ein Ausmaß erreicht, das uns schadet. Die sinnvolle Erfindung, Nahrungsmittel vor dem Verderb zu schützen und haltbar zu machen, wurde schließlich in unserem postmodernen Jahrhundert pervertiert. Haltbarmachen ist zum Selbstzweck geworden, damit *Food-* (so der Industriebegriff für Nahrungsmittel) wie *Non-Food*-Konsumartikel – also wie Socken oder Waschmittel – transportiert und verkauft werden können.

Durch unseren Hang zur Bequemlichkeit heizen wir diese Entwicklung selbst an. Denn da wir es uns finanziell leisten können, greifen wir aus der Angebotsfülle nicht etwa nach frischen Lebensmitteln, die noch bearbeitet werden müssen. Nicht einmal nach Frischfleisch greift der Wohlstandsbürger, sondern nach Wurst und Käse, was die winzig gewordenen Frischfleisch-Theken neben den gigantische Ausmaße erreichenden Wurst- und Käsetheken in den Supermärkten demonstrieren. Wir stillen unseren Hunger vorrangig mit Halb- und Vollkonserven, also mit den rasch und problemlos zu verzehrenden Lagerprodukten der Industrie.

Im Supermarkt mit steinzeitlichem Appetit

Dinge, die unser Großvater der Familie aus dem Delikateß-Laden mitbrachte, wenn es Anlaß zum Feiern gab, sind heute unsere tägliche Nahrung geworden. Damit haben wir uns sehr weit von der artgerechten Ernährung des Menschen entfernt. Wohlstandskrankheiten sind der Preis dafür.

Denen können wir entgehen, wenn wir uns gemäß unserem genetischen Programm ernähren und unserem Körper das geben, für das sein Stoffwechsel eingerichtet ist. »Unsere frühe Vergangenheit ist vegetarisch«, sagte Leitzmann, »doch die Schlußfolgerung daraus ist nicht, daß wir alle Vegetarier werden müssen. Sondern wir sollten uns daran erinnern, daß es so ist und uns in unserer Ernährung darauf einstellen.«

Die Nahrung, die sich dem sich entwickelnden Menschen bot, war – geographisch und saisonal bedingt – äußerst vielfältig: Sie reichte von Früchten, Nüssen und Blättern über Insekten und Kleintiere zum Säugetierfleisch. Demzufolge war derjenige am besten angepaßt und konnte am schnellsten Nachkommen aufziehen und damit überleben, der die verschiedenartigen Nahrungsquellen gut auszunutzen vermochte. So entwickelte sich der Mensch wie die meisten Primaten zu einem »Allesfresser«. Die natürliche Selektion hat uns also mit einer großen Anpassungsfähigkeit ausgestattet, wenn wir bedenken, daß es andere Säugetiere gibt, wie zum Beispiel Pferde oder Hasen, die ausschließlich Pflanzen vertragen oder das ebenfalls zu den Primaten gehörende Fingertier, das bis heute bei Insektennahrung geblieben ist. Unsere große Anpassungsfähigkeit aber reicht für das 20. Jahrhundert nicht aus. Nahrung, die den meisten Menschen gut schmeckt, die ungiftig und hygienisch einwandfrei ist, verursacht dennoch Krankheiten, von denen immer mehr Menschen erfaßt werden.

Weil es in den Jahrmillionen unserer genetischen Programmierung nie Zeiten gab mit einem Überangebot an Fett, Zucker und Kochsalz und weil nie Nahrungsmittel wuchsen, die frei von Ballaststoffen und arm an Vitaminen, Mineralstoffen und Spurenelementen waren, wurde kein Mensch selektiert – auch nicht in einem äußersten Winkel unseres Erdballs –, der mit einer solchen Nahrung zu leben gelernt hätte. Die Aussichten, daß sich der Mensch in der fortschreitenden Evolution an die fett-, salz- und zuckerreiche sowie ballaststoff- und vitaminarme Industrienahrung anpaßt, stehen schlecht.

Damit eine genetische Anpassung an neue Ernährungsbedingungen stattfinden kann, müßte sich die veränderte Nahrung negativ auf die Zahl der Nachkommen auswirken, das heißt, diejenigen, die diese veränderte Nahrung nicht vertragen, hinterlassen weniger Nachkommen als diejenigen, die die veränderte Nahrung vertragen. Somit würde es nach einigen Generationen nur noch solche Menschen geben, die die veränderte Nahrung gut vertragen. Da jedoch die chronischen Krankheiten vor allem alte Menschen befallen, die jenseits ihrer reproduktiven Lebensphase stehen, kann eine genetische Anpassung an die Industrienahrung nicht stattfinden.

Außerdem ändert sich die Genetik des Menschen extrem langsam, stellten die Forscher fest. Seit dem Auftreten des Menschen – also der Gattung *Homo* – vor zwei Millionen Jahren bis zum Erscheinen des eigentlichen Menschen, des *Homo sapiens sapiens* vor rund 40 000 Jahren, ist seine genetische Ausstattung fast gleich geblieben. Auch die Veränderung der Lebensbedingungen durch die Erfindung der Landwirtschaft vor rund 10 000 Jahren hatte nur einen minimalen Einfluß auf unsere Gene.[17]

Ein Beispiel für eine »frische« evolutionäre Anpassung aus dieser Zeit ist die Verträglichkeit von Milch über das Säuglingsalter hinaus. Das Säuglings-Enzym Laktase für die Milchzucker-Spaltung bleibt bei den meisten Europäern auch im Erwachsenenalter erhalten. Offenbar konnten sich in den großen Hungerperioden nur diejenigen Menschen am Leben erhalten und vermehren, deren Stoffwechsel fähig war, Milch als Eiweißquelle zu verwerten. Die anderen starben früh an Eiweißmangel. So hat die Not in Europa die Milchverträglichkeit selektiert.

In Japan und Ostasien hingegen vertragen Erwachsene keine Milch. Dort wird auch kein Käse gegessen. Möglicherweise hat der Fischreichtum der Meere eine derartige Anpassung an eine weitere Eiweißquelle nicht notwendig gemacht. Dieser Prozeß zeigt, in welchen großen Zeiträumen genetische Anpassung beim Menschen vonstatten geht.

Insofern sind die Errungenschaften der industriellen Revolution, der Intensiv-Landwirtschaft und der postmodernen Lebensmitteltechnologie auch noch zu jung, als daß sie überhaupt irgend einen evolutionären Effekt auf unsere genetische Ausstattung der Nahrungsverwertung ausüben könnten.

Süchtig nach Vitaminen und Spurenelementen

Das hohe Angebot an Vitaminen, Mineralstoffen und Spurenelementen in der archaischen Nahrung hat uns bedürftig, ja geradezu abhängig von einem reichlichen Nachschub an diesen Nahrungsinhaltsstoffen gemacht. Obwohl unser steinzeitlicher Ahnherr noch kein Pökelfleisch und keine Salami kannte und keinen mit Nitrat angereicherten Salat aß, also kaum Stoffe verzehrte, die krebserregende Nitrosamine entstehen lassen, nahm er sehr viel mehr Vitamin C auf als wir. Er war damit besser vor freien Radikalen geschützt als wir heute.

Daran wird erkennbar, daß unser Bedarf an Radikalenfänger-Vitaminen wie Vitamin C, E und Beta-Carotin sowie dem Spurenelement Selen noch viel höher sein dürfte als zu archaischen Zeiten. Denn damals gab es noch kein Tschernobyl und kein radioaktiver Fallout von Atombombenversuchen kreiste um den Globus, wodurch unser Stoffwechsel vermehrt mit freien Radikalen belastet wird. Medizinmänner untersuchten ihre Patienten noch nicht mit Röntgenstrahlen und selbst Ikarus unternahm keinen Interkontinentalflug, der ihn der Höhenstrahlung ausgesetzt hätte. Ebensowenig schluckte unser Ahn Medikamente, die im Körper gefährliche Radikale erzeugen. Und Zigaretten kannte er auch noch nicht.

Der Stoffwechsel des Steinzeit-Menschen war also nicht in dem Ausmaß wie heute damit beschäftigt, freie Radikale zu »entschärfen«. Dennoch standen ihm sehr viel mehr Radikalenfänger durch die Nahrung zur Verfügung. Da wir uns nicht mehr von Wildfleisch und Wildpflanzen ernähren können, heißt es Ausschau halten nach anderen Quellen und Lieferanten von Antioxidantien. Gemüse, Obst, Nüsse, Kartoffeln und Hülsenfrüchte enthalten, vor allem wenn sie artgerecht gewachsen sind und reif geerntet werden, viel davon. Auch um die mehrfach ungesättigten »Herzschutz-Fettsäuen« – die Omega-3-Fettsäuren – müssen wir uns heute kümmern. Wie die Studie der Anthropologen gezeigt hat, können wir im Gegensatz zu unseren steinzeitlichen Ahnen unseren Bedarf nicht mehr durch Fleisch decken. Die einzige ausreichende Nahrungsquelle für Omega-3-Fettsäuren sind Seefische. Die körpereigene Synthese von Omega-3-Fettsäuren aus Linolensäuren, die reichlich im Leinsamen und zur Hälfte (56 Prozent) im Leinöl vorkommt, wird im Körper nur dann in Gang gesetzt, wenn sehr viel Linolensäure zur Verfügung steht.[18] Das würde bedeuten, daß man es wie die Oberschlesier macht und täglich sein Gläschen Leinöl trinkt. Allerdings muß es frisch sein und als Oxidationsschutz sollte man etwas Weizenkeim oder Mandelöl dazu geben.

Im Getreide hat sich das Kulturwesen Mensch bereits eine reiche Quelle für Vitamine, Mineralstoffe und Spurenelemente erschlossen, als sich die archaischen Jagdgründe erschöpften. Mit dem Getreide haben sich die Menschen nicht nur ein lagerfähiges Nahrungsmittel, sondern ein sehr inhaltsreiches Nahrungsmittel gezüchtet. Fast alle für den Menschen lebenswichtigen Nährstoffe sind darin enthalten. Lediglich Vitamin C fehlt, und Kalzium sowie Beta-Carotin sind nur in geringen Maßen enthalten.

Allerdings sind vor allem die Mineralstoffe wie Eisen oder Zink für uns nur dann (bio-)verfügbar, wenn wir bestimmte

Küchentechniken anwenden. Kochen und Backen genügen nicht. Nur nach dem altmodischen 24-Stunden-Sauerteigverfahren oder nach Ankeimen des Getreides und in gewissem Maße auch nach dem Einweichen geschroteter Getreidekörner über Nacht gelangt der Mensch – der nicht mehrere Mägen wie das Rindvieh besitzt – an die Mineralstoffe im Getreidekorn. In der langen Evolution des Menschen gab es kaum Gelegenheit sich an Getreide anzupassen. Denn das hat sich der Mensch erst vor rund 10 000 Jahren zum Nahrungsmittel herangezüchtet, als andere Nahrungsquellen versiegten.

Darüber hinaus liefert Getreide bereits bei kleinen Verzehrsportionen die so wichtigen Ballaststoffe, die je nach Kornart darin zu fünf bis zehn Prozent enthalten sind – also doppelt bis dreimal so viel wie in den Wildpflanzen der Steinzeit-Menschen. Das ist heute um so wichtiger, als wir bei fehlender körperlicher Betätigung nicht mehr den großen Appetit haben, der uns befähigt, Berge von ballaststoffreichen Nahrungsmitteln zu verdrücken.

Auch die Entdeckung der Milch als Nahrungsmittel für den erwachsenen Menschen ist eine Kulturleistung, durch die vor allem die Eiweiß- und Kalziumversorgung gesichert werden konnte. Offenbar konnten Menschen in bestimmten Regionen der Erde erst durch den Verzehr von Milch eine sonst schlechte Eiweißversorgung überleben. Eine genetische Veränderung wurde damit selektiert.

In der immer tiefer werdenden Kluft, die zwischen unserer heutigen Ernährung und der Nahrung unserer altsteinzeitlichen Vorfahren klafft, sehen die Forscher die Hauptursache für die heutigen ernährungsbedingten Krankheiten.[19]

Die Forscher glauben, daß die Nährstoffzusammensetzung der archaischen Nahrungsmittel die Meßlatte sein könnte, die den Rahmen für die Nahrungsmittelauswahl auch der Menschen des ausgehenden 20. Jahrhunderts bestimmt. Denn wir sind trotz Kultur und Technik Glieder einer langen Evolution, aus der wir nicht aussteigen können. Deren Vorgaben in unserem Stoffwechsel lassen sich nicht folgenlos igenorieren. Vor allem nicht in einer Zeit, die es sehr viel mehr Menschen als früher ermöglicht, ein hohes Alter zu erreichen.

Bei der Ermittlung der richtigen Ernährung geht es nicht darum, ob wir Fleisch essen oder vegetarisch leben sollen, sondern um die Zufuhr an Nährstoffen. Zugehörig zu den Allesfressern (Omnivoren) sind wir in der Lage, sowohl Fleisch als auch pflanzliche Nahrung zu verwerten. Entscheidend aber ist, daß wir alle Nährstoffe in der für uns notwendigen Menge und Zusammensetzung zu uns nehmen.

Der Wohlstand frißt seine Kinder oder das Ende der Postmoderne

Besonders gefragt sei alles, was dem natürlichen Vegetationszyklus entgegenlaufe: Weintrauben im Frühjahr, Erdbeeren in der Adventszeit und Spargel zu Silvester.[1]

Eine Köchin, in einem Kindergarten mit Kinderkrippe am Rande einer kleinen Stadt tätig, sagte mir kürzlich: »Stadtkinder sind kaufaul. Die Kinder, die im Alter von elf Monaten in die Krippe gebracht werden, können noch nicht kauen. Wir müssen ihnen hier das Kauen regelrecht beibringen.« Mit den Kindern von den Dörfern sei es besser, räumte die Köchin ein: »Die essen gut. Denn die kriegen meist sehr früh Brotrinde zum Kauen und essen auch schon mit den Großen bei Tisch mit. Die Mütter in der Stadt füttern vor allem die ›Gläschen‹. Das ist einfacher und geht schnell.«

Welches Eßverhalten denn später die kaufaulen und die kaufreudigen Kinder zeigten, wollte ich wissen: »Die Kinder, die von klein auf beißen gelernt haben, essen später ihren Apfel aus der Hand«, sagte die Köchin. »Für die anderen müssen wir jedes Obst in Stückchen schneiden, damit sie es überhaupt annehmen.« Einzelfälle? Keinesfalls. Freunde in Niederbayern hatten uns angeboten, wir könnten in ihrem Garten Äpfel pflücken und Nüsse aufklauben. Die Familie war vor ein paar Jahren aus einer Münchener Hochhaussiedlung in den ländlichen Ort gezogen und war so Besitzer eines alten Obstgartens geworden. Als wir Anfang Oktober hinkamen, lag der größte Teil der Äpfel bereits im Gras und auch die Walnüsse bedeckten schon so dicht den Boden, daß wir keinen Fuß aufsetzen konnten, ohne dabei einige Nüsse zu zertreten. Auf die Frage, weshalb denn noch niemand die Nüsse aufgesammelt und die

Äpfel gepflückt habe, kam die Antwort: »Unsere Kinder mögen keine Nüsse und machen sich nichts aus Äpfeln.« Als wir den wohlfeilen Reichtum eingesammelt hatten, gingen wir ins Haus. Dort saßen zwei von den drei Buben über eine Familienpackung Speiseeis gebeugt und löffelten sie aus.

Industriekost macht uns also nicht nur krank, weil sie zu viele Kalorien und zu wenige lebenswichtige Inhaltsstoffe enthält, sie verhindert darüber hinaus, daß Kinder angestammte, wohlschmeckende und nährstoffreiche Nahrungsmittel – wie Äpfel und Nüsse – mit Vergnügen essen lernen. Doch Industrienahrungsmittel haben zusätzlich eine noch verheerendere Wirkung. Sie pflastern nicht nur den Weg zur Fehlernährung, sie zerstören die Natur und vernichten auch die Lebensgrundlage der Menschen in der Dritten Welt. Und wir, die Konsumenten, machen uns durch unsere Kaufentscheidungen mitschuldig an dem globalen Zerstörungswerk.

»Umwelt ist nicht alles, aber ohne Umwelt ist alles nichts«, sagte in Anlehnung an Schopenhauer der Ernährungsforscher Claus Leitzmann von der Universität Gießen. »Wir müssen, wenn wir über Ernährung sprechen, viele Dinge im Auge haben, denn Ernährung wirkt sich nicht nur auf unsere Gesundheit aus, sondern auch auf die Umwelt und auf soziale Bereiche.«[2]

Ernährung beginnt nicht erst auf unserem Teller und auch nicht in den Betrieben der Nahrungsmittelindustrie. Ernährung beginnt bei der Produktion der »Rohstoffe« auf dem Feld und im Stall. Und diese landwirtschaftliche Produktion zerstört heute die Umwelt.

Wie kommt es, daß die Landwirtschaft, also die Agrikultur – die Mutter aller Kulturen – zu einer Zerstörerin unseres Lebensraumes wird? Die Antwort auf diese Frage läßt sich nur verstehen, wenn wir einen kurzen Blick auf die verflochtenen Mechanismen werfen, von denen unsere heutige Nahrungsmittelproduktion gelenkt wird.

Das legitime Ziel der Landwirtschaft ist es, Nahrungsmittel in ausreichender Menge zur Verfügung zu stellen, damit keiner hungert. Die heutige EG-Landwirtschaftspolitik bewirkt hingegen, daß Nahrungsmittel im Überfluß vorhanden sind und daß alle Nahrungsmittel ganzjährig – unabhängig von ihrer Wachstumsperiode – zur Verfügung stehen. Darüber hinaus sorgen Subventionen dafür, daß die Nahrungsmittel *unter* ihren tatsächlichen Produktionskosten – also billig – auf den Markt gelangen.

Damit der Bauer den Forderungen nach stets ausreichender und billiger Ware nachkommen konnte, war er gezwungen, intensiv zu wirtschaften. Aus dem Bauern wurde der Erzeuger. Das heißt, die herkömmliche extensive, also auf Nachhaltigkeit bedachte bäuerliche Landwirtschaft, deren Maxime es ist, die Lebensgrundlage von Mensch und Vieh zu bewahren, mußte unter dem Zwang der Existenzsicherung, also um den Hof zu erhalten, aufgegeben werden.

Wie massiv die Existenznot den Landwirt drückt, läßt sich an den Fleischpreisen ablesen. Der Landwirt erhält heute für ein Kilogramm Fleisch nur etwa doppelt so viel wie in den 50er Jahren. Demgegenüber hat sich aber das Durchschnittseinkommen der Bundesbürger nicht nur verdoppelt, sondern verzehnfacht. Das bedeutet für den Landwirt: Er muß für alles, was er kauft, den zehnfachen Kaufpreis von 1950 zahlen und verdient doch nur das Zweifache von damals.

Was ergibt sich daraus? Der Landwirt ist gezwungen, mehr zu produzieren – ohne Rücksicht auf die Umwelt –, um einigermaßen mit dem Einkommen der Arbeiter und Angestellten in der Industrie schritthalten zu können. Der Landwirt muß also, damit Nahrungsmittel billig und ausreichend verfügbar sind, Mineraldünger verwenden, die ihm höhere Erträge pro Fläche liefern. Und er muß, der höheren Erträge wegen, raschwüchsige Neuzüchtungen anbauen.

Diese auf den ersten Blick löblich erscheinenden Anstrengungen zeigen jedoch bald ihren Pferdefuß, und ein Teufelskreis beginnt sich zu drehen. Starke Mineraldüngung steigert die Krankheitsanfälligkeit der Pflanzen. Denn die haben nicht ausreichend Zeit, um ihre genetisch vorgegebenen Anlagen vollständig zu entfalten. Erhöhte Anfälligkeit der Pflanzen verlangt vermehrt Schädlingsbekämpfungsmittel (Pestizide). Regelmäßige Mineraldüngung läßt darüber hinaus die Böden verkarsten. Sie werden unbrauchbar. Nitrat gelangt ins Grundwasser. Außerdem belastet die Produktion der Mineraldünger in den chemischen Fabriken die Umwelt durch erhöhten Energieverbrauch und Industrieabgase.

Krankheitsanfällig sind meist auch die auf Ertragsreichtum gezüchteten Pflanzen. Die Giftspritze aber vernichtet nicht nur Schädlinge, sondern auch Nützlinge sowie die natürlichen Feinde der Schädlinge – allen voran die Vögel. Dadurch aber steigt die Zahl der Schädlinge an und erfordert vermehrten Pestizideinsatz. Unsachgemäßer Gebrauch von Pestiziden aber führt zu Rückständen, die sich durch Nahrungsketten in den Lebensmitteln anreichern. »Derzeit sind 100 000 Umweltgifte bekannt. Doch nur für 400 gibt es eine Höchstmengenverordnung. Und die wird zum Beispiel bei der 405 Mitglieder umfassenden PCB-Familie (Polychlorierte-Biphenyle) lediglich auf sechs Leitsubstanzen angewendet«, schildert Leitzmann die Situation.[3]

Der Zwang, mehr und billiger zu produzieren und das ohne die Zahl der Arbeitskräfte, wie sie früher auf einem Bauernhof üblich waren, führte geradewegs zur industriellen Massentierhaltung. Von dort bekommen wir – zu niedrigen Preisen und im Überschuß – Milch, Eier, Fleisch und Fisch. Die Massentierhaltung ist die Antwort auf den Wertewandel in den Industriestaaten. Deren Forderung lautet: Nahrungsmittel müssen billig sein. Und man ist geneigt hinzuzufügen: damit wir es uns leisten können, Artikel wie Autos, Surfbretter und Möbel zu verbrauchen.

Während frühere Generationen drei Viertel ihres Einkommens für Lebensmittel ausgeben mußten, wenden wir dafür heute weniger als ein Viertel auf.

Billige Futtermittel wie Getreide, Sojabohnen und Fischmehl, die nicht zuletzt aus Dritte-Welt-Ländern stammen und um den halben Erdball transportiert werden müssen, sowie andere Tiermehle – dadurch wurde der »Rinderwahnsinn« übertragen – machen die Massentierhaltung möglich. Durch Futtermittel wie Getreide und Sojabohnen wird aber das Vieh zum Nahrungskonkurrenten des Menschen – vor allem die Getreidefresser wie Schweine und Geflügel, aber auch das auf Gras spezialisierte Rindvieh, das in der industriellen Hochleistungslandwirtschaft Kraftfutter aus Getreide und Sojabohnen erhält.

Die industrielle Landwirtschaft spricht von »Veredelung«, ich nenne es Perversion, wenn aus sieben Gramm pflanzlichem Eiweiß, das auch Menschen hätte zur Nahrung dienen können, unter hohem Energieaufwand ein Gramm – noch dazu überschüssiges – tierisches Eiweiß produziert wird.

Die Umweltbelastung, die sich durch den Transport ergibt, ist dabei noch gar nicht mitgerechnet. »Wenn schon Handel über Tausende von Kilometern, dann lieber mit Industriegütern. Agrarerzeugnisse haben eine geringe Transportwürdigkeit gegenüber den meisten Industrieprodukten. Ein Auto für 43 000 Mark wiegt eine Tonne, ein Computer im gleichen Wert eine Zehntel-Tonne. Weizen für diesen Betrag wiegt hingegen 100 Tonnen. Seine Transportwürdigkeit ist also 100mal geringer als die von Autos und 1000mal geringer als die von Computern.«[4]

Der finanzielle Druck, Arbeitskräfte einsparen zu müssen – das Stichwort Mansholt-Plan steht für diese verhängnisvolle

EG-Entwicklung – zwang die Landwirte zur Massentierhaltung, ob sie es gut fanden oder nicht. Die Einsparung von Arbeitskräften endete schließlich in einer Aufstallung der Tiere, die als Tierquälerei im höchsten Grade bezeichnet werden muß. Ich selbst habe in dieser landwirtschaftlichen Umstellungsphase gestandene Männer weinen sehen über das Leid, das den Tieren, mit denen sie ein Berufsleben verband, zugefügt wird.

Die Tierquälerei im Massenstall führt zu einer hohen Krankheitsanfälligkeit. Das hat einen gewaltigen Verbrauch an Medikamenten und Desinfektionsmitteln zur Folge. Dadurch wächst die Gefahr von Rückständen in den Lebensmitteln, vor allem bei unsachgemäßer Anwendung und kriminellem Mißbrauch der Arzneien.

Die Vergewaltigung der Tiere durch nicht artgerechte Aufstallung schlägt sich außerdem in einer verminderten Fleischqualität nieder. Auch die Fruchtbarkeit der Tiere geht zurück. Das wiederum führt zu einer erhöhten Verwendung von Hormonen. Auch die gelangen bei unsachgemäßer Anwendung oder kriminellem Mißbrauch als Rückstände in die Lebensmittel. Darüber hinaus läßt die große Zahl der Tiere im Stall Krankheitserreger, die teilweise auch den Menschen befallen, überhandnehmen. Bekanntestes Beispiel sind die Salmonellen, die von Jahr zu Jahr mehr Todesopfer unter der Bevölkerung fordern.

Die hohe Tierdichte zerstört aber auch den Boden. Denn der wird mit Gülle, konzentrierten Tierexkrementen, überladen. Hingegen war es jahrtausendelang die Praxis der Agrikultur, dem Boden im Jahreskreislauf die Nährstoffe in Form von Mist zurückzugeben, die für die Produktion von Nahrungs- und Futterpflanzen entnommen worden sind. Da jedoch im Massenstall mehr Tiere stehen als Futterpflanzen auf dem eigenen Grund angebaut werden können – die Tiere also mit ausländischen Futtermitteln ernährt werden – fällt mehr Gülle an als der Boden verwerten kann. Aber nicht nur heimische Fluren und bäuerliche Existenzen werden durch die heutige Nahrungsmittelproduktion zerstört. Die Auswirkungen reichen über den ganzen Globus. Denn es besteht neben der Fiktion, daß reichlich billige Nahrungsmittel verfügbar sein müssen, in den Industriestaaten die Ansicht, daß alle Nahrungsmittel auch ständig überall vorhanden und möglichst abwechslungsreich sein müßten.

Damit Eßbares überall zu jeder Zeit vorhanden sein kann, auch ohne daß jemand in der Küche dieses zubereitet, muß Nahrung haltbar gemacht werden. Denken Sie nur an die vielen Minipackungen von Butter, Margarine, Marmelade, Käse und Streichwurst, die in Hotels, Altenheimen, Krankenhäusern, die doch alle über eine große Küche verfügen, angeboten werden. Konservieren von Lebensmitteln erfordert Energie und geht auf Kosten der Umwelt. Darüber hinaus müssen Nahrungsmittel, damit sie transportier- und lagerbar werden, verpackt sein. Und last, but not least, werden Nahrungsmittel erst lagerfähig, wenn ihnen ein inneres Korsett verpaßt wird.

Zu diesen Stützmitteln, sogenannten *Food Ingredients*, die unter anderem dafür sorgen, daß Nahrungsmittel nach Transport und Lagerung noch dem Ausgangsprodukt ähnlich sind, gehört Lecithin, das aus der Sojabohne stammt.

Sojabohnen werden nicht nur zu Futterzwecken für die Massentierhaltung um den ganzen Globus transportiert, sondern auch für die Nahrungsmittelindustrie. Die setzt Lecithin ihren konfektionierten Nahrungsmitteln nicht etwa zur Stärkung unserer Hirntätigkeit zu. Lecithin dient vielmehr als hervorragender Emulgator für viele Industrienahrungsmittel. Lesen Sie einmal das Kleingedruckte, bevor Sie die Packung aufreißen und den süßen Riegel in den Mund schieben oder den Becher Fruchtjoghurt auslöffeln.

Zum Glück muß in Deutschland der Hersteller alle Inhaltsstoffe seiner Produkte auflisten. An erster Stelle steht meist Zucker, der Hauptbestandteil. Dann folgen, je nach Menge gestaffelt, die anderen Zusatzstoffe. Dabei werden Sie immer wieder das Wort »Emulgator« lesen – oder Lecithin.

Emulgatoren sind wie Leute, die sich nicht entscheiden können. Sie haben eine Neigung zum Wäßrigen und gleichzeitig eine Neigung zum Fetten. Diese Eigenschaft machen sich die Lebensmittelingenieure zunutze. In den industriell gefertigten Nahrungsmitteln, die aus wäßrigen und fetten Bestandteilen bestehen, wie etwa Cremes und Puddings, Keks- und Pralinenfüllungen, Fruchtjoghurts, Margarine und Instantgerichte, verhindern Emulgatoren, daß nach einer Weile einige Bestandteile auseinanderfallen und andere zusammenkleben. Denn das sähe alles nicht sehr appetitlich aus.[5]

Ohne Emulgatoren würden sich die wäßrigen von den fettigen Bestandteilen trennen. Das Fett schwömme dann oben. Die Fertigmayonnaise würde gerinnen, Margarine sich zersetzen und die kalorienreduzierte Butter würde im wahrsten Sinne des Wortes Wasser lassen. Denn das die Butter mager machende Wasser hält sich darin nur mit Hilfe von Emulgatoren. Mit Farbstoffen und Geschmacksverstärkern erhält das Gemisch dann noch ein buttriges Make-up verpaßt.

Wegen der vielfältigen Verwendungsmöglichkeiten des Lecithins ist die Sojabohne mit der Herstellung von Industrienahrungsmitteln fast so eng verbunden wie der Zucker. Denn der dient, wie im Kapitel ›Postmodernes Schlaraffenland‹ beschrieben, nicht nur zum Süßen, sondern erfüllt als technischer Hilfsstoff vielfältige Aufgaben bei der Produktion von Fertiggerichten und lagerfähigen Nahrungsmitteln. Zucker ist in Salamiwurst ebenso enthalten wie in der Fertig-Pizza und in Süßwaren, den ältesten, der überall verfügbaren Dauer-Eßwaren überhaupt (siehe dazu auch das Kapitel ›Zucker zaubert neue Produkte‹).

Die Zucker- und Süßwarenindustrie verbraucht von allen nahrungsmittelerzeugenden Betrieben die meiste Energie. In einer Zeit, in der global die Energiereserven knapp werden, jagt die Nahrungsmittelindustrie nicht erneuerbare Brennstoffe vor allem für die Herstellung von gesundheitsschädlicher Massenware durch den Schornstein.

Etwa zwei Drittel der Zuckerproduktion stammt aus dem überseeischen Zuckerrohr – 1990 rund 71 von 112 Millionen Tonnen.[6] Zuckerrohr ist für viele Entwicklungsländer ein wichtiger Devisenbringer, eine »Geldfrucht« wie Kaffee, Tee, Kakao oder Kautschuk. Doch das Geld fließt in die Taschen der Machthaber und kommt nicht dem Land und seinen Menschen zugute. Die werden durch den Zuckerhunger der Industriestaaten nur immer ärmer. Und so sammelt sich in den Ländern der Dritten Welt durch die Verelendung der Menschen sozialer Sprengstoff an.

Vor 500 Jahren begann das Zerstörungswerk der Europäer in den überseeischen Ländern, das bis heute fortdauert. Im »Kolumbus-Jahr« 1992 wurden wir allenthalben in den verschiedenen Medien daran erinnert:

»Auf einer Insel im Ozean sind zwei Boote gelandet. Der Reichtum der Natur ist paradiesisch. Tropische Pflanzen, fischreiche Gewässer, Wälder, so weit das Auge reicht. Die Fruchtbarkeit der Böden scheint unerschöpflich. Seit Jahrhunderten ernährt das Land seine Bewohner.

Europäische Siedler ergreifen Besitz von dem Eiland. Sie legen Siedlungen an, roden die Wälder, bauen Indigo an und Kakao, Tabak und Pfeffer und Zuckerrohr. Die einheimische Bevölkerung zwingt man zur Arbeit. Umsonst. Eingeschleppte Krankheiten bringen viele Ureinwohner um. Die übrigen werden ausgerottet. Sklaven aus Afrika sind haltbarer. Drei Jahre im Schnitt halten sie durch.

Irgendwann landet ein Kriegsschiff. Soldaten vertreiben die ersten Siedler. Ein anderes europäisches Land nimmt die Insel in Besitz. Große Ländereien werden zusammengekauft von Investoren aus Europa. Ihre Pächter bauen nur noch Zuckerrohr an. Die Zeit der Monokulturen beginnt. Tausende Sklaven schuften sich auf den Plantagen zu Tode.

Wenn die fruchtbaren Böden erschöpft sind, werden neue Wälder gerodet. Man braucht Holz auch für die energiefressenden Raffinerien, die Europas Gier nach Zucker stillen und seinen Reichtum vermehren. Nach 200 Jahren sind 90 Prozent des Waldbestandes vernichtet.

Nach und nach verlieren die letzten Kleinbauern ihr Land, Pflanzer werden zu reichen Zuckerbaronen. Das Zuckerrohr frißt immer mehr Boden. Die Insel wird zu einem Agrarland ohne Landwirtschaft, das Nahrungsmittel einführen muß. Die Bevölkerung ist hoffnungslos arm.

Irgendwann sind die Böden ausgelaugt, nichts will mehr wachsen außer Bananen. Aus der Zuckerinsel wird eine Bananenrepublik mit einem Militärregime aus fremden Gnaden.«[7]

Der Zuckerbedarf der Europäer und Amerikaner ist mit den Jahrhunderten nicht etwa abgeflaut, sondern hat sich ganz im Gegenteil gewaltig gesteigert. Denn Zucker wurde von einem Luxusgut zu einem billigen technischen Hilfsstoff. Billig deswegen, weil in den Erzeugerländern die Regierungen, die nach den harten Devisen der westlichen Staaten gieren, Zuckerrohr-Monokulturen anbauen lassen, ohne Rücksicht auf die eigene Bevölkerung. Das Land für weitere Monokulturen wird entweder durch Abholzung tropischer Regenwälder gewonnen oder den Bauern genommen, die darauf bislang sich selbst und ihre Familien versorgten. Unter dem Druck der von Devisen berauschten Regierung werden die Bauern zum Verkauf gedrängt – und müssen dann abhängige Lohnarbeiter werden.

»Durch den Anbau von Monokulturen gehen beträchtliche landwirtschaftliche Anbauflächen für Lebensmittel verloren, die sich eher dazu eignen, Menschen zu ernähren«, sagte Professor Leitzman, der viele Jahre in Entwicklungsländern gelebt und sich mit den dortigen Ernährungsfragen befaßt hat. Durch das Verdrängen der Bauern von ihrer Scholle wird die zwar arbeitsintensive, aber ökologisch nachhaltige, das heißt die Lebensgrundlage erhaltende, traditionelle Landwirtschaft zugunsten einer kapitalintensiven, technisierten und chemischen Landwirtschaft verdrängt. Darüber hinaus werden selbständige kleinbäuerliche Existenzen vernichtet, die die Eigenversorgung der Bevölkerung gewährleisten. Menschen, die als Landbesitzer in stabilen Kulturen lebten, werden zu Tagelöhnern, verarmen und wandern ab in die Slums der Städte.

Die Slums in den großen Städten sind die Folge von Landflucht und Verarmung: »Wo immer Städte zu rasch wachsen oder eine gewisse Größe überschreiten« warnt UNFPA, der Bevölkerungsfond der Vereinten Nationen, »da sind die Folgen Verbrechen, Vergiftung, Umweltzerstörung.«[8] Menschen, die in den Slums der Städte leben, sind entwurzelte Menschen. Sie haben die Bindung zu ihrer Familie, ihrer Dorfgemeinschaft und zu den sozialen Spielregeln, durch die eine menschliche Kultur zusammengehalten wird, verloren. Frauen in den Slums bringen demzufolge mehr Kinder zur Welt als Frauen in der intakten Sozialstruktur der Dorfgemeinschaft. Das liegt vor allem daran, weil die Männer in den Slums, häufig unter dem Einfluß von Arbeitslosigkeit, Alkohol, Drogen und Kriminalität, ihre Frauen und Kinder, die ihnen zur Last geworden sind, verlassen. Die so schutz- und hilflos gewordene Frau muß sich jedoch einen neuen Beschützer suchen. Der hat natürlich wieder Kinder mit der Frau. Das Paar kann die vielen Kinder nicht versorgen. Meist verschwindet der Mann auch wieder und alles geht von vorn los, solange die Frau fruchtbar ist.

Die Kinder gleiten ab in die Kriminalität, um sich ihren Lebensunterhalt zu beschaffen oder wandern aus. »In Bangladesh etwa sind Siedler aus den übervölkerten Küstengebieten in die einst von dichtem Wald bedeckten Chittagong-Berge gezogen. Dort nehmen sie nicht nur den dort lebenden Ureinwohnern Land weg, sondern sorgen auch für die rasche Erosion, wenn sie nicht sorgfältig Terrassenkulturen anlegen – ganz abgesehen von der Klimaänderung, die sie durch das Abholzen der Bergwälder bewirken.

Diese Wanderbewegung ist insofern doppelt bedrohlich, als sie nicht nur alte ökologische Syseme zerstört, sondern auch neue Wanderbewegungen erzeugt, denn die Neusiedler werden nach kurzer Zeit den für intensive Landwirtschaft nicht geeigneten Waldboden ausgelaugt haben und dann abermals auf Wanderschaft gehen.«[9]

Wo sollen sie hin? Viele Böden, vor allem in weiten Teilen Asiens, der Sahelzone, in Ost- und Nordafrika sind ausgelaugt, versteppt, versalzen oder erodiert. Sie sind nicht mehr geeignet für die Landwirtschaft und ernähren die Menschen nicht mehr. Die wandern also aus und stehen dann als Flüchtlinge oder Asylsuchende vor unserer Tür. Da sie aber »Umweltflüchtlinge« sind, werden sie nach den geltenden Regeln bei uns nicht als Flüchtlinge anerkannt.

Politiker, die die Flut der Einwanderer vermindern wollen, indem sie dort ansetzen möchten, wo die Ursachen der Wanderung liegen, brauchen dafür nicht weit zu reisen. Die Ursachen liegen mit bei uns, in den Regalen der Supermärkte; in unserem gedankenlosen Verbrauch, an unserer Bequemlichkeit und dem Begehren, daß Lebensmittel billig und überall verfügbar sein müssen.

Eine »unausgewogene Entwicklung« ist, gemäß dem jüngsten Weltbevölkerungsbericht der UNFPA, die Hauptursache für das Elend und die damit einhergehenden Wanderungen der

Menschen in und aus den Entwicklungsländern.[10] Wir sollten uns darüber im klaren sein, daß wir Wohlstandsbürger diese »unausgewogene Entwicklung« mitverschulden.

Es ist nicht allein die »böse« Agrar- und Nahrungsmittelindustrie, denn sie produziert letztlich nur die Nahrungsmittel, die wir Verbraucher auch wollen und kaufen. Was in den Regalen und Tiefkühltruhen liegen bleibt, verschwindet sofort aus dem Sortiment. Die mit spitzem Stift rechnende Industrie leistet sich keine Ladenhüter. Käme es uns Verbraucher mehr auf Qualität denn auf Masse an, und würden wir Fleisch, Milch, Eier und Fisch nur mehr von organisch – also umweltschonend – wirtschaftenden Landwirten kaufen, was natürlich teurer ist, dann würde die Massentierhaltung und der weltumspannende Irrsinn von Futtermitteltransporten austrocknen, und dem Raubbau in den Dritte-Welt-Ländern wäre der Boden entzogen.

Unser gedankenloser Wohlstandskonsum aber hat uns – angeheizt durch eine wachstumsberauschte Industrie – in einen Automatismus hineingezogen, der schließlich zur Verelendung der Menschen in den Entwicklungsländern führt, mit all den daraus resultierenden ökologischen, sozialen und wirtschaftlichen Schwierigkeiten.

»Hungerprobleme können nur durch eine gut funktionierende Landwirtschaft bewältigt werden und nicht durch die Verteilung von zufällig irgendwo vorhandenen Überschüssen«, sagte der Agrarökologe Professor Manfred Dambroth, Direktor des Institutes für Pflanzenbau und Pflanzenzüchtung der Bundesforschungsanstalt für Landwirtschaft in Braunschweig. »Die landwirtschaftlich nutzbare Fläche dieser Erde birgt noch erhebliche Reserven. Deren ressourcenschonende Bewirtschaftung setzt allerdings agrarpolitisches Augenmaß voraus. Solange in jedem Jahr mehr Flächen durch Versalzung der Böden für die Produktion verloren gehen als durch Bewässerung hinzugewonnen werden ... wird die Zahl der Hungernden eher zu- als abnehmen.«[11]

Die Bilder vom Elend der Menschen auf der anderen Seite der Erde sehen wir im Fernsehen gebannt und oft von Tränen überwältigt an. Wir kommen uns hilflos vor, zahlen vielleicht Geld auf ein Spendenkonto ein, in der Hoffnung, damit die Not wenigstens ein ganz klein wenig lindern zu helfen. Doch dabei sollten wir uns klar machen, daß jeder von uns dieses Elend mitverursacht! Mit jeder Tafel Schokolade, jeder Flasche Limo und jedem Fertiggericht, aber auch mit unserem Hang, bei Fleisch und Wurst, Käse und Eiern nicht Qualität, sondern möglichst viel für wenig Geld zu kaufen, vergrößern wir das ökologische und menschliche Elend auf der Erde. Denn mit unserem Kauf signalisieren wir der Industrie: Mach weiter so, deine Produkte gefallen uns.

Statt dazu beizutragen, daß sich die Fleischberge und der maßlose Zuckerverbrauch in den Wohlstandsländern noch weiter erhöhen, »sollten die Entwicklungsländer mit höchster Priorität versuchen, ihren eigenen Nahrungsbedarf selber zu decken und höchstens zusätzlich zur Verfügung stehenden Boden zwecks Devisenbeschaffung durch Export mit Monokulturen bebauen«, betonte Ernährungsforscher Leitzmann. Und das können sie nur, wenn wir sie dabei unterstützen.

Müssen wir uns nicht angesichts der weltweiten Verelendung von Menschen, der Auflösung stabiler Kulturen und der Zerstörung der Natur – ein Prozeß, den wir mit unseren Bedürfnissen anheizen – fragen, ob wir die großtechnisch hergestellten Lebensmittel überhaupt brauchen und ob Nahrungsmittel, die schließlich unsere Lebensgrundlage sind, so extrem billig sein müssen?

Sicher ist viel Gedankenlosigkeit oder Unwissenheit dabei, wenn wir in die stets gefüllten Regale greifen. Doch müßten wir bei jeder Tafel Schokolade, jedem Cola oder jeder Tüte

Pommes frites die Kosten mitbezahlen, die durch die Umweltzerstörung und die Verelendung der ihres Grund und Bodens beraubten Menschen entstehen, dann würden etwa Süßigkeiten wieder so kostbar werden wie einst zur Zeit des französischen Sonnenkönigs Ludwig XIV. und seiner Hofgesellschaft. Ein Stückchen Schokolade zu essen, wäre dann ein Fest.

Doch keine Regierung wird den Mut oder die Durchsetzungskraft haben, die ökologischen und sozialen Kosten, die die Intensivlandwirtschaft oder die Gewinnung von Zucker und Sojalecithin verursachen, auf den Endverbraucher umzulegen. Ganz zu schweigen davon, daß die angerichteten Schäden nicht mit Geld wieder gut zu machen sind. Von den Umweltgesetzen können wir diesbezüglich nicht viel erwarten. Denn bei dem derzeitigen Umweltrecht handelt es sich lediglich um ein Reparatursystem und nicht um ein ökologisches Recht, das alle Bereiche der Politik durchdringt, sagt der Staats- und Verwaltungsrechtler Dietrich Murswiek von der Universität Freiburg: »Das geltende Umweltrecht entspricht dem augenblicklichen ökologischen Bewußtseinszustand der Allgemeinheit in Deutschland: Konsumrausch ohne Promillegrenze, aber allerlei Mittelchen gegen Kater und Sodbrennen.«[12]

Zu einer ökologischen Ausrichtung unserer Rechtsordnung könne es, so der Rechtsprofessor, erst dann kommen, wenn sich der politische Gestaltungswille wenden würde. »Und diese Wende wird es, geht man von den Erfahrungen mit der Entwicklung des Umweltrechtes aus, erst dann geben, wenn eine ganz große Krise sie erzwingt, gegen die die kleinen Schritte des Umweltreparaturrechts nichts mehr vermögen. Dann wird sich die Einsicht durchsetzen, daß man zur Bewahrung der Existenzgrundlage auch Einschnitte in Lebensgewohnheiten, Bequemlichkeits- und Konsumstandards hinnehmen muß, die das Reparatursystem vermeidet.«[13]

Könnten nicht wir, die Verbraucher, die Wende des politischen Gestaltungswillens, von dem der Jurist spricht, herbeiführen? Statt uns in Bequemlichkeit und Gedankenlosigkeit fallen zu lassen, sollten wir nachdenken über das, was wir tun, und mutig handeln. Denn wir, die Verbraucher, sind in der Lage, den Raubbau an Natur und menschlichen Kulturen aufzuhalten.

Es steht in unserer Macht. Wir sind uns dessen nur nicht bewußt und glauben, wir seien ohnmächtig der Entwicklung ausgeliefert. Doch in Wirklichkeit sind wir Verbraucher sehr mächtig, denn wir sind der Markt. Wenn wir die Puddings und Fruchtjoghurts, die Instant-Suppen und Fertiggerichte sowie das Billigfleisch nicht mehr kaufen, werden diese Dinge auch nicht mehr hergestellt. Die Nahrungsmittelindustrie will verkaufen und nicht Ladenhüter abstauben. Manager werden Marktstudien machen und dem Verbraucher »aufs Maul schauen«, um das zu produzieren, was der Kunde will.

Ein Beispiel, wie die Verbraucher sanft und konsequent der Industrie ihren Willen aufgezwungen haben, ist das in Scheiben geschnittene und verpackte Brot. Die Brotschnitten wurden bis in die 70er Jahre mit Konservierungsstoffen behandelt. Die Schnittbrothersteller behaupteten anfangs, das müsse so sein und es gäbe dazu keine Alternative. Doch die Kunden wollten keine Konservierungsmittel im Brot essen und kauften deshalb kein Schnittbrot mehr. Und siehe da, heute wird Schnittbrot nurmehr ohne Konservierungsmittel hergestellt. Es ging also.

Und was die umweltzerstörende und Überschüsse produzierende Intensivlandwirtschaft betrifft, so könnte es damit auch anders werden, wenn wir Ignaz Kiechle beim Wort nehmen. Der ehemalige Bundeslandwirtschaftsminister sagte bei der Veröffentlichung des Agrarberichtes 1992: »Überschüsse müßten durch Einschränkung der Produktion, verbunden mit einer Preissteuerung heruntergefahren werden. Dazu gehörten auch Anreize für eine extensivere, umweltschonendere und sozialverträglichere Landbewirtschaftung.«[14] Das heißt im Klartext, daß Landwirte, die wieder umweltverträglich wirtschaften wollen, angemessene Preise für ihre Erzeugnisse erzielen und sowohl bei der Produktion als auch bei der Vermarktung unterstützt werden sollten. Das würde bedeuten, daß die landwirtschaftlichen Produkte, die der extensiven Wirtschaftsweise entstammen, verbindlich gekennzeichnet werden, damit sie von den billigeren Waren, die ohne die Kontrolle der Umweltverträglichkeit hergestellt wurden, zu unterscheiden sind.

Schon heute sind es viele, vor allem junge Landwirte, die sich dem organischen, also extensiven Landbau zuwenden, weil sie in den Tieren und der Natur Partner sehen und nicht eine Sache, die es gilt bis aufs Letzte auszubeuten. »Ich möchte verantworten können, was ich tue«, sagte mir Volker Kahlert, ein junger Bauer aus Niederbayern, der seinen Hof nach den Richtlinien des organischen Landbaus betreibt. »Wir sind verhaftet in der Welt und können sie auf Dauer nur retten, wenn wir uns in ihre Abläufe eingliedern und unsere Kultur erhalten.«

Große Worte. Aber wenn sie von jungen Leuten kommen, dann stimmen sie doch optimistisch. Denn die Jungen sind es schließlich, die unsere Zukunft ausmachen. Vor allem junge Familien kaufen in den Hofläden der organisch wirtschaftenden Bauern. Sie tun das oft nicht einmal aus gesundheitlichen Gründen. Die Jungen sehen vielmehr die Zusammenhänge zwischen der industriellen Maßlosigkeit der Wohlstandsländer und der weltweiten Umweltzerstörung deutlicher als die Alten. Diesen teuflischen Mechanismus hoffen sie durch ihre Kaufentscheidung – auch wenn sie dafür tiefer in den Geldbeutel greifen müssen – zu durchbrechen.

Während die junge Generation so Umweltschutz praktiziert, befreit sie sich gleichzeitig aus der Leibeigenschaft der Industrie. Sie pfeift auf Fertiggerichte und Instantsuppen und leistet sich wieder viel Freude beim Kochen und der Zubereitung von Speisen aus Rohprodukten. Das entdeckte auch Wolfram Siebeck bei seinem Kochwettbewerb, den er im Frühjahr 1992 im ›Zeit-Magazin‹ ausgeschrieben hatte.

»Mit großer Erleichterung stellte ich fest«, schreibt Siebeck, »daß die kühnsten Menüs, die anspruchsvollsten Rezepte von den ganz Jungen kommen. Sie sitzen also nicht alle bei McDonald's ... Bekenntnisse wie ›Die schnelle Instant-Mikrowellenküche am Feierabend lehnen wir ab – man kann auch anders satt werden‹, freuen mich ungemein.«

Das postmoderne Schlaraffenland scheint auf die Enkel der Kriegsgeneration keinen Eindruck mehr zu machen. Das läßt hoffen. Denn mit der Lust am Essen, der »Feinschmeckerei«, wie Brillat-Savarin sagen würde, zieht nicht nur wieder Kultur in die Küche ein, sondern auch mehr Gesundheit.

Anmerkungen

Englisches Essen, ein französisches Kochbuch und die Liebe

1 Brillat-Savarin: Physiologie des Geschmacks oder Betrachtung über das höhere Tafelvergnügen. Frankfurt/Main 1979
2 Edouard de Pomiane: Kochen in 10 Minuten oder die Anpassung an den Rhythmus unserer Zeit. Mit 23 Zeichnungen von H. de Toulouse-Lautrec. Berlin o. J.

Geschichte geht durch den Magen

1 Brillat-Savarin: Physiologie des Geschmacks oder Betrachtungen über das höhere Tafelvergnügen. Frankfurt/Main 1979, Seite 153
2 Hans J. Teuteberg, Günther Wiegelmann: Der Wandel der Nahrungsgewohnheiten unter dem Einfluß der Industrialisierung. Göttingen 1972, Seite 31
3 siehe 2, Seite 31
4 siehe 2, Seite 31
5 Hans J. Teuteberg: Der Wandel der häuslichen Tischgemeinschaft und Aufgaben einer Haushaltserziehung. In: Hauswirtsch. Wiss. 33, 1/1985, Seite 30
6 siehe 5, Seite 30

Was Essen mit Kultur und Gesellschaft zu tun hat

1 Brillat-Savarin: Physiologie des Geschmacks oder Betrachtung über das höhere Tafelvergnügen. Frankfurt/Main 1979, Seite 153
2 Hans J. Teuteberg: Der Wandel der häuslichen Tischgemeinschaft und Aufgaben einer Haushaltserziehung. In: Hauswirtsch. Wiss. 33, 1/1985, Seite 30
3 siehe 2, Seite 31f.
4 Ernst Percy Schramm: Neun Generationen. Dreihundert Jahre deutscher Kulturgeschichte im Lichte des Schicksals einer Hamburger Bürgerfamilie (1648-1948), Bd. 2. Göttingen 1964, Seite 438
5 Hanna Walther: Dorfkindheit. Starnberg 1990, Seite 109
6 Hans Boesch: Kinderleben in der deutschen Vergangenheit. Leipzig 1900; zitiert nach 2
7 Hans J. Teuteberg, Günther Wiegelmann: Der Wandel der Nahrungsgewohnheiten unter dem Einfluß der Industrialisierung. Göttingen 1972, Seite 75
8 siehe 7, Seite 77
9 siehe 7, Seite 136
10 siehe 7, Seite 70
11 Gerhard Staguhn: Die Sprache des Schicksals. In: Frankf. Allg. Zeitung Magazin, 628, 13. 3. 1992, Seite 72

12 John Hormann, Willis Harman: Future Work – Trends für das Leben von Morgen. Stuttgart, München, Landsberg 1991, Seite 74
13 Deutschland und die Welt. In: Frankf. allg. Zeitung, 18.2 und 27. 2. 1992
14 Deutsche Gesellschaft für Ernährung: Ernährungsbericht 1984, Seite 56
15 Felix Schmidt: Warum braucht die Polizei mehr Macht, Herr Teufel. In: Frankf. Allg. Zeitung Magazin, 627, 6. 3. 1992, Seite 58
16 Pater Anselm Bilgri, Klaus-Wilhelm Gérard: Kochbuch für Leib und Seele. München 1991
17 siehe 14, Seite 123
18 Kuratorium Schulverpflegung e.V.: Ausstellungskatalog ›Was wir essen und trinken‹. München 1990, Seite 20
19 B. Schaal: Olfaction in infants and children: developmental and functional perspectives. In: Chemical Senses, 13, 1988, Seite 145-191; zitiert nach: International Food Ingredients, 5, Sept./Okt. 1991, S. 11
20 AOK infothek spezial ›Schmecken soll's‹, 5/91, Seite 29
21 E.P. Köster: The Dynamics of Consumer Preferences and Adversions. In: International Food Ingredients, Magazine on Food Ingredients and Additives, 5, Sept./Okt. 1991, S. 7
22 Günther Ritzel, Ursula Ackermann, Rudolf Bruppacher, Hannes B. Stähelin: Ernährungsverhalten im familiären und schulischen Bereich: Ergebnisse von Erhebungen bei Basler Kindern und Jugendlichen. In: Ernährungserziehung und Ernährungsberatung, Beiheft der ›Ernährungsumschau‹, 30, 1983, Seite 11
23 siehe 18, Seite 24
24 Der DGE-Präsident: »Jugendsünden büßt man im Alter«. In: Münch. med. Wochenschr., 133, 1991, Seite 15
25 siehe 14, Seite 59
26 siehe 24
27 siehe 14, Seite 131
28 Deutsche Gesellschaft für Ernährung: Ernährungsbericht 1988, Seite 23
29 zitiert nach Jürgen Altwegg: Gott speist im Restaurant mit Sternen. In: Frankf. Allg. Zeitung Magazin, 578, 28. 3. 1991, Seite 22
30 Otto Neuloh, Hans-Jürgen Teuteberg: Ernährungsfehlverhalten im Wohlstand. Paderborn 1979
31 siehe 30, Seite 23
32 siehe 30, Seite 21
33 siehe 30, Seite 25
34 Bayer. Monatsspiegel, 3/91
35 Irmintraut Richarz: Haus und Haushalt. Göttingen 1991; zitiert nach Dirk Schümer, Wo die Ökonomie versagt – Haushalten. In: Frankf. Allg. Zeitung, 1.4.1992, Seite N5
36 siehe 7, Seite 74

Essen im Wandel

1 Heinrich Schipperges, Bernhard Geue, Gerhard Vescovi, Johannes Schlemmer: Die Regelkreise der Lebensführung. Köln 1988, Seite 84

2 ›Gesundheitskosten: Richtiges Essen würde Milliarden sparen‹, Medical Tribune, Nr. 44, 30.10.1992
3 v. Koerber, Männle, Leitzmann: Vollwerternährung. Heidelberg 1987, Seite 38
4 siehe 3, Seite 78
5 siehe 3, Seite 79
6 Deutsche Gesellschaft für Ernährung: Empfehlungen für die Nährstoffzufuhr. Frankfurt 1991, Seite 36
7 siehe 6, Seite 36
8 Deutsche Gesellschaft für Ernährung: Ernährungsbericht 1988, Seite 228
9 siehe 3, Seite 38
10 Deutsche Gesellschaft für Ernährung: Ernährungsbericht 1972, Seite 89; zitiert nach 3, Seite 40

Zucker – ein Gras geht um die Welt

1 ›Treibstoff Zucker‹ – Katalog einer Ausstellung der ökologischen Akademie Linden, unterstützt durch die Kultur- und Gesundheitsreferate der Stadt München, 24.5.1991, Tafel 13
2 Annegret Becker: All business is local. Impulse, 9/92, Seite 137
3 siehe 1, Tafel 2
4 v. Koerber, Männle, Leitzmann: Vollwerternährung. Heidelberg 1987, S. 182
5 DGE-Aktuell, 3/92
6 Hans J. Teuteberg, Günter Wiegelmann: Unsere tägliche Kost. Münster 1986, Seite 343
7 siehe 6, Seite 142
8 Roman Sandgruber: Die Anfänge der Konsumgesellschaft – Sozial- und wirtschaftshistorische Studie. Wien 1982, Seite 193
9 siehe 6, Seite 143
10 siehe 6, Seite 144
11 siehe 6, Seite 339
12 siehe 6, Seite 340
13 siehe 6, Seite 340
14 Hans J. Teuteberg, Günther Wiegelmann: Der Wandel der Nahrungsgewohnheiten unter dem Einfluß der Industrialisierung. Göttingen 1972, Seite 280
15 Franz Rehbein: Das Leben eines Landarbeiters. Hamburg 1985 (unveränd. Nachdr. d. Ausg. v. 1911), Seite 7
16 siehe 6, Seite 148
17 siehe 6, Seite 160
18 siehe 6, Seite 299
19 siehe 6, Seite 357
20 siehe 6, Seite 357
21 siehe 14, Seite 299
22 siehe 6, Seite 148
23 siehe 6, Seite 161

24 Ingrid Rudzki-Janson: Gespräch mit München. In: Münch. med. Wochensch., 133, 1991, Seite 9
25 siehe 6, Seite 147
26 Informationsschrift Deutscher Arbeitskreis für Zahnheilkunde. 9/91
27 Catherine Kousmine: Gesundheit auf dem Teller. Neuchâtel/Paris 1984, Seite 23
28 W. Tissot: Kaffeegespräch des Herrn Studio mit Madame Savante vom Kaffee; zitiert nach 6
29 siehe 6, Seite 162
30 Anja Liekfeld: Steinbruch im Speichelgang. Dimensionen, 3/91, S. 4
31 siehe 4, Seite 195
32 E. Goepel et al.; zitiert nach : Bei den Zähnen wird geschludert. Medical Tribune, 21, 24. 7. 1991, Seite 46
33 Wolfgang Wiedemann, Hans G. Klinger: In-vivo-Remineralisation beginnender Karies. In: Phillip Journal, 1/88
34 siehe 26, Seite 6
35 siehe 26, Seite 11
36 Deutsche Gesellschaft für Ernährung: Ernährungsbericht 1988, S. 35
37 siehe 36, Seite 34
38 Udo Pollmer: Warenkunde: Natur, 5/92, Seite 91
39 ›Viel Schaum um nichts‹ In: Test, 9/88, Seite 892
40 Lavinia Flores-de-Jacoby: Vortrag zum Großhesseloher Gespräch, 5/91

Postmodernes Schlaraffenland

1 Frei nach Panajotis Kondylis: Die postmoderne Musik beseitigt die traditionelle Unterscheidung zwischen Inhalt und Form sowie den Begriff der musikalischen Gattung. In: Der Niedergang der bürgerlichen Denk- und Lebensform – die liberale Moderne und die massendemokratische Postmoderne. Weinheim 1991, Seite 264
2 Deutsche Gesellschaft für Ernährung: Ernährungsbericht 1972, S. 82; zitiert nach v. Koerber, Männle, Leitzmann: Vollwerternährung. Heidelberg 1987, Seite 39
3 H.J. Teuteberg, G. Wiegelmann: Der Wandel der Nahrungsgewohnheiten unter dem Einfluß der Industrialisierung. Göttingen 1972, Seite 84
4 siehe 3
5 International Food Ingredients, Magazine on Food Ingredients and Additives, 5, Sept./Okt. 1991, Seite 17
6 Deutsche Gesellschaft für Ernährung: Ernährungsbericht 1988, Seite 33
7 Bayr. Werbefunk, Musikjournal im Juni 1992
8 Peter Meroth: Der programmierte Genuß. Süddeutsche Zeitung Magazin, 4/1991, Seite 11
9 Sophia Matenaar: Großfamilienkomfort für Singles. In: Frankf. Allg. Zeitung, 6. 7. 1992, Seite 33
10 Dietrich Paul: Oh Automobile. München 1991, Seite 69
11 siehe 10, Seite 70
12 siehe 8, Seite 11

13 siehe 8, Seite 16
14 siehe 1, Seite 139
15 E.P. Köster: The Dynamics of Consumer Preferences and Aversions. In: International Food Ingredients, Magazine on Food Ingredients and Additives, 5, Sept./Okt. 1991, Seite 11
16 siehe 5, Seite 19
17 Sweetner update, Mai 1991, Seite 4
18 Diane Gershon in: Nature 357, 4.6.1992, Seite 352
19 Wolfram Siebeck: Nicht in alle Ewigkeit. Zeit Magazin, 12, 13.3.1992, Seite 76
20 siehe 9
21 siehe 2, Seite 40
22 siehe 2, Seite 42
23 Wolfgang Glabus: Die Werbung drängt ins Fernsehen. In: Frankf. Allg. Zeitung, Wirtschaftsteil, 4.5.1991
24 Tagung d. Arbeitskreises Ernährungs- und Vitamininformation e.V. in München am 6.7.1992
25 DGE-Aktuell, 17/91, Seite 2 und 3
26 Panajotis Kondylis: Wahrheit ist bloß Funktion oder Ergebnis des Konsenses. Siehe 1, Seite 281

Nur entfesselte Kalorien machen dick

1 Bodo Werner In: Bayer. Monatsspiegel, 3/92, Seite 24
2 Volker Pudel: Praxis der Ernährungsberatung. Berlin, Heidelberg 1991, Seite 205
3 HDL, Triglyzeride und KHK. Ergebnisse der amerik. Consensus-Konferenz. In: Münch. med. Wochenschr., Beiblatt »Washington«, 27.2.1992
4 Peter Schwandt: Vortrag zum Großhesseloher Gespräch 5/92
5 v. Koerber, Männle, Leitzmann: Vollwerternährung. Heidelberg 1987, Seite 201
6 siehe 5, Seite 189
7 Michael Freitag: Fett/Diät. In: Frankf. Allg. Zeitung Magazin, 646, 17.7.1992, Seite 22
8 Werner Bätzing: Die Alpen. München 1991, Seite 35
9 Heinrich Kasper: Ernährungsmedizin und Diätetik. München, Wien, Baltimore 1991, Seite 386
10 siehe 9
11 siehe 9
12 Dr. Oetker Schulkochbuch, Ausgabe G. Bielefeld 1952, Seite 198
13 Deutsche Gesellschaft für Ernährung: Empfehlungen für die Nährstoffzufuhr. Frankfurt/Main 1991, Seite 40
14 siehe 4
15 siehe 9, Seite 345
16 siehe 5, Seite 78
17 siehe 12, Seite 198
18 siehe 5, Seite 77

19 siehe 5, Seite 100
20 Deutsche Gesellschaft für Ernährung: Ernährungsbericht 1984, Seite 30-33
21 siehe 9, Seite 386
22 siehe 9, Seite 368
23 siehe 9, Seite 387
24 siehe 9, Seite 365
25 Dirk Rohwedder, Maria Hacks: Fett in der Ernährung. Schriftenreihe ›Experten im Gespräch‹, Band 16. Wellingsbüttel, Hamburg, Zürich 1991, Seite 123
26 siehe 25, Seite 122
27 siehe 25, Seite 121
28 siehe 10, Seite 199
29 Professor Dr. Dieter Sailer, Vortrag beim Presseseminar »Gesunde Ernährung am Beispiel der Mittelmeerküche«. SYNTAX im Auftrag der Komission der Europ. Gemeinsch., München, am 4.7.1991
30 Ibrahim Elmadfa, Claus Leitzmann: Ernährung des Menschen. Stuttgart 1990, Seite 137
31 Professor Dr. Günther Wolfram, Vortrag beim Presseseminar ›Gesunde Ernährung am Beispiel der Mittelmeerküche‹, SYNTAX, im Auftrag der Kommission der Europ. Gemeinsch., München 4.7.1991
32 siehe 13, Seite 46
33 siehe 32, Seite 47
34 W. Seibe, F. Wirth, C.A. Barth: Salzverminderte Lebensmittel für gesundheitsbewußte Verbraucher. In: Forschungsreport, Info. aus den Bundesforschungsanstalten, 5/1990, Seite 6f
35 siehe 5, Seite 89
36 S. Body Eaton, Melvin Konner: Paleolithic nutrition. In: New Engl. Journ. of Med., 312, No. 5, 1991, Seite 283
37 Martin Middeke: Bedeutung kochsalzarmer Kost für die Hochdruckbehandlung. In: Münch. med. Wochenschr., 133, Nr. 48, 1991, Seite 738
38 Martin Middeke: Vortrag ›Kochsalz und Bluthochdruck‹, vor der Gesellsch. f. Ernährungsbiologie am 25.5.1992
39 Wer soll bloß die Gesundheitserziehung leisten? Kongreßbericht. In: Medical Tribune, 20, 17.5.1991, Seite 32
40 Hans-Jürgen Teuteberg, Historisches Seminar der Univ. Münster, persönliche Mitteilung, 1991
41 Deutsche Gesellschaft für Ernährung: Ernährungsbericht 1988, Seite 284
42 Lebenserwartung der Vegetarier. In: Nachrichten und Berichte, Ärzte-Zeitung, 117, 26.6.1991, Seite 3

Ein Plädoyer für Kraut und Rüben

1 F. Kern: Normal plasma cholesterol in an 88-year-old man who eats 25 eggs a day – mechanism of adaption. In: New Engl. Journ. of Med., 324, 1991, Seite 896; zitiert nach: Health News, 4, Nr. 5, 1991, Seite 2
2 K. Fred Gey: Plasma vitamins E and A inversely correlated to mortali-

ty from ischemic heart disease in crosscultural epidemiology. In: Ann. N.Y. Acad. Sci., 570, 1989, Seite 268-282
3 siehe 2
4 siehe 2
5 Dirk Rohwedder, Maria Hacks: Fett in der Ernährung. Schriftenreihe ›Experten im Gespräch‹, Band 16. Wellingsbüttel, Hamburg, Zürich 1991, Seite 161
6 siehe 5, Seite 161f.
7 The New Encyclopaedia Britannica, Vol. 19, 1990, Seite 368
8 Heinrich Kasper: Vortrag ›Ernährung und Krebs‹ vor der Gesellsch. f. Ernährungsbiologie am 4. 11. 1991 in München
9 Ibrahim Elmadfa, in seinem Vortrag bei der Gesellsch. f. Ernährungsbiologie am 10. 6. 1991 in München
10 H. K. Biesalski: Wirksamkeit von Beta-Carotin bei der Prävention von Krebs. Wunsch oder Wirklichkeit? In: Vitamine, Mineralstoffe, Spurenelemente, 5, 1990, Seite 1-32
11 siehe 10
12 siehe 10
13 Hanna Walther: Dorfkindheit. Starnberg 1990, Seite 120
14 Heinrich Kasper: Ernährungsmedizin und Diätetik. München, Wien, Baltimore 1991, Seite 196
15 siehe 14
16 siehe 14, Seite 201
17 H.D. Ocker: Rückstände und Kontaminationen in Getreide und Getreideprodukten. Hamburg 1992, Seite 56-62
18 AID-Verbraucheraufklärung, 34/1991
19 Ibrahim Elmadfa, Claus Leitzmann: Ernährung des Menschen. Stuttgart 1990, Seite 211
20 siehe 19
21 siehe 17, Seite 56
22 Deutsche Gesellschaft für Ernährung: Empfehlungen für die Nährstoffzufuhr. Frankfurt/Main 1991, Seite 77
23 siehe 14, Seite 201
24 Karlheinz Schmidt: Vortrag zum Großhesseloher Gespräch, 8/92
25 siehe 17, Seite 56
26 Hermann Esterbauer bei der Podiumsdiskussion zum Thema ›Vitaminzufuhr: Empfehlung zwischen Mangelverhütung und Krankheitsprophylaxe‹. EVI, München 6. 6. 1992
27 Annelies Furtmayr-Schuh: Organversagen durch Sauerstoffradikale, Frankf. Allgem. Zeitung, Natur und Wissenschaft, 66, 18. 3. 1992, Seite N3
28 Dietrich Fritz: Anbaufaktoren und Qualität von Gemüse, In: UGB-Forum, 1/1991, Seite 29ff.
29 Bernd Flemming: Mal über den Tellerrand schauen. In: Rungis Express, 2/1991, Seite 5
30 Otto Neuloh, Hans-Jürgen Teuteberg: Ernährungsverhalten im Wohlstand. Paderborn 1979

31 siehe 28
32 Uwe Brendle: Lebensmittcl unterwegs. In: UGB-Forum, 1/1991, Seite 17-20
33 Ludwig Kotter in seinem Diskussionsbeitrag bei einem Vortrag der Gesellschaft für Ernährungsbiologie am 4.11.1991 in München
34 LZ, 34/1991; zitiert nach: Ernährungs-Umschau, 38, 1991, Heft 10, Seite 415
35 ›Welt am Morgen‹, BR II, 31.8.1992
36 Reiner Schrage: Maßnahmen, um Nitratauswaschungen im Gemüsebau zu verhindern. In: TASPO Magazin, 9/1989, Seite 6f.
37 siehe 28
38 siehe 28
39 Weniger Nitrat in Wurzelgemüse. In: bio-land, 3/89, Seite 11f.
40 siehe 39
41 Anke von Hollen: Saisongerechte Ernährung. In: UGB-Forum, 1/1991, Seite 9
42 siehe 28
43 v. Koerber, Männle, Leitzmann: Vollwerternährung. Heidelberg 1987, Seite 105
44 Jeff Smith: The Frugal Gourmet Cooks American. New York 1987, Seite 87
45 Konsum-Lust 1991, Globus 0499

Evolution – Meßlatte für unsere Ernährung?

1 John Horgan: Profile: Physicist John A. Wheeler. In: Scientific American, Juni 1991, Seite 16f.
2 Günter Haaf: Die neue Geschichte von Adam und Eva, Gütersloh 1982, Seite 56
3 siehe 2, Seite 64
4 S. Body Eaton, Melvin Konner: Paleolithic Nutrition. In: New Engl. Journ. of Med., 312, 1985, Seite 283-289
5 Robert J. Blumenschine, John A. Cavallo: Scavenging and Human Evolution. In: Scientific American, Okt. 1992, Seite 70
6 siehe 5
7 siehe 5
8 siehe 4
9 siehe 4
10 siehe 4
11 siehe 4
12 Günter Haaf: Die gefährliche Einfalt. In: GEO-Wissen, 3/91, Seite 115
13 siehe 4
14 siehe 4
15 siehe 4
16 siehe 4
17 siehe 45
18 Aloys Berg, Manfred Baumstark, Joseph Keul: Essentielle Fettsäuren:

Gesundheit und körperliche Aktivität. In: Ärzte-Zeitung, 63, 5.4.1989, Seite IVff.
19 siehe 4

Der Wohlstand frißt seine Kinder oder das Ende der Postmoderne

1 Karl Heinz Götze: Der Bauch von Paris – Rungis. In: Frankf. Allg. Zeitung Magazin, 606, 1991, Seite 26ff.
2 Claus Leitzmann in seiner Vorlesung im Rahmen des ›Münchener Modells‹ der Maximilian Univ. München, Juli 1990
3 siehe 2
4 Gerhard Poschacher: Bayer. Monatsspiegel, 3/92, Seite 17
5 Lecithin in Food System. In: International Food Ingredients, 4, Juli/August 1991, Seite 18-28
6 In: GEO-Wissen, 3/91, Seite 191
7 ›Treibstoff Zucker‹ – Katalog einer Ausstellung der ökologischen Akademie Linden, unterstützt durch die Kultur- und Gesundheitsreferate der Stadt München, 24.5.1991, Tafel 4
8 Klaus Natrop: Eine Welt auf Wanderschaft. In: Frankf. Allg. Zeitung, 106, 7.5.1992, Seite 14
9 siehe 8
10 siehe 8
11 Manfred Dambroth: Enzyklopädie der Ignoranz. In: GEO-Wissen, 3/91, Seite 176
12 Dietrich Murswiek: Hoffen auf die große Krise. In: Frankf. Allg. Zeitung, 26.10.1992, Seite 38
13 siehe 12
14 Agrarbericht 1992. In: Frankf. Allg. Zeitung, Wirtschaftsteil, 6.2.1992

Namen- und Sachregister

Namenregister

Sachregister